中国科学技术大学研究生教材出版专项经费支持

中华传统文化二十讲

TWENTY LECTURES ON TRADITIONAL CHINESE CULTURE

钱 斌 主编

中国科学技术大学出版社

内容简介

本书通过剖析典型案例和梳理历史脉络，展示中华优秀传统文化的生动细节，分析文化现象，厘清文化观念，以推动中华优秀传统文化在新时代的创造性转化和创新性发展。作为适用于研究生的中国文化通识教材，本书以系列讲座的形式展开，每讲论述一个具体的文化问题。同时，结合中国科学技术大学校情特点，教材的多个章节安排科学文化的内容，以引导学生在学习过程中感悟科学精神、拓展科学素养、锻造科学品格。

图书在版编目(CIP)数据

中华传统文化二十讲/钱斌主编.---合肥：中国科学技术大学出版社，2024.12. --
ISBN 978-7-312-06113-4

Ⅰ.K203

中国国家版本馆 CIP 数据核字第 20244RR741 号

中华传统文化二十讲
ZHONGHUA CHUANTONG WENHUA ERSHI JIANG

出版	中国科学技术大学出版社 安徽省合肥市金寨路 96 号,230026 http://press.ustc.edu.cn https://zgkxjsdxcbs.tmall.com
印刷	安徽省瑞隆印务有限公司
发行	中国科学技术大学出版社
开本	787 mm×1092 mm 1/16
印张	17
字数	339 千
版次	2024 年 12 月第 1 版
印次	2024 年 12 月第 1 次印刷
定价	58.00 元

编 委 会

主　编　钱　斌
副主编　张婷婷　陈海超　石宇洲
参　编　李彦燃　王晓潇　黄孟茹
　　　　　肖　玲　胡润泽　赵相莲

前　言

古代的中国人"观乎人文，以化成天下"。中国文化是中华民族在长期发展过程中的伟大创造物，是整个民族智慧和创造力的结晶。中华优秀传统文化有很多重要元素，共同塑造出中华文明的突出特性，例如连续性、创新性、统一性、包容性、和平性等。数千年来，中华优秀传统文化不但在本国的历史中大放异彩，惠及每一位中华儿女，而且沿着丝绸之路，深刻影响了沿途国家的文明进程与历史发展。

立足当下，面向未来，只有全面深入了解中华优秀传统文化，才能更有效地推动其创造性转化、创新性发展，更有力地推进中国特色社会主义文化建设，建设中华民族的现代文明。因此，了解、学习传统文化是每一位中华儿女的应尽责任。当前高校对于中华优秀传统文化的教授，基本上属于通识教育，大多侧重于学科化、体系化的方式，这种做法的优势是明显的，但缺陷也是显然的，因为通过通识教育，应该是让学生去"爱"文化，而不是仅仅抛给学生一个冷冰冰的知识框架。

十多年来，编者逐渐摸索出一个大学生传统文化的"科研传承模式"，即指导学生针对特定目标，研究探索、潜心体悟，撰写文化作品。实践证明，这种因特殊教育内容产生的特定教育方式，可能更加符合文化传承的规律。本书的部分素材来自大学生的"原创"，在编入本书时，编者对此进行了深度的修改。编者认为，这些"素材作品"，是大学生依照当代年轻人的知识结构，用年轻化的表达方式撰写出来的，应当更加符合当代大学生的接受习惯。这些大学生作者，都是"科研传承模式"的受益者，希望把他们对传统文化的"爱"传递给每一位读者。因材料的分布较为零散，故不再一一指明作者，特此说明，谨致歉意。因此，本书的编写,也是对编者十多年来文化教育的一次总结。

　　本书希望突破学科教育的传统范式,从一个"知识点"入手,牵出一张"知识网",使读者徜徉在知识的海洋中,以达到文化熏陶之目的。编者主张,要做"有思想"的文化教育,用文化的方式传承文化,努力讲好有温度的中华传统文化故事。希望通过四大方向共计二十个"知识点"的讲述,引起读者对中国传统文化的兴趣,触动读者对中国传统文化的情感,启发读者对中国传统文化的探索,推动读者对中国传统文化的皈依。

　　本书获得中国科学技术大学研究生教育创新计划教材出版项目(编号2023ycjc13)的支持,由钱斌担任主编,张婷婷、陈海超、石宇洲担任副主编,李彦燃、王晓潇、黄孟茹、肖玲、胡润泽、赵相莲参与编写,田开元、张一诺、周海林、焦怡、马红伟、刘经传、肖伟、韦文静、沈小萌、李思瑾、肖雨桢、魏梦如等为本书的统稿提供了帮助。由于本书涉及面较为宽广,对专业知识要求较高,书中难免存在疏漏之处,期望得到专家和广大读者的批评指正。

编　者

2024 年 2 月

目　　录

前言 ………………………………………………………………………………（ⅰ）

概　述　篇

第1讲　五常：儒家的伦理与实践 ……………………………………………（002）
第2讲　中国式的美学观念与审美 ……………………………………………（015）
第3讲　漫谈古代中国人的思维方式 …………………………………………（027）
第4讲　传说与中国人的情感世界 ……………………………………………（040）
第5讲　从金庸武侠小说谈传统文化的误读与误解 …………………………（053）

典　籍　篇

第6讲　名著导读：话本小说 …………………………………………………（066）
第7讲　名著导读：文人小说 …………………………………………………（079）
第8讲　《三十六计》一隅：瞒天过海 ………………………………………（092）
第9讲　《天工开物》导读 ……………………………………………………（103）
第10讲　走近大宋提刑官和他的《洗冤集录》 ………………………………（116）

艺　术　篇

第11讲　直抒胸臆的《祭侄文稿》 ……………………………………………（130）
第12讲　以大观小与水墨丹青 …………………………………………………（143）
第13讲　宋画双璧：《千里江山图》与《清明上河图》 ……………………（155）
第14讲　西楚霸王的悲歌 ………………………………………………………（169）
第15讲　远播域外的《秦王破阵乐》 …………………………………………（180）

生 活 篇

第16讲　君子文化与花中君子 …………………………………………（192）

第17讲　乌台诗案与古代士大夫的生活状态 …………………………（205）

第18讲　璀璨的珠玉玛瑙 ………………………………………………（219）

第19讲　一静一动：围棋和太极拳 ……………………………………（231）

第20讲　纸的发明和纸文化 ……………………………………………（244）

参考文献 ……………………………………………………………………（256）

第1讲

五常：儒家的伦理与实践

> **【提要】** "仁、义、礼、智、信"合称"五常"，是儒家思想的重要内涵，构成中华传统价值体系中的核心因素。在漫长的发展中，"五常"影响了一代又一代中国人的道德观念、价值取向、思维方式和行为规范，塑造了中华民族的民族性格，推动了古代中国社会的结构稳定、秩序井然和繁荣昌盛。在新时代，要推动"五常"等儒家思想的创造性转化、创新性发展，塑造属于时代的、民族的、大众的新的中华伦理。

说起中国的传统文化，那就一定离不开儒家思想。自汉武帝"罢黜百家，独尊儒术"以来，儒家思想便在不断地延续、发展中，逐渐渗透进社会的方方面面，形成了中国传统文化的基本范式，成为了我国传统文化中的主流思想，对中国文化、中国社会的发展起到了决定性的作用。

儒家思想经历了夏、商、周的萌芽，由孔子所创立，经过历代大德的丰富，形成了一套完整的思想体系，它涵盖了许许多多博大精深的内容，影响了一代又一代人的道德观念、价值取向、思维方式、行为规范，也塑造了中华民族的民族性格。历史上的中国结构稳定、秩序井然、繁荣昌盛，无疑受益于儒家思想。

儒家思想的精髓不在于其治国主张，而在于社会伦理思想，它从国家伦理观出发，将人们现实生活中的行为用通俗的语言——道德意识规范起来，让上层建筑获得最广泛的群众基础，从而完成对国家、社会双重治理的理想效果。儒家思想的内涵丰富复杂，孔子提出"仁、义、礼"，孟子延伸为"仁、义、礼、智"，董仲舒则扩充为"仁、义、礼、智、信"，后称为"五常"。"五常"贯穿于儒家思想的发展中，成为中华传统价值体系中的核心因素。

如何才能做到"仁"?

《说文解字》中称:"仁者,亲也。"意思是说,"仁"是亲爱的意思。这是一种内蕴于思想而又外显于行为的优秀品质。最初,"仁"往往被看成人的重要德性之一,但并没有受到特别的重视,直到孔子这里,"仁"才从诸多品质、德性中超脱出来,并被赋予了更加丰富的内涵。"仁"在儒家思想中得到了深化,成为儒家思想的根本精神。

孔子最先把整体的道德规范集于一体,形成了以"仁"为核心的伦理思想。在孔子看来,"仁者爱人",仁不仅是一种"我欲仁,斯仁至矣"的道德理性自觉,更是一种"克己复礼"的社会伦理原则,以及"恭、宽、信、敏、惠,能行五者于天下"的道德实践,甚至是"杀身成仁"的伦理义务。

有一次,弟子向孔子请教说:"先生,您讲的仁德、忠义都是极好的。人人相爱,以仁义待人,也确实是一种美德。我很想得到仁德,但活在世界上也是我所想要的。假如仁德与生命两者发生了冲突,该怎样处理呢?"

孔子严肃地回答说:"这还有什么可犹豫的呢?凡是真正的志士仁人,都不会因为贪生怕死而损害仁义,为了成全仁德,可以不顾自己的生命。"

弟子恭敬地给孔子施礼,表示敬服。这时,弟子又问道:"仁德一定是很难得到的吧?我们应当怎样去培养它呢?"

孔子回答说:"培养仁德可以从头做起。比如说,工匠要做好他的活计,必须先有得心应手的工具。对于一个国家来说,应该选择那些大夫中的贤者去理政;对于个人来说,就应该挑选那些士人当中的仁者交朋友。这样,才会培养起仁德来。"

孔子认为,如果社会中的每个人都能做到仁、具有仁爱之心,上下、长幼、尊卑有序的礼治社会便不难实现。深受儒家思想浸染的古人,上至帝王将相,下至庶人百姓,也都身体力行地实践着"仁"的思想。

唐太宗李世民就以仁爱治国著称。

贞观初年(627年),他对大臣们说,将妇女幽禁在深宫中既浪费百姓的财力,还会使百姓饱尝骨肉分离之痛,于国无益。于是,他先后将3000多名宫女遣送回家,任由她们自己选择丈夫,结婚成家,不用受幽闭深宫之苦,百姓对此都非常感激。

贞观二年(628年),关中一带干旱,发生了大饥荒。唐太宗对此感到十分忧虑,他对大臣们说:"水旱不调,都是国君的罪过。我德行不好,上天应该责罚我,百姓有什么罪过,要遭受如此的艰难窘迫?听说有人无以为生,只能卖儿卖女,我很可怜他们啊。"他派御史大夫杜淹前去巡查,还拿出了皇家府库的钱财去赎回那些被卖的儿女,送还给他们的父母。

贞观十九年（645年），唐太宗征伐高丽，驻扎在定州。有一个士兵生病，不能觐见，唐太宗下诏派人到他床前，询问他的病情，又敕令州县为他治疗。等大军回师，驻扎在柳城时，唐太宗又诏令收集阵亡将士的骸骨，设置牛、羊、猪三牲为他们祭祀。唐太宗亲自驾临，为死者哭泣尽哀，军中将士无不洒泪。观看祭祀的士兵回到家里说起这件事，他们的父母都说："我们的儿子即便战死，有天子为他哭泣，也死而无憾了。"

正是因为唐太宗以仁爱治国，以仁爱待民，才能深得民心，备受百姓拥戴，这无疑为唐朝的繁荣富强奠定了基础。

除帝王之外，施行仁爱的人更是数不胜数。

淳于恭是东汉末年的人，他家有山田，也有果树。当时国家政局混乱，民不聊生，经常闹饥荒，于是时常有人去他家田地里偷摘果实、偷割稻禾。

对于偷盗之人，淳于恭采取宽容善待的态度。当看到有人偷采果实时，他就去帮助他们采摘，并让来人把果子带走；当看到有人偷偷到田里割庄稼时，他担心小偷会感到羞愧，就趴伏在草丛中，等到割庄稼的人从容离去再站起来。他的高尚行为使村落里的人都深受感染，久而久之，偷盗的事情就很少发生了。

在他的引导下，村民们也改变了观念。因为当时大家认为战乱不止，什么时候死都不知道，所以也就放弃了耕种，不愿出力干活。淳于恭就对乡人说："纵我不得，他人何伤！"意思就是：哪怕到时候我已经死了，得不到收获了，那留给别人享用，又有什么关系呢！

淳于恭病逝后，朝廷在他的家乡刻碑，以表彰他的仁爱之行与教化之功。

如今，"杏林"一词是指代中医的。那么，"杏林"这一称谓是怎么来的呢？

在三国时期，名医董奉治病从不收诊费。他写了一张告示，只要求被治愈者在他住所周围种植几株杏树。由于他医术高明、医德高尚，远近患者纷纷前来求治，数年之间就种植了万余株杏树，蔚然成林。到了杏子成熟时，董奉又写了一张告示：来买杏的人，不必通报，只要留下一斗谷子，就自行摘一斗杏去。他把杏子交换来的谷子，用以救济贫民。据说，每年有二三万贫病交加的人，受到董奉的救济。

董奉去世后，"杏林"的故事一直流传了下来。明代名医郭东就效仿董奉，居山下，种杏千余株。苏州的郑钦谕，庭院也设杏圃，病人馈赠的东西，也多去接济贫民。元代的书画家赵孟頫病危，名医严子成将他治好了，他特意画了一幅《杏林图》送给严子成。后来，人们便以"杏林"作为医界或诊所的代名词，现在还常见以"杏林春暖"的匾额或锦旗来赞颂有成就、有医德的医生。

坚持仁爱之道的人们总是竭尽所能去感化人、帮助人、教育人。

在会稽郡山阴县，有一个人名叫严世期，他生性乐善好施。张迈等三人与严世期同村，他们每人都生了一个儿子。当时正遇上灾荒,他们害怕孩子养不活,便打算将儿子丢弃。严世期听说后,赶紧前去帮助他们,把自己的衣服食物分给他们。在他的帮助下,三个小孩最终得以长大成人。同县的庄氏九十岁了,女儿俞兰也有七十岁了,无依无靠,严世期细心照顾这两位老人二十多年,在她们去世后还将其妥善安葬。灾荒时期,同乡的潘伯等十多人都饿死了,无人收殓。严世期便买来棺材安葬死者,并且收养了他们的孩子。

元嘉四年(427年),朝廷赐匾给严世期,上书"义行严氏之间",并且免掉了他的徭役和十年的租税,以此来表彰他乐善好施的德行。

严世期不求回报,尽心尽力地践行仁爱之道,这不正是对"仁"最好的诠释吗?

如何才能做到"义"?

儒家将"义"视为普遍认同的价值诉求,并作为立身行事的根本与努力方向。《论语》中有"君子义以为上",认为"义"是君子最崇高的品质,是君子的精神生命。朱熹在《论语集注》中注曰:"义者,制事之本。""义"就是君子之所以为君子的根本。

孟子继承孔子"志士仁人,无求生以害仁,有杀身以成仁"的崇高人生精神,主张把道义看得高于生命,主张为了崇高的道义,宁不苟且偷生,主张为了崇高的道义宁死不屈。所以他说:"生,亦我所欲也;义,亦我所欲也,二者不可得兼,舍生而取义者也。"

在"义利"关系上,儒家旗帜鲜明地提倡重义轻利的价值观:"君子喻于义,小人喻于利。"但儒家并非完全排斥"利",一方面,把"义"置于"利"之上,作为其对待物质利益的总原则,如:"见利思义""见得思义""义然后取""不义而富且贵,于我如浮云"。另一方面,"利"必须符合"义","义"是判断取"利"的前提条件,如:"先义而后利者荣,先利而后义者辱""见利而让,义也""见利不亏其义""利以养其体,义以养其心""体莫贵于心,故养莫重于义,义之养生人大于利"。这些都反映了儒家对"义"的极力倡导,所谓"君子爱财,取之有道"。

对于那些明知故犯的不义之举,儒家的批驳更是鞭辟入里:"今有人日攘其邻之鸡者,或告之曰:'是非君子之道。'曰:'请损之,月攘一鸡,以待来年,然后已。'——如知其非义,斯速已矣,何待来年。"这个故事的意思是说:有人每天都要偷邻居家的鸡,别人告诉他这不是君子所为,他便说:"那就少一些,每个月偷一只鸡,等到来年就停止偷鸡。"如果知道自己的举动不义,应该立刻更改,何必等到来年?由这个小故事我们可以看出,如若管不住手脚,对不义之财不能尽早放手,那么这类人就是"保利弃义谓之至贼"。由此可见儒家对不合道义之人、之事的愤慨与否定。

如今我们对"义"的理解大概是:公正合宜的道理,合乎正义或公益的举动。

相传左伯桃与羊角哀关系一直不错,听说楚国招纳贤人,两人就结伴去楚国。当衣衫单薄的他们走到一个村庄时,遇到大风雪,干粮即将吃完,周围又地广人稀。左伯桃担心继续走下去,两人不是被冻死,就是被饿死。他就想着把自己的东西给羊角哀一人用,这样羊角哀或许还能活下来;谁知羊角哀也是这么想的。两人谁也不肯眼睁睁看着另一个人死掉,各不相让,只好作罢。

第二天,羊角哀醒来,发现身上盖着左伯桃的衣服,身旁还放着左伯桃的干粮,但却不见左伯桃的踪迹。在附近找了很久,才发现左伯桃已经冻死在一个树洞里。羊角哀把树洞封好,做了标志,才抹泪出发。到了楚国后,羊角哀很受楚王的器重,被封为大将军。他心里一直牵挂着好友,就把他们的故事告诉了楚王,请求去拜祭左伯桃。楚王深受感动,当即准许。

羊角哀把左伯桃安葬好后,就住宿在村里。夜里,他听到厮杀声。左伯桃托梦说,附近的荆将军经常欺负他。第二天一早,羊角哀就想去拆掉荆将军的庙,但遭到当地村民的反对。到了夜里,他又听到了厮杀声。羊角哀不忍好友受欺,就自刎前去助战。村民们很受感动,就把两人的尸首合葬在一处,取名"义气墩"。这也是后人所说的"羊左之交"。

还有一个关于义气的故事。

荀巨伯是汉桓帝时期的贤士,一向恪守信义,笃于友情。他听说朋友生了大病,便收拾行囊千里迢迢去探望。不巧的是,胡人来攻打城池,所有人都跑掉了。朋友见情势危急,便对荀巨伯说:"这里太危险了,你也赶紧走吧!"荀巨伯却说:"我远道来探望,如何能舍你而去?这样败坏道义的事我做不出来。"

荀巨伯走到屋外,跟那些胡人说:"我的朋友有疾病,我不忍心抛下他,宁愿用我的性命来换取朋友的生命!"他的真诚连胡人都为之感动。胡人将领说:"我等没有道义的人,入了有道义的国土!"于是就带领手下撤退,全城得以保全。

荀巨伯的大义凛然化解了这次灾祸,这样的兄弟情义才是真的情义。当然,对于任何事,既要重情重义,也要注意分别如何才是重情重义。

春秋时期,鲁国制定了一条法律。如果鲁国人在国外看见同胞被卖为奴婢,只要他们肯出钱把人赎回来,那么回到鲁国后,国家就会给他们以补偿和奖励。这条法律执行了很多年,很多流落他乡的鲁国人因此得救,并重返故国。

孔子的弟子子贡是一位很有钱的商人,他从国外赎回来很多鲁国人,但却拒绝了国家的补偿。因为他并不需要这笔钱,所以情愿为国家分担赎人的费用。孔子知道以后,并没有因此夸奖弟子,反而骂了他一顿。孔子认为,子贡此举是一个大过失,"自今以往,鲁人不赎人矣",间接祸害了无数落难的鲁国同胞。

为什么会这样呢? 孔子说:"世上万事,不过义、利二字而已。鲁国原先的法律,所求的不过是人们心中的一个'义'字,只要大家看见落难的同胞时能生出恻隐之心,只要他肯不怕麻烦去赎这个人,把同胞带回国,那他就可以完成一件善举。事后,国家会给他补偿和奖励,让这个行善举的人既不会受到损失,而且还能得到大家的赞扬。长此以往,愿意做善事的人就会越来越多。所以这条法律是善法。"

但是子贡的所作所为,固然让他为自己赢得了更多的赞誉,但是也拔高了大家对于"义"的要求。往后那些赎人之后去向国家要钱的人,不但再也得不到大家的称赞,甚至可能会被国人嘲笑,责问他们为什么不能像子贡一样为国分忧。那么从此以后,就会有很多人对落难的同胞装作看不见了。这是因为他们不像子贡那么有钱,如果他们要求国家给予补偿的话,就会被人唾骂,这种"义举"谁还会再做呢?那些落难的鲁国人也会因此再也不能返回故土。

所以,要真正做到"义"并不简单。

如何才能做到"礼"?

"礼"不是无端形成的,它源于自然,是中国人朴素价值观的体现。一般认为,古人出于统领民众、规范社会、繁荣国家等方面的考虑,把一些原始祭祀活动仪式化,并赋予其一定意义。所谓"礼有三本:天地者,生之本也;先祖者,类之本也;君师者,治之本也",礼的核心意义在于人与天地关系的明确、人伦关系的构建和政治体系的稳固。

春秋时期,孔子通过总结、梳理和反思夏、商、周三代的文化遗产,继承和发展了古老的"礼",赋予其新的思想内涵,创造性地建立起一套思想体系。在儒家思想体系中,"礼"是一种社会基本伦理观念、组织结构和行为准则,它不仅是礼仪,也包括礼乐、礼俗、礼制、礼教等多方面内容。

孔子反复强调"礼"对于一个人在社会上安身立命的重要性。他曾教育儿子孔鲤说:"不学礼,无以立。"他也曾谆谆告诫弟子们:"不知礼,无以立也。"在孔子看来,"礼"是人生在世的根本,不学礼、不知礼,就难以在世上安身立命。由此可见"礼"在孔子思想体系中的重要地位。

那么,"礼"在古代是如何表现的呢?

我们从皇帝说起。

作为天子,皇帝是天下的表率,要经常祭祀求神。在古代,皇帝有专门用来祭祀求神的地方,叫天坛。现存天坛共有两处:一处是西安天坛,另一处就是北京天坛。北京天坛位于故宫正南偏东,始建于明朝永乐十八年(1420年),是中国明清两代帝王用来祭祀天地、祈求国泰民安、风调雨顺的地方。

天坛祭祀共分迎神、奠玉帛、进俎、初献、亚献、终献、撤馔、送神、望燎等九个仪程,各仪程会演奏不同的乐曲。除此之外,还会有专门的舞蹈团队在祭祀典礼上跳"八佾"舞。佾,在古代指奏乐舞蹈的行列,也是表示社会地位的乐舞等级、规格。一佾指一列八人,八佾八列六十四人。按照周礼规定,只有天子才能用八佾,诸侯用六佾,卿大夫用四佾,士用二佾。清乾隆七年(1742年),乾隆皇帝为了体现皇家威仪,规定在天坛增设文、武、乐舞生四百八十人,而组织管理舞蹈团队的指挥者也要九十人。可见当时乐舞队伍的庞大!

在具体的祭祀过程中,每进行一项仪程,皇帝都要分别向正位以及东南西北各配位、从位行三跪九叩之礼,历时两小时之久。如此大的活动量对帝王来说是个很大的负担,所以皇帝到年迈体衰时,一般都不亲自到天坛来祭祀行礼,只是指定亲王代替行礼。如康熙在位六十一年,前四十年身体健朗,基本亲自到天坛致祭,后面的二十一年由于年纪大了,又要忙于政事,就全部交由指定的亲王、皇子代祭。

祭祀现场的纪律要求十分严格。皇帝经常下旨:陪行官员,必须虔诚整肃,不许迟到早退,不许咳嗽吐痰,不许走动喧哗,不许交头接耳,不许闲人偷觑,不许紊乱次序。否则,无论何人,一律严惩。

据史料记载,嘉庆年间就曾发生过一次祭祀违规的事例。当时的嘉庆皇帝因为要去组织维修乾隆的神座,时间上与天坛祭祀冲撞了,于是就派遣成亲王代替自己。由于成亲王已经年过半百,在向各配位行"终献"礼时乱了先东后西的顺序。事后嘉庆知道了,就将他革职,让他回家闭门思过。由此可见古代帝王对天坛祭祀仪礼的严肃和较真。

祭祀结束后,按礼制规定,皇帝要向有关官员赏赐祭祀中的肉食。这种流传于周礼的祭祀传统叫"颁胙"。如果皇帝不这么做,就会引起大臣的不满。历史上就有这样一个故事。

有一次,孔子随鲁国国君在郊外祭祀。可是,鲁君并没有按照礼制来颁胙,孔子非常生气。回来后,他就在王宫里责备鲁君:"身为君王,祭祀的时候为什么不遵行礼呢?"

鲁君不明所以:"你说的是什么礼?"孔子愤愤地说道:"按礼的要求,祭祀完以后的祭品是要分享给士大夫们的,为什么君王您没有照做呢?"鲁君不以为然:"这算什么?也值得生气吗?"

孔子觉得鲁君无礼,就离开了鲁国。

敬奉神灵的仪礼可以"经国家,定社稷,序民人,利后嗣",在古代社会是作为一项盛大的活动来对待的。成亲王因为没有遵循礼制,被革职辞退;鲁君也因为违背礼制,导致了臣子离心。

要重礼,也要因时因地发展礼。

西周时期,周公和姜尚因为建功,到朝廷接受封赏,他们一个封了鲁国,一个封了齐国。两人在宫廷相遇,姜尚就问周公:"当今王室建立,你觉得在对待诸侯国的问题上,用什么办法去治理鲁国最好?"

周公想了一下，说道："尊敬那些需要尊敬的人，亲近那些跟自己亲近的人。"姜尚摇了摇头，说："照你的方法，鲁国从此就会慢慢衰弱下去。"

周公不以为然，也同样问姜尚："那你认为用什么办法治理齐国好呢？"姜尚自信地说："选举任用那些贤能有才的人，并且在国内推崇文治武功。"周公微微一笑，说："照你的方法，齐国的后代中一定会出现弑君夺位的人。"

两个人不欢而散。从此以后，齐国就一天天地强大起来，一直到称霸诸侯，但在24代后田常弑君，取而代之；鲁国也一代代衰弱下去，到了32代终于灭亡。

这个故事很有意思。两个人在对待治国方法上看上去似乎都对，因而都坚持己见，结果却让人大跌眼镜。周公要求鲁国尊礼，但是鲁国的国君违礼，因此一代不如一代，最终国家灭亡；齐国要求推崇文治武功，最后使国家强大，后代却出现弑君篡位之人，齐国因此灭亡。不论是鲁国还是齐国，最后都消失在历史长河中。

这就让我们陷入沉思，究竟怎样治国才好呢？最好的办法就是因时制宜，因地制宜。鲁国违礼，也许是周礼不适用于鲁国国情。那么鲁国如果按照周礼，及时制定符合国情的礼仪制度，并且适时地对这些制度进行符合实际的修订，或者鲁国也可以称霸诸侯。如果齐国在加强文治武功的同时，随着国家的强大，加强对士大夫的礼仪教化，齐国也许就不会灭亡。

礼，不可谓不重要呀！

如何才能做到"智"？

"智"是儒家基本且重要的德目之一，所谓"知（智）、仁、勇三者，天下之达德也"，这是君子的"三达德"之一。孔子说："知者不惑，仁者不忧，勇者不惧。"此"知者"（智者）即聪明，有智慧之意，他所强调的"智"，主要是道德实践意义上的，而非一般所说的那种小聪明。孟子更是明确地将"智"与"仁、义、礼"相提并用，作为君子的"四德"之一。孟子认为的"智"，是明辨是非的良知良能，是人之所以为人的根本属性。它不是外在的，也不是由学习而得来的一般知识，是人与生俱来的一种能力，具有某种内在性，只是需要靠后天的不断努力去扩充开发，才能显扬光大。

作为一种"德性"，"智"显得较为空泛。因此，到底什么是"智"？历来众说纷纭。《中庸》说"君子尊德性而道问学，致广大而尽精微，极高明而道中庸"，其实就是对儒家明智思想的最好诠释。我们具体解释一下："尊德性而道问学"，就是要好学求知，明辨是非；"致广大而尽精微"，就是要慎微慎独，积善成德；"极高明而道中庸"，就是要合乎中庸，德行有度。也就是说，只有做到上述三条，才是明智的君子。

所以从儒家来看，学识广博不一定能做到"智"。

春秋时代后,就是群雄争霸的战国时期,各国都用武力来解决问题。频繁的战争使一大批武将登上了历史的舞台,通晓作战谋略的智者和纸上谈兵的不智者,为后人留下很多经验和教训。

赵括的父亲是赵国名将赵奢。受到家庭环境的影响,赵括从小就学习兵法,谈论兵事头头是道,赵奢都难不倒他。但赵奢从来都不夸奖他,认为他讨论战争太过轻率,这是兵家大忌。

后来秦赵两国交战,赵国大将廉颇经验丰富,让秦军吃尽了苦头。秦国用离间计使赵王疏远廉颇,起用赵括取而代之。

大臣蔺相如对赵王说:"赵括只懂得读父亲的兵书,不会临阵应变,不能派他做大将。"赵母也向赵王上了一道奏章,说道:"他父亲临终的时候,再三嘱咐我说:'赵括这孩子把用兵打仗看作儿戏似的,谈起兵法来,就眼空四海,目中无人。将来大王不用他还好,如果用他为大将的话,只怕赵军会断送在他手里。'所以我请求大王千万别让他当大将。"

可赵王并没有听从蔺相如和赵母的劝谏,执意让赵括率领40万大军抗击秦军。

秦将白起早就布置好埋伏。他故意打了几个败仗,赵括不知是计,拼命追赶。白起把赵军引到预先埋伏好的地区,派出精兵25万人,切断赵军的后路;另派5000名骑兵,直冲赵军大营。40万赵军就这样被切成两段,难以照应。秦军又把赵国的救兵和运粮的道路统统切断。

赵军内无粮草,外无救兵,苦守了40多天。赵括最后选择突围,秦军万箭齐发,射杀了赵括。主将被杀,赵军士卒纷纷扔了武器投降。40万赵军,就在纸上谈兵的主帅赵括手里全部覆没了。

熟读兵书、能够谈论军事只是领兵作战的第一步。但如果只会纸上谈兵,不能够根据实际情况,把脑子里的知识灵活运用,不仅不能够称作"智",还会害人害己。长平之败,让赵国再也无力抵挡强大的秦国。

儒家所说的"智",强调要进行独立的思考。

竹林七贤之一的王戎,从小看事看物就有自己独到的见解,不盲从他人。王戎7岁时,小伙伴们看到路边有一棵硕果累累的李树,纷纷去摘,只有他一人无动于衷。见此情景,同伴们表示不解。王戎说,路边的果子没有被采摘,那味道一定是苦的。大家尝后,果然如此。

王戎曾碰到过生命危险。八王之乱时期,齐王司马冏一度控制了洛阳,河间王组织联军讨伐他。齐王召集会议,讨论对敌策略。王戎当时担任尚书令,备受倚重。他在会上侃侃而谈:"人家带兵百万,势不可挡。我建议王爷您不如急流勇退,放弃权力,退休回家,安享天年,是为万全之道。"齐王的谋士勃然大怒,说:"汉、魏以来,有哪个退休王爷能活命的?我建议把出这个坏主意的家伙处死示众。"在场官员都非常震惊。王戎听了以后,表示要上厕所。

不久,正在讨论的众人忽然听见有人大叫:"不好了,不好了,王大人掉茅坑里了!"侍从们乱哄哄,好不容易才把王戎捞起来。王戎很惭愧,说是自己因为脏腑有病,服食了寒食散,谁想药力发作,头昏眼花,才一头栽进茅坑里。在场众人忍着笑,让人把他送回府邸。

后来,齐王兵败,他和众谋臣都被杀死了。王戎却在这场兵变中活了下来,他用智谋救了自己一命。

儒家所说的"智",还强调要有创新性。

鲁国有一个人,非常擅长编织麻鞋,他的妻子是织绸缎的能手,夫妻俩准备一起到越国做生意。朋友劝告他说:"你不要去,不然会失败的。你善编鞋,而越人习惯于赤足走路。你妻子善织绸缎,那是用来做帽子的,可越人习惯于披头散发,从不戴帽子。你们擅长的技术,在越国却派不上用场,能不失败吗?"

"这可不一定啊,"鲁人笑着说,"别看越人现在习惯粗俗,不穿鞋也不戴帽子,我此次去就是为了改变他们的生活方式。这样一来,我不就能赚大钱了吗?"朋友连连摇头:"你说得轻巧,越人的生活习惯是世代流传下来的,要想改变谈何容易。我看不如等到哪天越人有了穿鞋戴帽的习惯,那时候你们再去。"

面对朋友的劝说,鲁人并没有改变初衷。几年后,他不但没有失败,反而成了有名的大富翁。

"当年只是听你那么一说,没想到居然真的做到了。"朋友来到越国,看到鲁人赚了大钱,不由赞叹道,"果然还是你有商业头脑啊。"鲁人笑道:"这天下大势经常会变。当年你说越人改变生活习惯遥遥无期,可是现在不也很快就做到了吗?做生意讲究的就是头脑。按理来说做鞋帽生意,当然是应该去有鞋帽需求的地区,可也要知道,只有越国这样的地方才有着广阔的市场前景和巨大的销售潜力。"

故事中的鲁人正是有着创新性思维,才在"不可能"中抓住了机会。

如何才能做到"信"?

"信"是儒家思想的重要范畴。

孔子认为,君子应当"主忠信"。孟子说:"诚者,天之道也;诚之者,人之道也。"在汉儒那里,则将"信"与"诚"的意思完全打通。《白虎通》说:"信者,诚也,专一不移也。"一般来说,"诚"指一个人内在的真诚,"信"则指一个人外在的信用。儒家十分重视诚信的价值,即所谓"儒有不宝金石,而忠信以为宝"。在儒家看来,"诚信"是个人也是国家安身立命的根本,即所谓"民无信不立""人而无信,不知其可也"。要做到诚信,在个人修行上就要"内诚于心,真实无欺"，即所谓"反身而诚，乐莫大焉"；要做到诚信，与人交往中就要"外信于人，言行一致"，即所谓"与朋友交，言而有信"。这是儒家"信"的主要内容。

隋朝有一个大臣名叫皇甫绩。他三岁的时候父亲就去世了，母亲一个人难以维持，就带着他回到娘家。外公见皇甫绩聪明伶俐，又小小年纪就失去了父亲，因此格外疼爱他。

外公是当地的大户，生活富裕。由于家里上学的孩子多，外公就办了个自家的私塾，还请了一位有名的教书先生。皇甫绩就和表兄弟们一起上学。外公是位很严厉的老人，对孙辈们更是严加管束。私塾开学的时候，就立下了规矩，谁要是无故不完成作业，就要按照家法责打二十下。

有一天上午，上完课后，皇甫绩和几个表兄躲进屋子里下棋。几人一时贪玩，不知不觉就到了下午上课的时间。大家这才想起来，忘记做老师留的作业了。

这件事被外公知道了。第二天，他把几个孙子叫到书房里，狠狠地训斥了一顿。然后按照当初立下的规矩，每人责打二十下。

几人中皇甫绩年龄最小，平时又很乖巧，外公认为是哥哥们带坏了他，便不责打他。外公把他叫到一边，慈祥地对他说："你还小，这次我就不罚你了。不过，以后不能再犯这样的错误。不做功课，不学好本领，将来怎么能成大事？"

皇甫绩和表兄们相处得很好，哥哥们都很爱护他，看到他没有被罚，都没说什么。可是，皇甫绩心里却很难过。他想：我和哥哥们犯了一样的错误，耽误了功课，哥哥们都受到了惩罚，我也应该按照规矩接受处罚。于是，皇甫绩就找到外公，认真地说："外公，我和哥哥们犯了同样的错误，没有按时完成老师的作业。您照规矩惩罚了哥哥们，我也不能例外，求您让我受罚吧！"

外公听后很是赞赏，小小年纪就有如此觉悟，便拿出戒尺打了皇甫绩二十下。表兄们都被皇甫绩这种信守规矩、诚心改过的精神感动了。

后来皇甫绩在朝廷里做了大官，而这种从小养成的信守规矩、勇于承认错误的品德一直没有丢，这使得他在朝廷中享有很高的声望。这虽然是个小故事，却折射出我们为人处世要遵守的大道理，反映出做人应该处处坚守的一个大准则：讲诚信。诚信是每个人一生都应该追求的信念。

不仅是个人，国家亦是如此。《左传》云："信，国之宝也。"诚信是治国的根本法宝。孔子在足食、足兵、民信三者中，宁肯去兵、去食，也要坚持保留民信。因为孔子认为"民无信不立"，如果人民都不讲信用，国家法度就无法实行，社会就会混乱，所以统治者必须取信于民。王安石说："自古驱民在信诚，一言为重百金轻。"作为统治者，想驱使百姓，必须要诚实守信，说到做到，这样的话，他说出的每一句话甚至比金子都珍贵。

周宣王死了以后,幽王继位。昏庸的幽王从不理国家大事,整日里只知吃喝玩乐。有个名叫褒珦的大臣劝谏他,幽王不但不听,反将褒珦关进了监狱。

褒珦在监狱里被关了三年。褒家的人千方百计要把他救出来。他们在乡下买了一个很漂亮的姑娘,教会她唱歌跳舞,把她献给幽王,替褒珦赎罪。这个姑娘名叫褒姒。

幽王见了褒姒,惊为天人,非常喜爱,马上立她为妃,并且毫不犹豫地把褒珦释放了。幽王自得褒姒以后,十分宠幸她,过起荒淫奢侈的生活。褒姒虽然生得艳如桃李,却冷若冰霜,自进宫以来从来没有笑过一次。幽王为了博得褒姒开心一笑,想尽了一切办法,可是她仍然不笑。为此,幽王在全国悬赏求计,谁能引得褒姒一笑,赏金千两。

有个叫虢石父的人,替幽王想了一个馊主意。

原来,周王朝为了防备犬戎的进攻,在骊山一带造了几十座烽火台,每隔几里地就有一座。如果犬戎打过来,把守第一道关的兵士就把烽火点起来,第二道关上的兵士见到烟火,也会跟着点燃。这样一个接一个点着烽火,附近的诸侯见到了,就会发兵来救。

虢石父对幽王说:"现在天下太平,烽火台长久没有使用了。我想请大王跟娘娘上骊山去玩几天。到了晚上,咱们把烽火点起来,让附近的诸侯见了赶来,上个大当。娘娘见了这许多兵马扑了个空,保管会笑起来。"幽王拍着手说:"好极了,就这么办吧!"

后来他们上了骊山,真的把烽火点了起来。临近的诸侯得了烽火警报,以为犬戎打过来了,赶快集合兵马前去救援。没想到赶到骊山,连犬戎的影儿也没有见到,只听到山上远远传来一阵阵奏乐和唱歌的声音,大伙儿都愣了。

幽王派人告诉他们说,这儿没什么事,不过是大王和王妃放烟火玩儿,你们回去吧!诸侯知道上了当,憋了一肚子气回去了。

褒姒看见骊山脚下来了好些兵马,乱哄哄的样子,觉得挺好玩的,就问是怎么回事。幽王把戏弄诸侯的事告诉了她,褒姒竟当真笑了起来。见褒姒开了笑脸,幽王欣喜若狂,立刻给虢石父赏金千两。

后来犬戎发兵来攻,幽王听到消息后,惊慌失措,连忙下令把骊山的烽火点起来。烽火倒是烧起来了,可是诸侯因为上过当,谁也不理会。烽火台上白天浓烟滚滚,夜里火光烛天,可就是没有一个救兵到来。犬戎的人马像潮水一样涌进城里,把幽王给杀了。那个不开笑脸的褒姒,也被抢走了。

帝王无信,玩"狼来了"的游戏,结果自取其辱,身死国亡。可见,"信"对一个国家的兴衰存亡起着多么重要的作用啊!

* * *

中华民族五千多年的文明历史,积淀下来许多我们一生受用的真谛。"仁、义、礼、智、信"所表征的美德,一直为中华儿女世代所信奉。"五常"不仅是道德品质的标杆,也是价值判断的尺度,它影响了我们的思维方式,规范了我们的行为模式,塑造了中华民族的性格特征。在新时代,要推动中华优秀传统文化的创造性转化、创新性发展,塑造属于时代的、民族的、大众的中华美德。

★ 如何才能做到"仁"?
★ 古人在"义"和"利"之间是怎样抉择的?
★ "礼"为什么重要?
★ 怎样才是儒家所提倡的"智"?
★ "信"为什么是"国之宝"?

第 2 讲

中国式的美学观念与审美

> **【提要】** 中国式的美,既是一种视觉享受,也是一种精神体验,反映了中华文化和哲学的深厚底蕴。中国式的美包含自然的和谐、平衡与中庸、柔和与谦逊、符号与象征审美范畴,与生活、艺术和思考紧密联系在一起,形成了中国的美学观念,也塑造了中华文化的独特之美。这一美学传统在现代社会依然有着持久的影响,不断演变、适应和发展,濡养当代中国人的情操。

作为文化的镜子,美学观念反映着一个民族对美的独特追求和诠释。中国的审美传统以其深邃的哲学性质著称,融合了自然、道德、哲学以及人际关系的元素,强调在平凡中寻找非凡,在平衡中找到和谐,以自然为灵感,以中庸为准则,并在温和与内省中表达深层次的美。我们将揭开一些传统美学观念的神秘面纱,呈现出一个充满智慧和美感的美的世界。

何谓"乐山乐水"?

在传统文化中,"乐山乐水"是非常重要的一个美学理念,表达了中国人根植于自然,与自然和谐相处、协同发展的生态性审美方式。

那么,"乐山"乐的是什么?乐的是山温和恬淡、坚韧深沉、厚德载物的美。孔子说,山是"万民之所观仰,草木生焉,众物立焉,飞禽萃焉,走兽休焉,宝藏殖焉,奇夫息焉,育群物而不倦焉,四方并取而不限焉"。山能生长草木,养育生灵,蕴藏着丰富的宝藏,具有无尽的资源。这种挺拔、刚劲、恒定、敦厚的美学特质是中国人"乐山"情怀的根本来源。

至于"乐水",乐的是水造福万物,滋养万物,却不与万物争高下的美。子贡曾问孔子"为何见大水必观之"。孔子说:"夫水者,君子比德焉。遍予而无私,似德;所及者生,似仁;其流卑下句倨皆循其理,似义;浅者流行,深者不测,似智;其赴百仞之谷不疑,似勇;绵弱而微达,似察;受恶不让,似包;蒙不清以入,鲜洁以出,似善化;至量必平,似正,盈不求概,似度;其万折必东,似意。是以君子见大水必观焉尔也。"他认为水就像君子一样,不停地滋润世间各种生物,却完全不为自己,这是君子的德操;它向低处流去,或直或弯,但总是遵循一定的规律,这是君子的道义;它浩浩荡荡,奔流不息,这是君子的规则;它流经百仞高的深谷而不畏惧,这是君子的气度;它保持平坦而不用外力,这是君子的公正;它柔和而无处不在,这是君子的明察;它自发源处百折不挠地滚滚东流,这是君子的志向;万物受其洗涤而变得新鲜光洁,这是君子的善于教化。水润泽万物、涤荡污浊、百折不回,"乐水"不仅仅是"乐"水的美,也是"乐"君子的美德。

"乐山乐水"思想包含着中国人崇尚自然的生态情怀。

有一次,孔子对几个学生说,你们都谈谈各自的理想吧。

子路第一个说:"一个拥有一千辆兵车的国家,夹在大国中间,常常受到别的国家侵犯,加上国内又闹饥荒,让我去治理,只要三年,就可以使人们勇敢善战,而且懂得礼仪。"孔子听了,只是微微一笑。

冉求第二个回答说:"国土有六七十里或五六十里的国家,如果让我去治理,三年以后,就可以使那里的百姓衣食无忧。至于这个国家的礼乐教化,就要等君子来施行了。"

公西赤第三个回答说:"我不敢说能做到什么,而是愿意学习。在宗庙祭祀的活动中,或者在同别国的盟会中,我愿意穿着礼服,戴着礼帽,做一个小小的司仪。"

轮到曾皙时,他说:"暮春三月,我和几个人穿上春天的衣服,去沂河里洗洗澡,在祭台上吹吹风,然后一路唱着歌走回来。"孔子听后,长叹一声说:"我是赞成曾皙的想法的。"

孔子的态度说明了真正的仁者、智者、君子,不但要有高尚的道德情操,还要具备一种乐山乐水的情怀,前者体现的是个人的道德修养,后者体现的是对大自然的热爱。这种情感使得人间的和谐与自然的和谐自觉统一起来,使得仁人君子将其作为一种人生的追求而为之不断努力。只有同自然和谐相处、用心感受自然之美、崇尚自然,才能真正体会到"乐山乐水"的美学理念。

"乐山乐水"思想体现着中国人"天人合一"的生态意识。

在中国人眼里,自然界的山水都有精气灵魂,人融入自然中,天人合一。孔子说:"君子有三畏,畏天命,畏大人,畏圣人之言。""畏"即是怕、敬服,孔子说的"畏天命"是作为君子所必备的德行之一,明确地告诫人类要选择"敬畏天命",通过约束自己的思想和行为,用实际行动使自己成为一个敬畏自然且道德高尚的人。人只有与自然和谐相处,在尊重自然规律的基础上合理利用自然,才能最大限度地挖掘大自然的美,使之服务于人类的经济繁荣与社会进步。

都江堰水利工程是传统文化中"天人合一"观念的具体表现。

在成都平原上发展农业，首要的是除水之害、兴水之利，既要使岷江的洪水不危害灌区的生产，又要保证有足够的水进入灌区。都江堰工程在充分认识了岷江河道、水流、泥沙、水文等规律之后，通过鱼嘴、飞沙堰、宝瓶口三大主要工程，调动水流，引导泥沙，使自然规律为我所用，服务于人类的生产发展。同时，都江堰工程既不修筑拦断岷江的堰坝，又不设立取水调水的控制闸门，在无任何人为干预（如开闸、引水、泄洪等）的情况下，能够自动地、自如地调配水量，枯水季节有足够的水进入灌区，洪水季节又能将多余的水排出外江，达到"分四六、平潦旱"的目的，使灌区内"水旱从人，时无凶年"。

这一切，是历代工程建造者将"天人合一""乐山乐水"的美学情怀运用于实际的充分展示。这种美，是建立在对工程枢纽及灌区所在地自然环境、河道条件、地貌地质、水流泥沙等多种因素的充分认识的基础之上的，是建立在各项工程对于河道、水流、泥沙等因素的反作用的深刻认识的基础之上的。尤其需要强调的是，都江堰工程延绵二千余年，不仅没有对岷江河道、枢纽所在的周边地区以及灌区产生任何生态与环境的负面效应，反而促进了整个成都平原生态效益、环境效益、社会效益与经济效益的进一步提高与协调发展。由于灌溉面积的连续增加，由此而带来的"绿洲效应"不断强化，整个成都平原的生态环境保持良好的状态。

都江堰这一复杂、巨大而又巧妙、绿色的工程，使我国传统文化中"天人合一"的思想得到了淋漓尽致的展示，也是中国人"乐山乐水"、与自然和谐相处的生态思想在现实生活中的最好体现。

"柔弱"如何才能"胜刚强"呢？

古人很早就认识到柔弱可以战胜刚强，这是属于中国人的独特的阴柔之美。

《道德经》中说："天下莫柔弱于水，而攻坚强者莫之能胜，以其无以易之。弱之胜强，柔之胜刚，天下莫不知，莫能行。"水是全天下最柔弱的东西，但是对于攻坚克强，却再也没有什么东西可以胜过水。从表面看，一滴水珠确实渺小、柔弱，但当千万滴水珠汇聚到一起，便可形成一股强大的力量，具有坚韧无比、攻无不克的威力。所以古人在判断柔弱与刚强的优劣时，不是从二者当下力量强弱的对比，而是从发展的趋势来判断的。

柔弱胜强蕴含着丰富的辩证法思想。我们都知道孤立的弱者，肯定是无法战胜强者的。但如果将众多柔弱的力量汇集在一起，形成合力，一致对外，再加上夜以继日、坚持不懈的努力，等到条件成熟，在量变的基础上就会引起质的改变，便可以实现柔弱胜刚强，甚至达到

"天下之至柔,驰骋天下之至坚"的地步。由此可见,"柔弱"并非懦弱,古人眼中的"柔"是含有无比的韧性和持续性的意义。水滴的力量是微不足道的,可是如果它目标专一,持之以恒,就能把石块滴穿。如果我们也能像水滴那样,还有什么事情做不成呢?

在古人眼中,柔弱胜强包含着积极的人生哲理,它代表的是一种坚韧不拔、锲而不舍的精神品质。我们熟知的愚公移山就是一个典型的柔弱胜强的故事。

很久以前,有一位老人,名叫愚公,快90岁了。他家的门口有两座大山,一座叫太行山,一座叫王屋山。这两座大山山高峰险,横亘700余里,正好挡在愚公家的门口,阻塞交通,极为不便。一天,愚公召集全家人说:"我们全家一起合作,把挡在门口的两座大山移开,让门口的路可以直通到山外面的大路上,你们看好不好呢?"儿孙们一听,都点头赞成说:"好呀!好呀!"只有妻子有些担心,她瞧着丈夫说:"咱们既然已经在这里生活了许多年,为什么不能这样继续生活下去呢?况且,这么大的两座山,即使可以一点点移走,哪里又放得下这么多石头和泥土?"孩子们听了,都说:"那有什么困难的!将那些泥土、石块都扔到渤海里面去不就行了。"

下定决心后,愚公即刻率领子孙们挑上担子,扛起锄头,干了起来。他们砸石块,挖泥土,用藤筐运往渤海湾。邻居一家也兴致勃勃地加入到移山的人群中来了。

这时候,为人处世很精明的智叟,他看到愚公一家人搬山,就觉得十分可笑,忍不住嘲笑他们说:"愚公呀!你实在太糊涂了。凭着你这一大把年纪,恐怕连山上的一棵树也撼不动,你又怎么能搬走这两座山呢?"愚公听了他的话,笑笑说:"你名字叫智叟,可我觉得你还不如小孩聪明。我的确是活不了几天了,可是,我死了以后有儿子,儿子又生孙子,孙子还会生儿子,这样子子孙孙繁衍下去,是没有穷尽的。山上的石头却是搬走一点儿就少一点儿,再也不会长出一粒泥、一块石头的。我们这样天天搬、月月搬、年年搬,为什么搬不走山呢?"面对信念坚定的愚公,智叟无言以对。

山神和海神知道愚公要移山的事情,害怕他们一家人永不停止地搬下去,会把山搬光,把海填满,就跑去向天神报告。大神也被他们的行为感动,就派遣两名神仙到人间去,把这两座大山搬走了。从此以后,这里再也没有高山阻塞道路了。

柔弱"胜"刚强要求我们目标专一而不三心二意,持之以恒而不半途而废。只有这样,才能克服重重困难取得成功。

据说李白小的时候很贪玩,不爱学习,父亲就把他送到学堂去读书。可是,那些诸子百家的书很不好读,李白学起来很困难,就更加不愿意学了,有时候还偷偷溜出去玩。有一天,李白又偷偷跑了出来。

他看见一位白发苍苍的老婆婆蹲在小河边的一块磨石旁,一下一下地磨着一根铁棍。

李白好奇地来到她身边,问道:"老婆婆,您在干什么?""我在磨针。"老婆婆没有抬头,她一边磨一边回答。"针?"李白问,"是缝衣服用的绣花针吗?""当然!""可是,铁杵这么粗,什么时候能磨成细细的绣花针呢?"老婆婆说道:"我天天磨,就算一天磨细一点,总有一天铁杵会被磨成绣花针的。""可是,您的年纪这么大了呀。""只要我下的功夫比别人深,没有做不到的事情。"

李白听了老婆婆的话,很是惭愧,回去之后再没有逃过学。从此,他刻苦读书,终于成了名垂千古的诗仙。

铁杵是坚硬刚强的,人的力量是柔弱的,但只要肯坚持不懈,持之以恒地下功夫,日日磨、月月磨,粗大铁杵也能被磨成绣花针一样细小。

由此看来,柔弱不一定是真弱,刚强不一定是真强,柔弱也可以战胜刚强。在中国人的眼中,柔弱胜强的这种阴柔之美更像是对人生不懈奋斗的激励与赞扬。这告诉我们:即使一个人的力量再弱小,只要他努力的方向正确,目标专一,坚持不懈,久久为功,微小的力量也能造就非凡的成功。

五行是怎样相生相克的?

中国古人将金木水火土"五行"作为构成世间万物及各种自然现象的基础,认为宇宙中各种事物(包括人在内)和现象的发展、变化,都是这五种属性之间不断运动和相互作用的结果。五行之间的关系谓之"生""克"。古人认为,五行的相生相克,就像阴阳一样,是事物不可分割的两个方面。没有生,就没有事物的发生和成长;没有克,就不能维持事物的发展和变化中的平衡与协调。正是这种相生相克的关系,推动和维持着事物的正常生长、发展和变化。他们认为,这种辩证的关系是一种独特的生克之美。

我们来具体说说"生"与"克"。

金、木、水、火、土,按照顺位则连续相生,即金生水,水生木,木生火,火生土,土生金。这里的"生",是滋养、孕育的意思。当然,如果"滋养、孕育"过了一个"度",也会出现糟糕的情况:"金能生水,水多金沉;水能生木,木盛水缩;木能生火,火多木焚;火能生土,土多火埋;土能生金,金多土变。"五行隔位相克,也就是间隔一位相互克制,即金克木,木克土,土克水,水克火,火克金。古人还解释了五行相克的本质原因:"克者,制罚为义,以其力强能制弱。"相克,其实就是相互制约、克制的意思。

五行相生相克形成的这种独有的生克之美也被广泛地应用于人们的日常生活。例如,每逢春节家家户户都会贴春联。如今的春联,演变出各种各样的形式,其实传统春联的写法都是红纸黑字。因为在古代,红色象征祥瑞,有驱逐邪恶的功能;黑字代表驱使鬼神,拥有无上的法力。从五行生克的角度讲,红色为火,对联纸是红色,象征着红红火火。墨汁黑色代表五行中的水,火在底,水在外,象征五行相克中的水克火,被克者为财。这样连在一起,包含着有水来润泽万民、财源旺盛、人们日子红红火火的美好祝愿。

　　五行观念作为重要的思想体系,也成为乐律、政治、伦理、医学、术数之理论基础,以及中医、五运六气论、断易及命理学之信息语言。中医就利用五行学说来解释人体的生理功能,说明机体病理变化,用于疾病的诊断和治疗。中医学将人体的五脏分别于五行相对应,即肝属木、心属火、脾属土、肺属金、肾属水。从五脏的相互滋生来看,肾水之精以养肝木,肝木藏血以济心火,心火之热以温脾土,脾土化生水谷精微以充肺金,肺金清肃下降以助肾水。这说明了五脏之间的相生关系。从五脏之间的相互制约来看,肺气清肃下降,可以抑制肝阳上亢,即金克木;肝气条达,可以疏泄脾土的郁滞,即木克土;脾的运化,可以避免肾水的泛滥,即土克水;肾水的滋润,能够防止心火的亢烈,即水克火;而心火的阳热,可以制约肺金清肃的太过,即火克金。

　　借助五行之间的这种生克规律,古人解释了人体五脏之间的关系,又创造了与之相配套的健身养生之法。神医华佗就依据人体五脏与五行的对应关系,通过观察禽兽活动姿态,结合虎、鹿、熊、猿、鹤五种动物的动作与神态,创编了五禽戏。根据中医的脏象学说,这五种动物按照其秉性分别对应的是人体的肝、肾、脾、心、肺,即五禽配五脏,虎主肾、鹿主肝、猿主心、熊主脾、鸟主肺。人们通过模仿它们不同的动作,来增强对应的脏腑功能。五种动作各有特点、各有侧重,但又是一个整体,如能经常坚持综合练习,就能起到调养精神、调养气血、补益脏腑、通经活络等作用,对高血压、冠心病、神经衰弱等慢性疾病,均有较好的治疗和康复作用。

　　《西游记》作为我国的四大名著之一,蕴含了大量的五行学说,形成了一种独特的生克之美。原著中运用五行相生相克的关系,从独特的视角揭示了唐僧师徒的性格特点,推动了故事情节的发展。

　　唐僧属火,他的性格就是火的特性。唐僧彬彬有礼,喜欢宗教,崇尚教化育人,有求学传播学识之意,这才有西天取经的故事。水克火,唐僧则遇水成灾。他的一生不知遇到多少灾难,都是与水有关。他被灵感大王捉去后,曾感慨自己逢水多灾:"自恨江流命有愆,生时多少水灾缠。出娘胎腹淘波浪,拜佛西天堕渺渊。前遇黑河身有难,今逢冰解命归泉。不知徒弟能来否,可得真经返故园?"

　　孙悟空属金。五行相生中,土生金,而孙悟空就是从石头里蹦出来的,而这块石头原本是女娲补天遗漏的补天石,是经过锻造而成的。孙悟空刚直不阿、喜杀好战、好打抱不平,有不拘人下的气魄,这才有了后面的大闹天宫。

猪八戒属木。这样的属性,使得他具有两个特点。一是喜水,因为水生木,猪八戒本身就是应水而生,曾经掌管天河十万水兵,为天蓬元帅。二是怕火,八戒对与火相关的事物极度畏惧。一旦遇上火,八戒则惟恐避之不及。

沙僧属土。五行中,土有融合的意思,而沙和尚在取经队伍中,看似多余,其实非常关键,起到了调和各方矛盾的作用。

小白龙属水。白龙马原是西海龙王的三太子,代表着水族,五行属性自然为水。

我们来看看五行生克是怎么推动故事发展的。

唐僧师徒四人为取真经,行至白虎岭前。在白虎岭,住着一个尸魔白骨精。它为了吃唐僧肉,先后变幻为村姑、妇人,结果全被孙悟空识破,只能丢弃假身,化作一缕青烟跑掉。但唐僧却不辨人妖,反而责怪孙悟空恣意行凶,连伤母女两命,违反戒律。八戒属木,木是生火的,便在一旁煽风点火,说道:"师父,说起这个女子,他是此间农妇,因为送饭下田,路遇我等,却怎么栽他是个妖怪?哥哥的棍重,走将来试手打他一下,不期就打杀了!怕你念什么《紧箍儿咒》,故意的使个障眼法儿,变做这等样东西,演幌你眼,使不念咒哩。"火克金,唐僧能用"紧箍咒"来制约孙悟空。听信那呆子的撺唆后,便开始手中捻诀,口里念咒,悟空头痛剧烈,连忙跪下叩头求饶。

第三次白骨精变作一个老头,被悟空识破后,便用计从云端扔下一黄绢,上写:"佛心慈悲,切勿杀生;再留悟空,难取真经。"唐僧信以为真,怪悟空连伤三命,那八戒又旁边唆嘴道:"师父,他的手重棍凶,把人打死,只怕你念那话儿,故意变化这个模样,掩你的眼目哩!"唐僧果然耳软,又信了他,随即又念起紧箍咒,逼悟空离开。悟空无奈,只能返回花果山。沙僧属土,天性善良温和。平日里对师父言听计从,又尊重孙悟空,还经常婉言劝说八戒不要动不动闹"散伙"。临走时,悟空放心不下,吩咐沙僧道:"贤弟,你是个好人,却只要留心防着八戒言语,途中更要仔细。倘一时有妖精拿住师父,你就说老孙是他大徒弟。西方毛怪,闻我的手段,不敢伤我师父。"说完,顷刻之间便不见影。

《西游记》里,正是由于这种相生相克的关系,取经团队五人便缺一不可。当五行相克时,寸步难行;当五行相融时,则一切顺利、万事大吉。他们只有和谐共处,才能最终克服九九八十一难,取得真经,修成正果。

中庸为什么是美的?

在中国提到美,就不能不说"中庸"。"中庸"是一种极致的美,然而这种美并非轻易就能做到,甚至在现实生活中,鲜有能做到言行合乎"中庸"的人。但这并不意味着我们就不用去追求"中庸"之道;反之,我们要学习、欣赏这种美。

"中庸"一词是孔子首先提出的。不过在《论语》中,他也只有一次谈及"中庸":"子曰:'中庸之为德也,其至矣乎!民鲜久矣!'"。孔子是以感叹的语气道出"中庸",但其具体含义,却未给出明确的解说。后世诸多学者对"中庸"的含义进行了分析和注解。

首先是"中"。"中"字在甲骨文和金文都属象形文字,形状像一面迎风飘扬的旗帜。"中"字可解为"中央""中间"的中。后世从两个角度注释了"中"。其一是朱熹说:"中者,不偏不倚、无过不及之名。"其二是黄侃说:"中,中和也。"无论前者还是后者,都有对待事物既不过分也无不及的适当之意,"中"的实质就是求和。

再说"庸"。关于"庸"的主要释义有三种。其一,用。在《说文解字》中,许慎说:"庸,用也。"其二,常。何晏说:"庸,常也。中和可常行之德也。"其三,平常。朱熹说:"庸,平常也。"对于"庸"的"用""常"两种释义,学界一般无异议,而第三种注解即"平常"则与前两种释义在本质上相通。

在了解"中"和"庸"的释义后,我们就能大致理解"中庸"的含义了。"中庸"指不偏不倚,即适度。人们要在实践中以"中"求和谐之道,体现中庸之美,或称中和之美。

中庸之道是中国传统文化艺术所追求的审美境界。书法作为传统文化的重要组成,深受中和之美的影响。书法的中和之美是中华民族几千年来审美意识的选择与积淀,主要表现在笔法、结构、字体和章法等方面。

王羲之是古代著名的书法家,有"书圣"之称,他的书法"思虑通审,志气和平,不激不厉,而风规自远"。通过研究王羲之的作品,我们可以发现,他在结构、笔法、章法等方面,都在追求中庸之美。

首先是结构。所谓结构,就是要讲究疏密、向背、奇正等,"违而不犯,和而不同",在对立中求统一,在统一中求变化。王羲之的书法,在字体形态上,不取绝对的方形,也不取绝对的圆形,讲究有方有圆,方圆兼备。对于字形小的字,笔画要伸展开来,变小为大;对于字形大的字,笔画要紧缩一些,变大为小。字体的疏密也是如此。能够被称为书法的"字",从审美的角度来看,无论是方的还是圆的,都不能称为美。只有做到兼顾各方,不偏不倚,取得整体的和谐统一,才能算作是一种美。

其次是用笔,也就是笔法。这里的"笔"是指毛笔。用笔讲究圆润和畅,棱角不能外露,以求达到"宽闲圆美"的境界。用笔并不简单,要学会收敛,曲与直、方与圆、行与留、断与连等各方面都要做到辩证统一、不偏不倚。"用笔不欲太肥,肥则形浊;又不欲太瘦,瘦则形枯;不欲多露锋芒,露则意不持重;不欲深藏圭角,藏则体不精神;不欲上大下小,不欲左高右低,不欲前多后少",笔法要肥瘦适中、上下合理、藏露适度,各自节制,达到形式上的统一,才能取得和谐之美。

最后是章法,即整篇作品的布局方法。章法的中和之美表现在于气脉连贯,动与静、并与和、首与尾、字距与行距等对立统一。从他著名的《兰亭序》来看,除了字的大小相应、长短相间、虚实相生之外,在布局上也是相当缜密。其表现主要是纵有行,横无列,每行又摇曳动荡,变化多姿。

王羲之之所以成为书圣,除了他在书法上的造诣,还在于他在书法创作中追求的以"中和"为核心的风神情致。他迎合了中国士人的审美意识,就是中华文化中的"中庸"观念。

戏曲,作为古代重要的文化形式之一,也是追求"非和弗美"。《西厢记》的女主角崔莺莺就是这样一个例子。对于封建传统的"父母之命、媒妁之言",她选择尊重与沉默;对于内心渴望的爱情,她又大胆追求,欲图冲破封建礼教的束缚。这种沉默而又抗争的双重人格,正是受到了中和思想的影响。

叛军兵围普救寺,要强索莺莺为压寨夫人。相国夫人许下重赏:只要能退强盗,就将女儿许配与他,倒赔妆奁,待等太平无事,立即完婚。张生挺身而出,勇退贼兵。

但老夫人却食言了,她让莺莺"拜哥哥"。这时候莺莺唱道:"荆棘刺怎动那!死没腾无回豁!措支剌不对答!软兀剌难存坐!"对于赖婚,莺莺虽然感到十分痛苦,但她并不敢表示反抗,而是选择了沉默。此外,老夫人让莺莺与哥哥"把盏",张生的反应是推辞,莺莺却并没有表明立场。红娘私下里对莺莺说:"姐姐,这烦恼怎生的是了!"此时莺莺唱道:"而今烦恼犹闲可,久后思量怎奈何?有意诉衷肠,争奈母亲侧坐,成抛躲,咫尺间如间阔。"可见,莺莺此时是有话要说、有话可说的。但是她最终并没有说出来,而是选择了沉默。这么说来,莺莺对于父母的话,是顺从的。

但莺莺也是具有抗争精神的。她的父亲生前已经将她许配给礼部尚书的儿子郑恒,对于这种受封建思想影响下的婚约,莺莺是不认可的。于是就有了"焚香"一节:

> (旦云)取香来!(末云)听小姐祝告甚么?(旦云)此一炷香,愿化去先人,早生天界!此一炷香,愿中堂老母,身安无事!此一炷香(做不语科)(红云)姐姐不祝这一炷香,我替姐姐祝告:愿俺姐姐早寻一个姐夫,拖带红娘咱!(旦再拜云)心中无限伤心事,尽在深深两拜中。

对这一段婚约,莺莺并没有过多的期待。烧夜香时,红娘说出了莺莺的心声。在莺莺心中,她对父母安排的婚姻是不满的,她想要冲破封建思想的束缚,追寻自由的爱情。毫无疑问,她是叛逆的,是富有抗争精神的。

莺莺这一人物的双重性格,正是中庸审美意识的生动体现。除上述内容以外,《西厢记》中的很多地方都体现了"中和之美"的审美风格。中国的戏曲,自孕育之初就置于中庸思想的审美关照之下，这也是中国戏曲成为世界独树一帜的戏剧形式的重要原因。

人性为什么是最美的？

中国传统美学中蕴含着丰富的人性美思想。

所谓人性美，是指区别于动物性的、顺应历史发展规律的人的本质、本性的美，包括人的精神、品格、情感、言行等的美。古人认为人的美发自于内心，如"孝""仁""爱"等，所以在讨论人的美的时候，更加注重社会伦理之学，以人性论为讨论中心。

在人性方面，儒家主张性善论的代表人物是孟子。他的主要思想为"仁、义、善"，认为仁、义、礼、智等伦理道德的要求源于人的本心，人可以通过内省去保持和扩充它，否则将会丧失这些善的品质。与孟子相反的是，同样身为儒家代表人物之一的荀子却提出了"性恶说"。荀子认为人本身就是贪婪、利己的，为避免社会纷争、动荡与穷困，必须对人性加以改造和限制。法家代表人物韩非子也认为人之性皆"好利恶害，自为自利"，他在深刻体认人性自私的基础上，极力反对儒家的仁义道德，形成了系统的"法治"方案。

然而无论是性善论还是性恶论，思想家们的主张都表明了"善""礼""孝"等美好品质的重要性。即使人内心存在恶的部分，也应该通过后天的道德教化、法规约束，实现对人性的改造，达到弃恶从善的目的。所以从古至今，中国人眼中的美都体现了对人性中真善美的向往，以及对内心邪恶的排斥。只有以仁爱之心为人处世、知荣明耻，才能成为一个真正"美"的人。人性最美的地方，在于人有是非之心，有仁义孝礼智，有修身齐家治国平天下的家国情怀。

西汉有个缇萦救父的故事。缇萦上书救父的孝行，万古流芳，甚至它还促成了古代法律史上一个重要的改革——废除肉刑。它不仅成为后世孝道的典型，也是人性之美的深刻体现。

缇萦的父亲叫淳于意，在齐国担任仓公令的官职，主管地方藩国的粮食和武器装备。文帝十三年（前167年），淳于意被人告发，解送长安，将被判肉刑。

"肉刑"是古代残废肢体、残害肌肤、破坏身体机能的刑罚，带有原始、野蛮的色彩。肉刑分为"墨、劓、刖、宫"等多种，墨刑就是在脸上刺字，再让被刺之人站在城门口，被人观望，以示羞辱；劓刑就是割鼻；刖刑就是砍掉脚；宫刑就是阉割。肉刑在夏代就已经出现了，夏、商、周朝如此，秦朝更是风行，《盐铁论》中就有"劓鼻盈车、履贱踊贵"的记述。这种让人痛恨的酷刑，一直延续到西汉。

缇萦跟随父亲到达长安。为了营救父亲，她上书为父求情，这封陈情书辗转送到汉文帝手中。据《史记》记载，陈情书的内容是这样的："妾父为吏，齐中称其廉平，今坐法当刑，妾切痛死者不可复生，而刑者不可复续，虽欲改过自新，其道莫由，终不可得。妾愿入身为官婢，以赎父刑罪，使得改行自新也。"大意是说：民女的父亲是一名官员，齐国人都说他非常廉洁公平，现在因为犯了法要受刑。我哀伤的是，受了死刑的人不能再活过来，受了肉刑的人肢体断了不能再接起来，虽想走改过自新之路，也没有办法了。民女愿意进入官府做奴婢，来抵父亲所受刑罚，使他能够改过自新。

缇萦为父亲免遭酷刑而千里迢迢冒死上书的胆识孝心和这种甘为奴婢的自我牺牲精神，深深地感动了宽仁贤德、爱民恤民的汉文帝。他随即免除了淳于意的刑罚，并颁发诏书废除肉刑，改用其他刑罚代替。

在这个故事中，纯正的孝是核心，而汉文帝成全了缇萦、赦免了淳于意、废除了残忍的肉刑，则是他执政过程中仁的体现。试想一下，如果汉文帝不仁，自然不会被缇萦的孝心所感动。也正是他们人性中的美好特质——孝与仁，才使缇萦救父成为流传千古的美谈，也促使我国古代刑罚体系得到进一步完善。

不可否认的是，人性中也有丑陋和邪恶的部分，内心的恶会给人们带来灾难。

贾瑞是小说《红楼梦》中的人物。他是贾府远房玉字辈子弟，父母早亡，由祖父贾代儒教养。书中的贾瑞"是个专图便宜没行止的人，每在学中以公报私，勒索子弟们请他；后又助着薛蟠图些银钱酒肉，一任薛蟠横行霸道，他不但不去管约，反'助纣为虐'讨好儿。"在贾敬的生日宴上，贾瑞色迷心窍，对嫂嫂王熙凤有了不轨之心，结果多次陷入王熙凤设的"相思局"中。当他病入膏肓之际，有跛足道人乘风而来，送来双面可照的"风月宝鉴"。道人称此镜乃太虚幻境警幻仙子所制，专治邪思妄动之症，有济世保生之功。但贾瑞却并未听从跛足道人的劝告，执迷不悟，沉湎镜中虚幻的享乐，最终自食其果，命丧黄泉。

贾瑞是极不堪的纨绔子弟，无一善可言。作为典型人物，其悲剧后果都为咎由自取，读来让人可恨可叹可怜。但必须承认的是，正是贾瑞内心的贪淫好色、邪念丛生，才最终为其招致灾难。

同样，《西游记》中也塑造了许多"恶"的形象。不论是执迷于长生不老、想吃唐僧肉的妖魔鬼怪，还是为延年益寿，听信妖怪媚语，昏庸无道的国王，又或者是幻想与唐僧结成百年之好，成就太乙金仙的女妖，下场无一例外都是"竹篮打水一场空"。究其原因，是他们内心的邪恶在作祟，私欲在张扬，从而为自己招来了灾难，甚至是杀身之祸。而人也只有克服内心中堕落丑恶的部分，趋善向美，审丑去恶，才能够真正体会到人性最美在于有"恻隐之心、羞恶之心、恭敬之心、是非之心"，做到完善本心，发扬善端，成就美好。

* * *

我们深入探讨了传统美学中的一系列重要观念，包括乐山乐水、柔弱胜强、生克之美、中庸为度和人性之美等。乐山乐水体现了中国人对自然之美的热爱,将山水视为心灵的庇护之所。柔弱胜刚强强调非暴力和谦虚的美德,深深印记在中国的哲学和文学之上。生克之美强调事物之间的相互作用和平衡,贯穿于中医和道家哲学。中庸为度的思想鼓励平衡与和谐,反对极端。人性之美关注人的内在价值和品德,强调互助和尊重。这些观念反映了古人对美的独特看法,贯穿于中国文化的各个领域,深刻影响了中华文明的发展。

 思考题

- ★ 古人是如何欣赏山水之美的?
- ★ 柔弱胜刚强是怎样的一种美学观念?
- ★ 五行是怎样相生相克的?
- ★ 古人审美遵循什么样的"度"?
- ★ 中国人心目中的"最美"是什么?

第 3 讲

漫谈古代中国人的思维方式

> **【提要】** 思维方式是人们感知周围世界和处理信息的一种固有习惯,它形成于一个民族长期的历史发展过程之中,体现出一个民族的文化特征,也深刻影响着这个民族的后续发展。中西方由于历史发展的不同轨迹形成了不同的文化,这种文化不断塑造和提升着人们的思维,继而又产生了不同的思维方式。在当今世界不同思想相互碰撞融合的过程中,学习传统思维不仅有利于发扬中华民族的优秀传统文化,还能实现中西思维的融合与互补,为解决各种矛盾与问题提出新的见解。

思维方式是人们感知周围世界和处理信息的一种固有习惯,带有很强的民族性。比如,西方人崇尚个性,推崇个人的主体地位,而中国人则崇尚共性,重视集体与统一。就人的名字而言,西方人在自我介绍时,会先说表示个性的名,后说表示共性的姓;而东方人则正好相反,先说表示共性的姓,后说表示个性的名。

思维方式会深刻地影响民族文化的发展。例如,古希腊人十分推崇抽象思维,善于将具体的事物、概念或事物的属性、关系等抽象化,这使得他们注重概括、归纳和推理的过程,从而推动了古希腊在哲学、艺术与数学等领域的发展。

那么,中国人的思维方式是怎样的呢?

处理危机时怎样以简驭繁?

世间本无事,庸人自扰之。最出名的自扰人物,大概就是那个每天担心天要塌下来的杞人了吧。天虽然不会塌,但世间真的是无事吗?显然这个问题是要辩证地看。

世间之事,可大可小,主要在于处理这事的人要把它往哪个方向发展。智者有时也做不到把大事完美地化作小事；但庸人往往轻易地无事生非，小题大作一番，这在古今中外都是客观存在的事实。

处理这些事情往往要有良好的心态，我们来看看唐代诗人刘禹锡的一首诗：

> 巴山楚水凄凉地，二十三年弃置身。
> 怀旧空吟闻笛赋，到乡翻似烂柯人。
> 沉舟侧畔千帆过，病树前头万木春。
> 今日听君歌一曲，暂凭杯酒长精神。

刘禹锡谪居在巴山楚水凄凉之地23年，惆怅之余更多的是积极乐观，在这世事的变迁和仕宦的升沉中，他以一个智者豁达、乐观的心态，做到了世间本无事。

那么，让我们来看看怎么才能做到大事化小、小事化了吧。

东汉开国皇帝刘秀，在尚未发迹之前曾被任命为破虏大将军、大司马。一个算命先生王郎自称是汉成帝之子，自立为帝，建都邯郸，黄河以北地区多闻风归顺。次年，刘秀率部进攻王郎，占领邯郸，斩杀了王郎。

处死王郎之后，在他家里找到很多刘秀阵营的官员与王郎来往的信件。那些与王郎来往的官员听闻此事，终日坐立不安、食不知味。心腹进谏道："大司马不如趁此清除内奸，宁可错杀一千，不可放过一个。"刘秀却说："他们中大多只是为了家人才一时摇摆不定。如今，他们的顾虑也随着王郎之死消除，倒是可以再给他们一次机会。"说罢，便派人去通知众人前来议事。

大部分人怀着忐忑的心情来到了议事的地方；剩下的小部分人，则在家中收拾东西，准备逃走。

刘秀扫视众人后，只字不提信件的事，只是让侍从给在座的官员上茶。只见有人搬进来一个火炉，刘秀则将所有信件投入其中，对大家说道："这事就当从没发生过。今后，你们只管尽忠于我，不可再生二心。"

就这样，刘秀大事化了，把一次可能发生的内乱化解了，同时也收服了人心。后人在评价邯郸之战时，认为此战为刘秀建立东汉政权奠定了基础。由此可见刘秀做了一件多么正确的事。

要说收买人心，恐怕是很多当权者的必修课。宋太宗就是这样。

一天，宋太宗赐宴。席间，大臣孔守正和王荣发生了口角，两人因为酒老爷当家，谁也不让着谁，最后大吵大嚷起来。有人私下议论："在御前如此失态，太胆大妄为了，一定要治他俩大不敬的罪啊！"但直到宴会结束，太宗都没有对此事表态。

第二天，两人酒醒之后，听人描述了宴会中的失态，当即进宫请罪："罪臣该死，昨天在御前酒后失态，请皇上降罪。"太宗却轻描淡写地说道："朕昨天也喝得醉醺醺的，不记得发生过什么事。你们俩都下去吧。"

两人酒后乱性，并非不可原谅，太宗若真是为了此事而惩处两人，未免就小题大做了。仁君、暴君，往往只有一步之遥。皇帝处理手下的臣子惹的祸，对于并非真的罪无可恕的事，若是能大事化小小事化了，无疑对政权的巩固有百利而无一害。

我们再来说一件"大事"。

明隆庆四年（1570年）四月，土司安国亨受人挑拨，杀了安信，安信的哥哥安智则起兵复仇，在贵州西北（水西）一带，双方聚众仇杀，死了很多人。

话说当年，贵州水西土司的祖先济火随诸葛亮南征有功，封罗甸国王，他的后裔便是安氏。洪武初年，朝廷设水西布政使司，进行行政管理，但管理水西苗民48族事务的，依旧是安氏。涉事之人都不是普通人，处理起来相当棘手。

当时的贵州巡抚派兵镇压，却以失败告终，于是便向朝廷报告，说安国亨起兵叛乱。穆宗皇帝拿不定主意，就召来高拱，向他询问。高拱说："安国亨受人挑拨，误杀了安信，安智这才起兵为弟弟报仇。现在他们各说各的理，很难判断谁是谁非。巡抚偏向安智，安国亨因为害怕，不服拘捕。这巡抚便以叛乱奏报朝廷。所谓叛乱，是指冒犯朝廷。如今是土人内部自相仇杀，自然算不上叛乱。安国亨纵然不服拘捕，也只是违逆官府而已，巡抚却奏报朝廷，调用军队去攻击他，那安国亨怎么可能会束手就死呢？"穆宗问："那怎么办呢？"高拱说："太仆寺少卿阮文中办事干练，而且善于随机应变，是解决此事的最佳人选。臣恳请皇上派他前去解决贵州之乱。"穆宗答应了。

阮文中接到诏书，便快马加鞭赶往贵州。

阮文中还没安顿下来，安智母子就来见新任巡抚："大人，小儿死得冤枉，请大人一定要为老妇做主啊。"阮文中安慰道："你们放心，事关水西存亡，本官将竭尽全力，一定秉公办理。"安智则向阮文中诉说一通后，这才搀着老母回去了。

经过一番查访，阮文中认定安国亨并非起兵叛乱。他知道，土司的职位世代相传，享受荣华富贵，无故图谋叛乱，按理是讲不通的。

安国亨听说新官已到府邸，便派人来请阮文中到水西，要设活猴宴款待他。阮文中当然知道葫芦里卖的是什么药，这安国亨无非是想借猴脑宴给新任巡抚一个下马威罢了。阮文中则顺水推舟，要借机杀一杀对方的威风，将活猴子的两个眼睛珠子抠了出来，囫囵吞了下去。见阮文中这般架势，安国亨吓得面无血色，赶忙跪拜在地，哀求道："巡抚大人高抬贵手，我安某从来没有反叛朝廷之意，请大人明查。"

阮文中于是公布了五项决定：一是责令交出挑拨离间的人犯；二是责令安国亨按照当地风俗赔偿安信的人命损失；三是划分土地安置安智母子；四是削夺安国亨的土司职权及其儿子世袭的权利；五是从重处罚、严惩恶行。迫于无奈，安国亨全部答应了下来。

很快，安国亨赔偿的三万五千两银子送到府衙。阮文中立即到安智母子下榻的府第进行慰问，并把处理的方案向他们通报。孰料安智并不满意，他咬牙切齿，破口大骂安国亨，不服从巡抚的裁决。阮文中佯装大怒，喝令将安智拿获，并表示要严惩。

为了儿子的安危，安智母亲连忙赶到府衙，表示愿意接受巡抚的调解。阮文中这才转怒为喜。他安慰了安智母亲一番，还在水东比较偏远的地方给她划了一块小小的地盘，安智则随母安置。看着安智母亲黯然离去的身影，阮文中觉得心中有些不忍，但他也知道非如此不行，因为安国亨和安智犹如两条猛虎，只有剪除其中一只，水西才能有安宁的日子。

阮文中不费一兵一卒，凭借自己的胆识和智慧，妥善处理了水西安氏之乱。他大事化小小事化了的机智，给我们以智慧的启迪。

如何在小事之中见微知著？

韩非子说过这样一句话："圣人见微以知萌，见端以知末，故见象箸而怖，知天下不足也。"意思是说，圣人能从微小的事物中看出未来发展的苗头，在开始的时候就能预见以后的结局。商纣王时期，大臣箕子看见象牙筷子就感到了恐惧。因为他知道，君王早期是非常朴素的，一旦开始铺张，未来天下都不能满足君王的欲望了。后来果真如箕子所料，朝歌出现了"酒池肉林"，最终昏庸残暴的纣王被西周所灭。

见微知著，就好比下棋能看见后手，即使只多一步，也能抢得先机，这样才能未雨绸缪，立于不败之地。那么，古人是如何见微知著的呢？

庄子在《逍遥游》中描述了这样一位圣人——列子，他乘风而行时"泠然善也，旬有五日而后返"。列子贵虚尚玄，修道炼成御风之术，能够御风而行，常在春天乘风而游八荒。他驾风行到哪里，哪里就枯木逢春，重现生机。列子飘然飞行，逍遥自在，令人羡慕。

不过现实中的列子可没有这么潇洒，他因家中贫穷，常常吃不饱肚子，以致面黄肌瘦。有人把列子家中的情况告诉了郑国的子阳，劝他资助列子，以博取个好士的名声。于是，子阳就派人给列子送来了10车粮食。列子对使者再三致谢，却不肯收受粮食。

送走了子阳派来的人，列子返回寒舍。妻子面有嗔怪，埋怨说："我听说真正有道的人啊，他的妻子和孩子都能快乐地生活，现在我却常常挨饿。宰相送粮食给你，你却不接受，我真是命苦啊。"列子微微一笑，携着妻子的手，对她说："子阳并不是真的了解我，他是听了别人的话才想起送粮给我。那么，以后他也可能听别人的话而怪罪于我，所以我不能接受他的接济。"妻子对这个倔强的丈夫没办法,只有无奈一笑。

一年后,郑国发生变乱,子阳被杀,其党众大多被株连,列子却因拒收礼物得以安然无恙。

接受别人的供养而不殉难,是不义;要殉难,却又死得不合正道,是叛逆的罪名。列子能让自己远离不义与叛逆的罪名,他的见识岂不是很远大吗?

另一个发生在战国时期的故事,也能和列子的话相对照。

相国公叔痤病重将死,他对魏惠王说:"公孙鞅年轻又有奇才,希望大王把国事全托付他;如果不托付他,就一定要杀了他,不要让他离境。"魏惠王答应他后,公叔痤又请来公孙鞅,向他谢罪说:"我不得不先为君王谋略,然后才能告诉你事情的真相。如果大王没有把国事托付给你,你一定要赶快离开,否则将有杀身之祸。"公孙鞅对公叔痤的话很不屑,他说道:"您的所作所为,只是想博取一个好名声罢了。不过,如果国君不能采纳你的建议来任用臣子,又怎么会听你的话而杀臣子呢?"所以公孙鞅并没有离开,而魏王既没有重用他,也没有杀害他。

不久,公叔痤去世。公孙鞅得知秦孝公求贤,于是在埋葬完公叔痤后,向西投奔秦国,并得到秦孝公的重用,实施其著名的商鞅变法。

列子和公孙鞅通过寥寥数语,就发现一个没有过多接触的人的心性。一个人如果容易轻信他人,那么他就会因为别人的赞美对你青睐有加,同时也会因为别人的挑拨而怪罪于你。一个人如果不易相信别人的话,那么好的建议和坏的建议,他都不会听取。我们也要善于使用这样的方法。一个人做事情都是有迹可循的,他原来对待一件事情是什么态度,以后也极有可能采取同样的措施。这就为我们怎样见微知著提供了思路。

当我们学会了见微知著之后,就应该尽自己所能,让事情向好的方向发展,而不是坐以待毙。倘若什么措施也不采取,那么能不能见微知著也就没什么区别了。我们来看看两个人面对同一件事,所采取的不同对待方式,以及对自己的命运产生的影响吧。

明朝嘉靖年间有一位叫何心隐的大侠,他和御史耿定向的交情很好。

他到京师游览时,便住在耿家。恰好翰林张居正来拜访,但令人奇怪的是,何心隐一看到他就立刻躲起来了。张居正听说何心隐在耿家,就请求见一面。何心隐借病推辞。张居正也就淡淡一笑,面无异色地喝了一口茶,坐了片刻就离去了。

耿定向觉得很奇怪,就问自己的好友为什么不见张居正。何心隐面有惧色,说道:"我很怕他这个人。"耿定向觉得更奇怪了:"为什么啊?你一位大侠还怕一个手无缚鸡之力的士子吗?"何心隐受到了朋友的嘲笑,却也不辩解,说:"这个人即将掌握天下的权柄。"耿定向当然不这么认为,毕竟张居正当时还只是一个不出名的士子。何心隐又说道:"你记住,这个人一定会杀我的。"耿定向见朋友如此郑重其事,也不由收敛了嬉笑的神情。

后来张居正当权,果然将何心隐以聚集门徒扰乱朝政的罪名捕杀。

何心隐身为"大侠",自然会违反法纪,陷入法网。可是他一见张居正,便知道他一定能掌握政权,又知道他一定会杀自己,可真是十二分的聪明人!他可谓是从极微处发现极大了。

而与他同时代的陆树声也有相似的经历。

陆树声赋闲在家很长一段时间,刚受到朝廷征召出来做官,几个月后就称病归去。好友沈一贯当晚带着酒去探访他,惊讶地发现陆树声并没有生病,就询问原因。陆树声说:"我刚到京都的时候,承蒙张居正大人留我在府中吃饭,他的心意很诚恳。但是,在吃饭时张居正一会儿让侍者拿着鬃刷刷他的双鬓,一会儿又去更换衣服。他能作出这种举动,说明他举止轻飘。况且,我与他谈话时,国政大事他提都不提,说明他独裁专断。所以我不敢久留。"

后人对张居正的评价是:独裁良相。虽然明朝时不设宰相,但张居正能做帝师,权势滔天,不是宰相胜似宰相,同时也还记得为民谋福,做了许多好事。但这并不意味着他就是一个完人。从"独裁"二字可知他为人霸道,就连万历皇帝也要听他的话,不敢多行一步路,不敢多说一句话,日子过得连寻常人家的主子都不如。可谓霸道至极了。

见微而能知著,看似非圣人不可,但只要掌握了方法,也适用于普通人。但能预知祸福,并不一定能取得最后的胜利,何心隐早早知道了自己殒命的下场,却仍逃不过一死,是因为他没有未雨绸缪。他不敢面对张居正和自己的死亡,反而破罐子破摔。没能救回自己的性命。而陆树声愿意避开锋芒,通过行动改变自己,所以两个人的结局也大不相同了。

面对困境怎样以退为进?

"以退为进"出自汉代扬雄的《法言》:"昔乎颜渊以退为进,天下鲜俪焉。"本意指以谦让取得德行的进步,后指以退让的姿态作为进取的手段。那些在面临困难时以退为进达到自己的目的的智慧,我们称之为"巧智"。

下面就让我们来了解一下古人以退为进的巧妙智慧吧!

提起萧何这个名字,大家的第一反应大概是"成也萧何,败也萧何"这个成语了。且不谈历史中的恩恩怨怨,作为臣子,面对喜欢猜疑的汉高祖刘邦,萧何是如何稳坐相国之位的呢?又为何能坐得如此之久呢?他是怎样巧妙地避开几次杀身之祸的呢?

高祖三年(前204年),萧何镇守关中,刘邦与项羽在前线相持不下。这期间,刘邦多次派使者慰问萧何。门客鲍生看到这个情况,就对萧何说:"在战场上备尝野战之苦的君主,会屡次派使者慰劳属臣,是因为君王对属臣心存疑虑。为今之计,丞相最好选派善战的子弟兵,亲自率领他们到前线和君主一起并肩作战。这么一来,君主才能消除心中疑虑,信任丞相。"

萧何采纳了鲍生的建议,果然解除了刘邦的信任危机。

高祖十一年(前196年),韩信密谋造反,吕后使用萧何的计谋将韩信杀掉。刘邦知道了这件事情之后,就派使臣加封萧何五千户邑民,另派士兵五百人和一名都尉为相国的护卫。群臣都向萧何道贺,唯独陈平却向他表示哀悼:"相国的灾祸就要从现在开始啦!皇上在外率军征战,而您留守关中,没有建立任何战功,却赐封邑和护卫,这主要是因为韩信刚谋反被平,所以皇上也怀疑您的忠心。派护卫保卫相国,并非宠爱相国,而是有怀疑相国之心。我建议您恳辞封赏不受,并且把家中财产全部捐出,充作军费,这样才能消除皇上对您的疑虑。"

萧何采纳陈平的建议,刘邦果然非常高兴。

第二年秋天,英布叛乱,刘邦御驾亲征,其间几次派使者回长安打探萧何的动静。萧何对使者说:"皇上御驾亲征,我鼓励人民捐献财物支援前方。"有人对萧何说:"您灭门之日已经不远啦!您已经身为相国,功冠群臣,皇上没法再继续提升您的官职。自从相国入关中,这十多年来深得民心,皇上多次派使臣慰问相国,就是担心相国在关中谋反。相国如想保命,不妨低价搜购百姓的田地,并且不以现金支付而以债券取代,以此来贬低自己的声望。这样皇上才会安心。"

萧何又采纳了这个建议。刘邦凯旋,百姓沿途拦驾上奏,控告萧何廉价强买民田,刘邦不由得心中窃喜。

萧何三次退让使得刘邦的疑虑一一消除,这足以说明他的智慧与决断。另据《汉书》记载,萧何购买的田宅都是选择偏远的地方,也不在自家宅院营建高楼围墙。他说:"如果后代子孙贤德,就会学习我的节俭;如果子孙不肖,这样的田地也不容易遭到他人觊觎。"其实强购民田是为免遭杀身之祸的权宜之策,至于隐居穷乡,则是保护家产的做法。——这两件事同样具有远见。当君主不能与大臣肝胆相照、推心置腹时,常使有功的大臣,不惜污损自己而求自保,实在可悲可叹!

当然,"巧智"不仅仅能够使大臣自保,还能帮助大臣除掉奸邪之辈,我们来看看杨一清是如何剪除刘瑾的。

明朝正德年间,皇帝宠信宦官刘瑾,刘瑾因此得以欺下瞒上、权擅天下。驻守宁夏的藩王安化王乘机起兵,以诛刘瑾为名,发动了夺取皇位的叛乱。

朝廷派军平叛,朝臣杨一清与另一个宦官张永都在军中。杨一清趁机劝说张永举发刘瑾。

劝说成功之后,杨一清从衣袖中取出两道奏疏,一道陈述平定安化王谋反的战略,另一道则是分析刘瑾有专权谋逆的意图。他叮嘱张永说:"您率军回京谒见皇上时,先呈平定安化王的奏章,皇上一定会再进一步详细询问,这时您趁机要求皇上摒退左右,再呈上皇朝中暗埋内乱的奏章。"

张永说:"万一这招不管用,又该怎么办呢?"杨一清说:"如果是旁人,我不敢断言是否管用,但如果是您,只要论事时能有条有理,一定管用。万一皇上不相信您所说的话,您就叩头请皇上立即召刘瑾,下令先没收刘瑾的兵器,劝请皇上亲自查验,扬言如果找不到刘瑾谋反的证据,愿意拼上自己这条命,拿去喂狗。接着再一面痛哭一面连连叩头,这时皇上对刘瑾一定大为生气。刘瑾被诛,您一定受皇上重用,可以尽全力矫正以往朝政的缺失,那么吕强、张承业与您可说是千年来的三大忠臣。"

杨一清话中提到的吕强,是东汉灵帝时期的一个宦官,为人"清忠奉公"。后来黄巾起义爆发,他谏言应赦党人,诛杀贪官,考核地方官吏是否称职。遭人诬陷,忿而自杀。张承业也是一位宦官,他在唐王朝覆灭后,以复兴唐室为己任,竭尽全力辅佐李克用、李存勖父子对抗后梁朱温,可谓大唐的最后一位忠臣。这两人都被正史视为"贤宦"的代表。

张永受到鼓舞,他慨然言道:"我一把年纪为朝廷尽忠,哪里是为求日后的回报?"

不久,张永回京谒见皇上。事态发展和杨一清所计划的毫无偏差。刘瑾被逮捕,后被凌迟处死。

接下来我们说一说"贿赂"的问题。

提到贿赂,大家都会觉得是一种非常可耻的行为。俗话说"拿人钱财替人消灾",行贿和受贿无非就是利益的交换。可在有智谋的人手中,这居然也成了治国理政的手段了,实在让人瞠目结舌。

我们先来看看"行贿"的。

明朝的周忱任江南巡抚期间,正值宦官王振当权。他怕自己受到刁难,就在王振兴建宅第时,让人暗中测量厅堂的大小宽窄,然后命人到松江府按尺寸定做织绒毛毯作为贺礼。地毯非常名贵,尺寸也丝毫不差,王振既感惊异,也非常高兴。以后,凡是周忱所呈报的公文,王振都大开绿灯。

有了这样的便利,周忱减免重赋,整顿漕运,创平米法,设济农仓,使得江南几个大郡的百姓不知道什么是凶荒,两税从未拖欠过,可谓功勋卓著。

我们再来看看"受贿"的。

后唐名将郭崇韬，历两代三主，谋略过人。同光元年（923 年），郭崇韬出奇谋，仅用 8 天时间便消灭激战了几十年的仇敌后梁，建立首功。他因此被加封镇、冀二州节度使、进爵赵国公，还获赐铁券（据说可以免除十死的那种）。由此，郭崇韬威望大增，文臣武将对他都很佩服。

郭崇韬一向清廉自守，但自此以后，却开始收受各方的赠礼或贿金。他的故旧部属，都批评他，认为他官做大了，节操反而都没了。郭崇韬知道后对他们说："我现在官至将相，每年俸禄赏赐千万，何曾把这些贿金礼品放在眼里。但现在戍守各地的藩镇，多半是后梁归降的将领，他们都是陛下所倚重的将才。后梁贿赂成风，如今后梁已亡，如果我坚辞不受，能保各藩镇心中不起疑惧吗？"

第二年，皇帝在京师附近举行郊祭。郭崇韬便把所收到的贿金及礼物，全都捐献了出来，供皇帝赏赐之用。

古之成大事者不拘小节，智者更是善于用"巧智"开辟出另一片天地，他们总能把握时机，赢在当下。"读史使人明智"，我们不仅仅要知道这些智慧，更要学习这些智慧，才会在各种各样的困境中成功破局。

紧要关头如何权宜行事？

在一般人的印象中，古人可能大都是一些教条、刻板、不知变通的人。文人，天天把之乎者也挂在嘴上，行为举止一板一眼，不知变通；武者，四肢发达，头脑简单。即使是一代圣人孔夫子，在人们心中可能也就是一个德行高尚的老古板而已。

事实真是这样吗？让我们来看看孔子的故事。

秋天的时候，鲁国人放火烧荒。没想到突然刮起了大风，火势开始蔓延，眼看着王城就要受到波及。鲁哀公得知消息后，立即下令救火。可是老百姓都只愿意追逐被火惊起的野兽，而不愿意去救火。哀公当时就郁闷了，老百姓怎么都不听他的话呢？

哀公向孔子求助，他焦急地说道："夫子，大火就快要烧到王城了。我下令灭火，怎么百姓都只愿意追逐野兽而不愿灭火呢？还请先生解疑。"孔子回答道："驱赶野兽轻松又不会受到责罚，救火要冒着生命危险却又没有奖赏，自然就没人去救火了。"

哀公沉思一番，点头道："先生说得有道理啊！如果对灭火的百姓进行奖赏怎么样呢？""事情紧急，刻不容缓，如果救火的人都有奖赏的话，国库恐怕就要空了。"孔子顿了一下，叹道："唉，为今之计，也只有请王上下令，凡是不参与救火的人，按照战败投降定罪；只追逐野兽的人，按照闯入禁地的罪名定罪。"

哀公没有其他的办法，只好答应了。等告示张贴出来，人们都非常惊慌，纷纷赶去灭火。

很快，火就被扑灭了。

守礼法的孔夫子，在危急时刻却提出了这样一个不合情理却又顺应大势的建议，可算是颠覆了他在我们心目中的一贯形象，瞬间变得鲜活起来。圣人尚且如此，更何况是那些一向就不讲理的蛮横人物。南宋的贾似道就曾经做过类似的事。

贾似道在任丞相的期间，一次，临安起了大火。

古时候，失火又称为"走水"。走水可是件大事，一不小心就有可能会将一座城都给烧掉的。临安是当时的都城，是国家的中心地带，这样的大事可就让底下的官吏发慌了，立即派人去灭火，但是火一直都灭不掉。贾似道得知消息，却不加理会，报告的人来了一波又一波，他却只给了一句话，"等火势蔓延到太庙时再来和我说吧！"

不久，终于有人慌慌张张前来报告："火势已经蔓延到太庙了。"这时候，贾似道才乘着小轿子，一路换人不换轿，迅速赶到太庙。刚下轿，他就将所有人都集合起来，一脸严肃地说道："如果太庙被烧掉了，就斩了带队的头目问罪！"

头目听到后，为了保住自己的项上人头，立马召集人员灭火。在头目的带领下，不久就将大火扑灭了。

贾似道这个人在历史上虽然是一个有名的奸臣，但能当上丞相，还是有一定原因的。从这件事上，就可以看出他做事的胸有成竹。下达这道出乎意料的命令，并将大火扑灭，的确不是一般人能做到的。

我们再来讲一个"胸有成竹"的故事。

陶鲁任新会县丞的时候，两广地区民变四起，社会混乱。左副都御史韩雍提督两广军务，极力弹压。有一次，为了激励士气，他让手下的官员三天之内要准备好100头牛，用来犒劳奖赏军士。

韩雍这个人，一向令出如山。官员们觉得三天内备齐100头牛难以完成，担心事后被处罚，都不敢答应。这时候，陶鲁站了出来，说："属下愿意接受这个任务。"这个任务原本与陶鲁没什么关系，他却越级接受了，上司责怪他多管闲事，陶鲁就回道："万一得罪了都御史，属下一人承担，绝不连累各位大人。"

陶鲁在城门张贴告示，向百姓们筹集，上面写着：买牛，一头50金（银子）。50金对于当时的市场来说，已远远超出了一头牛的价值，很多人都不相信这是真的。有人抱着试一试的态度，牵着牛来到县府，陶鲁二话不说，立刻拿出50金给他。那个人回去之后将这件事告诉了邻里，大家一传十，十传百，很快就都知道了。第二天，县民们纷纷牵着牛来到县衙。陶鲁仔细挑选了100头健硕的牛，并按市价付了钱。百姓们都很困惑：不是说一头牛50金的吗？陶鲁就说，现在的价格是韩公（韩雍）定的。

韩雍击贼寇，不妄杀，使盗匪闻风敛迹，人民安居乐业，民众对他畏如神明，爱如父母。而且牛按市价卖出，百姓也没有吃亏，于是就欣然接受了。

三天后，陶鲁顺利上交了100头牛。韩雍听说了这件事，不但没有责怪陶鲁利用他的名声做事，反而对他的机智赞赏有加，并且正式收他为幕僚，掌管兵政。陶鲁的人生也是从这时候开始发生转变，后来成为明朝边疆名臣。曾身兼湖广布政使、广东按察副使，并治广西兵备，权力及于三地，时人称为"三广公"。

古时之人为了解决某些事，除了会反常理而行，有时也会随机应变，宋朝的邵傅可算是个中好手。

靖康之难后，金人想要掳尽开封城中所有的皇族。但是，因为不知道到底是哪些人，搜查一直不太顺利。金军主帅为此十分烦躁，就问底下的将领："你们有什么好办法吗？"这时候，有人献计说："宗正寺藏有皇族族谱，如果能找到，然后按照宗谱去搜捕，一定万无一失。"

主帅觉得这个办法不错，就派人前往宗正寺。不久，族谱就被送到了南薰门。正巧当晚守殿的将领外出，只留下几个监交官，其中就有邵傅。邵傅本是宋人，还曾是户部侍郎，他就想做些什么。邵傅对金人说，他知道一些赵氏皇族，可以检查一下，看看拿来的是不是真的宗谱。金人就将族谱交给了他。

邵傅拿到宗谱，翻看起来，每看两三页他就撕去一张，丢入一旁取暖用的火盆里，一边还喃喃自语："这些都是不可能抓到的。"不久，主帅派人来取族谱，并没有发现里面少了十几页。次日，金人按照宗谱的记载来抓人，那些丢失页面上的皇族因此幸免于难。

与邵傅相似，唐朝的裴谞也是一位能屈能伸的爱国者。

天宝年间，裴谞回到洛阳老家为母亲守孝。安史之乱爆发后，洛阳陷落。无奈之下，裴谞躲入山中避难。

叛军首领史思明曾经是裴谞父亲手下的部将，他感念裴父的照拂，又久仰裴谞的贤名，就派人四处搜寻裴谞。终于，在一个山林中找到了裴谞。史思明见到裴谞之后，高兴地连呼他"郎君"，对他以礼相待，并授以伪职御史中丞。裴谞心想，我被你抓起来，如果不听你的话，一定会被处死，那就没有办法再报效朝廷了。于是佯装接受。

不久，叛军在洛阳大肆残害唐室宗亲。裴谞总是利用职权之便，暗中帮助宗室中人，使数百人得以保全性命。待了一段时间之后，裴谞了解到叛军的内部情况，立即向朝廷报告。可惜此事不幸败露，史思明愤恨得连声责骂，差点把他杀死，裴谞始终不为所动。

邵傅、裴谞身在敌营，却能心怀故国，这是难能可贵的，他们对国家的功劳不亚于那些尽忠而死的人。有人为了君王忍辱负重，却也有人为了国家的安危委屈君王。明朝就有一群大臣做了这样的事。

永乐二十二年(1424年),明成祖朱棣北征蒙古,回师途中,在榆木川突然身亡。

由于朱棣去世突然,大臣们措手不及,不知如何是好。内臣马云与大学士杨荣、金幼孜等聚在一起商量对策。他们考虑到精兵强将大多数都跟随皇帝北征,京师空虚,而榆木川又离京师非常遥远,如果皇帝突然驾崩的消息被泄露出去,京师必然大乱。他们决定将这个消息隐瞒下来,只悄悄传回给太子朱高炽。

要想消息不泄露,最大的问题就是遗体的处理。在考虑各方面的因素后,他们决定搜取军队中的锡器,然后熔铸了一个圆桶,将皇帝的遗体装在桶内,再将桶口密封,防止腐烂。为了避免消息走漏,所有打造锡桶的工匠都被灭口。锡桶被放在御辇上,每日照常上膳,就像皇帝平常一样。

大家都不知道皇帝暴病而死的事,群臣又加强了管理,军队反而更加纪律严明,一路顺利回到京师。后来朱高炽在北京顺利继位,这就是明朝有名的仁宗皇帝。

朝廷安然度过了危机。我们不得不赞扬群臣在这次事变时的不凡表现。

遇到重大紧急的事情,一些常规的方法不能起到作用,适当地利用一些违反常理的方法来减少损失、增加益处也是很有必要的。综合考虑事情,然后再选择合适的办法解决,是每一位拥有智慧的人应该做的;而那些一味按常理办事、行动教条的人,必然会被危机所淹没。

* * *

思维方式是人类文化的重要组成部分,是人类认识世界能力高低的重要标杆之一。作为民族文化的稳定内核,思维方式往往深刻影响着这个民族对客观事物的观察、思考、改造及运用,从而决定着一个民族的发展前途。

中国人的思维方式是整体性的,这种思维强调事物之间的联系,强调主体和环境之间的和谐,强调承认矛盾以及学会运用矛盾论的观点看世界。而西方人的思维方式是分析式的、单向度的。它强调事物本身的特性,强调用逻辑的、非矛盾的观点看待和分析问题。

尽管中西方思维方式存在许多差异。但是当今世界,各个民族、各种文化的交融正日益加深。研究与学习不同文化下产生的思维方式,有助于我们更好地理解、包容及弥合文化间的差异,推动人类思维方式的整体进步,为构建一个兼容并包、休戚与共的世界提供契机。

思考题

★ "以简驭繁"和"偷工减料"有什么区别?

★ 列子和公孙鞅是如何看出他人心性的?

★ 杨一清"剪除权宦"能够成功的主要原因有哪些?

★ "事急从权"与遵循法度的内在统一性何在?

★ 中西方思维方式有什么不同之处?

第 4 讲

传说与中国人的情感世界

> 【提要】 自古以来,爱情就以其炙热、炽烈、不可预知的特点,在人们的情感中占据了重要地位,同时也成为东西方文学创作中亘古不变的话题。在中国的传说中,虽然天地之间,人神殊途,生死之间,人鬼殊途,山野之间,人妖殊途,但在真挚而热烈的感情下,许多爱情依旧超脱了这些界限。凡人们与天上的神仙、地府的鬼魂、山中的妖精产生了一段段或缠绵悱恻、或凄美哀怨的爱情故事。

"问世间,情为何物,直教人生死相许?"我们来说说中国人的情感问题。

说到情感,大家最感兴趣的,莫过于爱情了。不过,与西方世界不同,在中国的传说中,恋爱的双方可以是人与人,也可以是人与仙、人与妖,甚至是人与鬼。也就是说,恋爱双方是可以隔界的。当然,这是东西方不同的文化观念和文化传统造成的。

我们从中国古代的典籍中,选取了一些故事,向大家讲述人类和那些非人类之间悱恻缠绵的爱情,共同寻找中国人情感的文化线索。

崔生是怎么永失所爱的?

我们先来说说人和仙的故事。

有一个姓崔的书生,他非常喜爱花花草草,于是在离家很远的逻谷的谷口,建了一个花园。春天一到,华贵的牡丹、娇嫩的桃花、艳丽的海棠……竞相开放,争奇斗艳,芬芳四溢。

这一天,崔生正在给花草浇水。一阵马蹄声传来,一辆马车驶过,车后还有几个仆人跟随。风把车帘吹卷起来,马车上隐约坐了个非常美丽的女子。接连两天,这辆马车都经过这里。崔生很想看清楚那女子的容貌,于是就想了一个办法。

这天,崔生在路边设了一个酒台。看到马车来了,他上前拦住马车,说道:"我喜欢养花种草,这个园子的花草就是我种植的,现在花开得很好。我看你们每天经过这里,一定很辛苦,不如下车赏赏花。我还准备了一点薄酒、小菜,供你们品尝。"

车前一个丫鬟模样的女子轻蔑一笑,说:"你摆上酒菜,还怕没人来吗?为何要拦我们的车呢?"

只听车中女子呵斥道:"你这是什么话。"她卷起帘子对仆人说道:"我们走。"崔生仔细一看,这女子果然生得十分美丽。

女子的容貌深深吸引了崔生。晚上,崔生辗转反侧,夜不能眠。他想:如果能娶这位女子为妻,那我此生无憾了。我要怎么做好呢?要不再拦驾一次,厚着脸皮,碰碰运气?

第二天,崔生又到原地摆上酒菜,马车果然又经过这儿。崔生赶忙拦住,仆人们都笑盈盈地看着他。崔生说:"你们的马走累了,不妨下来歇息吧!"说完就看向马车。

过了一会儿,车中的女子答应了。她走下车,坐在椅子上休息。崔生在一旁痴痴地看着她,也不敢上前搭讪。

女子自顾自地用了一些酒菜。这时,一个老仆上前对崔生说:"你是不是倾心我家小姐,这才一而再,再而三地拦住我们?"崔生红着脸,点了点头。老仆问:"你是想娶我家小姐?"崔生脸更红了,但还是坚定地点了点头。老仆又说:"如果你想娶我家小姐,我可以替你做媒。"崔生大喜过望,连连拜谢。

过了一会儿,小姐又上了马车。临走时,老仆把崔生拉到一边说道:"你等我的消息,我回去会告诉小姐的大姐的。"

过了一天,马车又经过花园。老仆停下来告诉崔生:"小姐的大姐生病了,她住在逻谷那里,所以小姐每天去看望她。下月的十五、十六日是吉日。你准备好聘礼,摆好酒宴。到时候,我们都到这里来。"

崔生按老仆的吩咐去准备。到了商定的日子,小姐和她的大姐果然来了。大姐为小姐与崔生完婚。崔生的家很远,崔生还没来得及通知母亲。但是小姐却嘱咐崔生不要告诉母亲,否则就不再与他交好。崔生有些莫名其妙,只好听从妻子。

然而天下哪有不透风的墙呢。有一天,崔生去看望母亲,只见她容颜憔悴,便问其原因。母亲说:"我只养了你这么一个儿子,总希望你样样都好。现在你瞒着我娶了一个妻子,妖媚无比。我看她不像良家女子,必定是个狐狸精,她会伤害你的。我很担忧啊。"

崔生回家以后,妻子声泪俱下地说道:"本想与郎君终身相伴,没想到你母亲将我当作狐狸精看待。明天一早我就回去。"崔生奇怪妻子怎么知道母亲说的话,但也没有多想。眼下妻子哭哭啼啼，崔生无可奈何；而母命难违，崔生也不忍心老迈的母亲为他担忧，所以不知该说什么好。

第二天，小姐的车马又来了。崔生骑马相送，他们一起往逻谷行去。

大概走了十里地，眼前出现有一条河，两岸长满各种奇花异草。河边有一座府邸，看样子比帝王家还奢华。这时，那个老仆带着百十来个仆从从府邸里出来。看到崔生，老仆冷冷地说："姓崔的，你这个不忠不义的人来这里干什么。"他让仆从把小姐接进府邸，却把崔生关在门外。

崔生站在那里不知所措。这时，一个丫鬟走了出来，说："大姐说了，按理应该把你轰走，永不相见。但看在我妹妹与你曾是夫妻，就让你进府坐坐。相公随小婢来吧。"丫鬟把崔生引进客厅。客厅里的女仆围拢上来，你一言我一语地责备崔生。崔生红着脸，也不争辩，只是连连赔罪。

大姐领着小姐来到客厅，她对崔生说："你可以回去了。"小姐从衣袖里拿出一个白玉盒，递给崔生。崔生接过白玉盒，怔怔地望着妻子，流下泪来；小姐也掩面哭泣。两人就这样分了手。

崔生骑着马回到逻谷口。他回头一望，哪还有什么府邸！谷里千沟万壑，连一条路也没有。他恸哭着回到花园，终日闷闷不乐，以为自己做了一场梦。

一天，有个和尚叩门化缘。他仔细地瞧了瞧崔生，对他说："你有一件无价之宝，请给我看一看。"崔生说："我是一个穷书生，哪有什么无价之宝？"和尚说："难道没有人赠给你什么信物吗？我看你头上有光环，知道你一定有宝物在身。"

崔生猛然想起妻子所送的白玉盒，便取出来给和尚看。和尚说："你获此物，如获明月之珠！"崔生忙问："我的妻子是什么人？"和尚说："你所娶的妻子是天上的仙女，叫玉卮娘子。"

难怪妻子那么美丽动人，原来是个仙女！崔生走到逻谷，伫立远望，可任凭他望穿秋水，也再没见到玉卮娘子。

裴航为何能得到"仙缘"？

人神之恋，真的就这么难，真的就不能长相厮守了吗？

中国人有这样一句话：精诚所至，金石为开。也就是说，人的诚心所到之处，即使是像金石那样坚硬的东西也会为之开裂。

那么，情侣间深厚的情感，究竟能否感动天地呢？

有个名叫裴航的秀才，他从老家去长安赶考，来到了襄阳。当地景色宜人，于是他登船游玩。同船的有一位樊夫人。这樊夫人生得天姿国色，而且雍容大方，裴航很是仰慕。游玩期间，两人经常隔着帷帐说话，诗文往来。樊夫人很欣赏裴航。

转眼游玩结束。樊夫人让丫鬟送来一首诗，裴航接过一看，诗文是这样的："一饮琼浆百感生，玄霜捣尽见云英。蓝桥便是神仙窟，何必崎岖上玉清。"裴航读了，不理解诗中的含义。待要询问，樊夫人已不辞而别。

裴航无奈，只好下了船，继续往长安去。

这一天，他来到蓝桥驿，这是长安附近一个很有名的驿站。裴航感到有些渴了，就到处找人家讨水喝。他看见几间低矮的茅屋前，有一个老太婆正在织布。裴航走上前，向老人深施一礼，向她要水喝。

这个懂礼节的年轻人让老太婆很喜欢，她向屋里叫道："云英，拿一罐水来。这位相公要喝水。"裴航猛然想起樊夫人的诗中有"云英"一词，感到很奇怪。

一会儿，挂在门前的帷帐被掀起，一双洁白的手从里面捧出装满水的瓷罐。裴航道了声谢，接过瓷罐，一饮而尽。真是玉液琼浆，味道好极了。他又想起樊夫人诗里面"一饮琼浆百感生"的一句，心里更加疑惑。

裴航送还瓷罐。帷帐揭开，是一个年轻的女子，她低着头，接过了瓷罐。裴航见她面如白玉，发似乌云，顿时两脚像生了根似的迈不动了。他转过身，对老太婆说："我的仆人饿了，马也乏了，想在您家中休息。老人家若能答应，在下感谢不尽。"老太婆说："请自便。"于是裴航就在老人家中歇脚。老太婆为他和仆人做饭，还喂了马。

裴航和母女俩聊了很长时间。最后，裴航站起身来，向老太婆深施一礼，红着脸说："老人家，我对云英姑娘一见钟情。我愿以重礼来迎娶她，不知您意下如何？"

老太婆笑了，说："我只有这么一个孙女，可舍不得远嫁。"裴航说："老人家，我要是能和云英姑娘成婚，愿意奉养您终老。"老太婆说："年轻人孝心可嘉，不过我的时间不多了。"裴航急急地问："老人家，您这话什么意思？"老太婆说："昨日郎中给我诊脉，说我大概只有一百天的寿命了。"裴航傻了："那怎么办呢？"

老太婆说："郎中给我开了药。不过，这些药要在玉杵臼捣碎，然后服用才行。可是蓝桥驿哪有这东西呢？"所谓玉杵臼，就是玉制的杵和臼，是很珍贵的舂捣药材的器具。这样的东西，蓝桥驿自然没有。

裴航说："小生正好要去长安。这种东西，长安应该有。老人家，我一定在一百天之内，把玉杵臼拿来，给您治病！"他立马向老人和云英作别，然后匆匆上路。

裴航来到长安。他全不把考试的事放在心上，只是在街坊闹市高声叫喊购买玉杵臼，但却一无所获。

后来，他偶然碰到一个卖玉的老翁。老翁说："最近虢州药铺卞老给我来信，说他有个玉杵臼要出卖。你这么急切要买这东西,我就给你写封信,介绍你去买吧。"裴航道了谢,然后急行百余里,来到虢州。

那位卞老看了信,对裴航说:"既然你这么诚心要买,我可以卖给你。不过这玉杵臼的价格可不便宜。"他讲了一个价码。裴航身上并没有带多少钱,他狠狠心,把仆人和马都卖掉了,才凑足了数目。

拿到玉杵臼,裴航从虢州一路步行回到蓝桥驿。老太婆很感动,说:"有如此守信用的人,真难得!"她从里屋把药拿出来,裴航接过来就动手捣药。郎中开的药很多、很杂,裴航一直捣了三天,才处理完毕。

老太婆笑眯眯地接过药服下,然后说:"我要去告诉亲戚们,为云英准备嫁妆了。"

她离开不久,一辆非常华美的马车来到茅屋前,原来是来接裴航的。

马车在一座宏伟的府邸前停下,裴航被领了进去。走进去一看,里面帷帐屏风,翡翠真玩,应有尽有。裴航被引进客厅。老太婆坐在那里,旁边站着一位衣着华美的妇人,两人都微笑着望向裴航。裴航拜见老太婆,激动得泪流满面。老太婆说:"你帮了我的忙,不必感谢我这个老太婆。"那位妇人在一旁说:"裴郎不认识我了吗?我是云英的姐姐。"裴航说:"我们好像素未谋面吧?"一旁的丫鬟说:"还有我呢,相公还记得我送去的那首诗吧。"裴航这才明白,原来那位妇人就是在襄阳同船的樊夫人!

只是他有点奇怪,樊夫人临别前赠给他的那首诗,究竟是什么意思呢?

丫鬟说:"夫人是仙子。"

裴航恍然大悟。原来,樊夫人是说,自己和云英会因喝水而结缘,然后自己费尽周折弄来玉杵臼,为老人家捣药,这才能和云英结为百年之好。这蓝桥驿附近本就有仙府,自己大概可以在这里和云英成为神仙伴侣了。

裴航是幸运的,他巧遇仙子,仙子的那首诗注定了他会遇到后来的一切。但是裴航也不完全是因为幸运,他把握住了机会,不辞辛苦买到了玉杵臼,终于追求到了云英。

妖狐的感情是怎样的?

我们知道,在中国的传说中,还有"妖"这样一种存在。那么,人与妖之间,会不会产生情感的纠葛呢?

说起妖,我们觉得既神秘又恐惧。大千世界,无奇不有。本来好好的动植物怎么会有人的模样?这些妖还会有奇特的超能力,他们变成人的模样和人类生活在一起。那么,这样一种存在来到我们的身边,到底是福还是祸呢?

有天夜里,刚下过雨,天气还有点凉,茶店仆人崔三把窗户闭上,等待主人回来。等着等着,他居然打起瞌睡,迷迷糊糊之中,突然听到门外有人敲门。

他问:"是谁?"门外人答:"是我。"崔三想一定是主人回来了,赶紧起身开门。打开门一看傻了眼,他面前是一位非常漂亮的女子,她的眼睛像泉水一样清澈,嘴唇像樱桃一样红润,肌肤洁白光滑得如玉一般。

崔三从来没有见过这样美丽的女子,他非常吃惊,赶忙问:"姑娘,你从哪里来?这里是茶店,我是仆人崔三,以前从来没有见过姑娘,姑娘是不是认错人找错地方了?夜已经很深了,姑娘还是早点回家吧!"

那女子的眼睛突然湿润起来:"大哥你有所不知,我是从隔壁家跑出来的。前些日子,我被骗到他们家来做媳妇。他们白天让我做家务,晚上还让我纺织。婆婆说,让我在三天之内织好一匹布。昨天是最后一天,晚上我觉得非常累,就趴在织布机上睡着了。婆婆看我并没有织好布,就把我赶出了家门,还扣留了我随身的财物。我一个弱女子举目无亲,无依无靠,我不知道该去哪里。夜已经深了,我想求大哥让我留宿一晚,明天一早就走。还求大哥你行行好,可怜可怜我这无家可归的人吧。"

崔三很害怕,哪有这么漂亮的女子深夜要寄宿在陌生男子家的呢。何况他只是个下人,也做不了主。于是,他把身边的积蓄都搜出来递给姑娘,无奈地说:"姑娘的遭遇我十分同情,可我只是这家的下人,我也没有那么大的权力留你在这里住一晚上!这些盘缠姑娘全拿去吧。姑娘你赶紧去找家客栈,免得晚了住不上,会让街坊邻居们说闲话的。"

姑娘双手掩面哭了起来:"大哥是真的要赶我走吗?客栈已经关门了呀,如果大哥不答应我的请求,我只有死在这里了。求求大哥了。"

女子呜呜地哭着,肩膀颤颤巍巍地抖动,晚风吹起了她的青丝,月光下的她显得格外单薄而美丽。崔三实在不忍心再赶姑娘走,就把她带到自己的屋里。

他把自己的被褥给了姑娘,对她说:"姑娘啊,这里简陋了一点,但也还算暖和。你要是不嫌弃,我把我的被褥给你,我就靠着那柱子睡好了。"那女子感动地说:"谢谢恩公。恩公肯收留我,我已经感到莫大的荣幸,哪能再挑剔睡的地方呢?"

夜深了,崔三听到姑娘轻微的鼾声,就和衣靠着柱子,很快他也睡着了。睡梦中,他感到有人在推他,耳边传来姑娘的声音:"恩公,你醒醒,你这么睡会冻着的。"崔三醒了,姑娘在他的耳边又说:"要不你和我一起睡吧,我们俩盖一床被子好了。这样你就不会冻着了。"崔三非常开心,就和姑娘一起睡下了。

第二天一早,崔三醒来,姑娘不知什么时候不见了,被褥里还留有她淡淡的体香。

第三天又是如此。姑娘每晚都到他这来留宿,就这样过了一个月。崔三虽然有些疑惑,但想想姑娘这么可怜,对自己又是那么好,也就没有多问了。

一天晚上，姑娘又来了，看到崔三愁眉苦脸的，就问他："你怎么啦？"崔三说："我倒没什么。就是老家的哥哥托人捎了个信，说是老娘病了，没钱看大夫。"姑娘说："你是愁没钱吧。""是的。"姑娘从长袖里掏出十两银子，递给崔三说："崔三，店主支付你一个月的工钱不过是几十文铜钱罢了，哪里够你用的？我这里有十两银子，虽然不多，但应该够给伯母治病用的。"

崔三有些不好意思，但为了老娘的病，还是收下了银子。第二天，他就回老家送钱去了。

他的哥哥是个打猎的，见崔三突然有了银子，十分奇怪，就问他："崔三，你老实告诉我，这钱是不是你偷的？"崔三觉得很冤枉："大哥，这钱真不是我偷的，是别人送我的。"大哥非常生气："崔三，你撒谎也不瞧瞧是对谁？谁会借钱给你这穷光蛋！老实说，你是不是偷了店主的钱？"崔三没有办法，只有告诉大哥实情。

大哥说："崔三，你可要小心那姑娘。听说那地方常常有妖怪出没，那姑娘听起来就不像常人，我怕他会害你的性命。你还是赶紧赶她走，要不就杀了她。"崔三说："哥哥，我们相处已经个把月了。她对我真的很好，一点也没有害我的意思。"哥哥非常愤怒："傻弟弟，你非要让她把你给吃了，你才相信她是妖怪吗？还是早点把她给除了，免得让她祸害更多的人。"崔三默不作声。

有了钱，弟兄两人请郎中为老母诊治。很快，母亲的病就好了。

崔三辞别老母，要回茶店。哥哥一定要跟他一起去，崔三拗不过哥哥，只好答应了。两人来到茶店。哥哥四处查看，并没发现什么异常。他又仔细询问了女子在茶店里的行动路线，瞒着弟弟做了些布置。第二天，哥哥走了。

半夜的时候，屋外突然传来一声惨叫。崔三赶忙点起灯笼出去查看，只见一只三尺多长的大狐狸被活套套住，正在挣扎。狐狸见到崔三，不再挣扎，只是用眼睛幽幽地瞧着他。崔三心下恍然，那姑娘一定就是这只狐狸！她是被哥哥下的圈套逮住了。

看着狐狸，崔三有些不忍。他放下灯笼，替狐狸解开活套。狐狸并没有逃走，用它的舌头舔着伤口。就在这时，哥哥从店外冲了进来。狐狸跳了起来，跑得无影无踪。哥哥看着地上解开的活套，气得大骂崔三。崔三默不作声，呆呆地看着狐狸消失的地方。

过了好些天，崔三还是不能释怀。晚上的时候，他一个人待在房里，久久不能入睡。

有一天晚上，睡梦中崔三突然闻到了一股异常浓烈的香味。他睁眼一看，姑娘站在面前，含着泪大骂："崔三，我确实不是常人，我是狐精。我白天只能住在山洞里，到了晚上才能出来。可是我待你不薄啊，在你穷困的时候资助你，给你银子，帮你渡过难关。我怎么会害你呢？你为什么要这样待我？"姑娘呜呜地哭了起来，她的眼泪晶莹剔透，就像早晨的露珠一样惹人爱怜。

崔三看到姑娘又惊又喜，转而又为自己的所作所为感到羞愧，低下头不敢看姑娘。他一时间也找不到合适的话语，结结巴巴地说："对不起，姑娘。我……我崔三又穷又低贱，有何德何能可以博得姑娘的厚爱？我……我不值得姑娘对我这么好呀！姑娘不如……不如找个好人家嫁了吧，免得……免得跟着我受苦受累呀。"

姑娘却破涕为笑："崔三，你乐于助人，心地善良，肯帮助逃难的陌生人，对我也没有非分之想。你是个好人，我就是喜欢你。我知道，杀我不是你的本意，你还肯放我离去，所以我一点也不恨你。我愿意嫁给你，你现在有勇气娶我吗？"崔三内疚地抱着姑娘，说："傻丫头，你这又是何必呢？"

后来狐精又像之前那样晚来早走，他们在一起过得很幸福。

人有好人，妖也有好妖。在中国古代传说中，有一些妖非常善良、大度包容，也会像人一样宽容别人的过失。当人类遇到困难的时候，妖会在物质和精神上帮助人们渡过难关。所以妖虽然不是人，但妖也具有人性。只要相爱的双方可以忽略人与妖之间的差别，那么他们就可以收获属于他们的那一份感情。

独孤穆为什么要千里迁坟？

我们再来说说人和鬼的故事。

唐代的时候，有个名叫独孤穆的人。一次，他有要事从洛阳出发，去往江南。

半路上，他迷路了。独孤穆正在思索今夜投宿何处时，突然看见一个女子远远地骑马而来，走近一看，她是侍女的装扮。独孤穆很惊喜，心想这一定是大户人家的侍女，便跟在她后面。

一路上，侍女也没有回绝。两人不知不觉到了一个庭院，侍女下马走进庭院。不一会儿，侍女出来，将独孤穆请进院内，为他安置了一间客房歇息，说道："请公子暂时休息片刻，等下我家主母会与你详谈。"

没过多久，只听一声："主母到！"声音刚落，独孤穆看到一位女子走了进来。他赶紧起身迎接。二人寒暄过后，女子问道："你知道隋朝大将军独孤盛吗？"独孤穆说，自己是独孤盛的第八代子孙。女子很是惊喜，说到："那我与君子还是旧亲呢！"独孤穆很惊讶。

女子接着说道："公子自然不认识我，我已经离开人世二百年了，一直独居在这里，希望公子不要因为我是幽魂而畏惧。你是独孤将军的后裔，所以我想把自己托付给你。不知公子怎么想？""主母这是哪里的话？我怎么会畏惧呢？能照顾你是我的福分。"独孤穆急忙答话。

独孤穆又与女子聊起隋朝的往事。女子娓娓道来："我父亲是隋炀帝的第二个儿子，封为齐王。当年隋朝灭亡时,我父亲遇害。朝中大臣都纷纷投降,唯有你的祖先独孤将军誓死卫国。将军为了护卫年幼的我逃走,终于寡不敌众,为国捐躯。而我也被贼人俘获,最终丧命。"

想起往事,女子忍不住啼哭。独孤穆感到很愤慨,对眼前的丽人愈加怜惜。他说:"得遇主母是我的福分。只是我有要事要去江南,恐怕不能陪伴你多日了。"

女子也不挽留,只是说道:"愿君安好,请郎君耐心听完我的话。沧海桑田,如今这里有一座恶王墓。那恶王三番五次地要纳我为妾,我坚决不允。郎君从江南回来,只怕要从他的墓前经过。因为你我二人如今已有夫妻之约,恐怕他会百般阻挠。所以你回来之前,一定要在江南找到那位有名的王道士,求得他的一道符箓,便能平安经过。"接着又说:"小女子还有一事相求。我一人住在这里许久,孤独寂寞,忍受恶鬼的欺凌。请郎君从江南回来时带上我,把我安置在洛阳城边的山坡上。这样我也就安稳了。"独孤穆听了,很是感动,一一答应了女子的请求。

几天后,独孤穆与女子道别离去。刚出门,回头一看,一切都消失不见了。独孤穆虽然知道她们都是鬼魂,可这几天的经历还都历历在目,很久才晃过神。他在一棵树下做了标记,便离去了。

从江南回来前,他按照女子的指示,先去王道士那里讨了一道符。经过恶王墓时,忽然一阵旋风刮来,吹得他们一行人东倒西歪。眼看自己要被旋风卷走,独孤穆从怀中掏出画符,符箓放出耀眼的金光,旋风立刻消失得无影无踪。

他找到那颗做过标记的树,然后掘地三尺,发现了一具尸骨,连棺材都没有。坟前也没有立碑刻字。独孤穆心想:当年主母的丧事肯定是草草了事。于是他将这具骸骨带回了洛阳,又给女子补办了一场丧事,并作祭文吊唁。然后,他将尸骨埋在了女子指示的位置。

当天夜里,女子便出现了,说道:"感谢郎君还记得小女子,不但帮我迁葬,还补办了丧事,小女子真是感激不尽。只是我不能在此地久留,我们三十年以后再会。"说罢就不见了踪影。

说来也奇怪,三十年后的一天早上,独孤穆刚要起床,就被一群人围住。只听他们齐声喊道:"主母有命。"独孤穆就再也没起来。去世之后,有人将他与那女子合葬了。

我们可以想象,他们二人在阴间必定幸福快乐地生活着,两界相隔的重逢只怕会让他们更加珍惜彼此。

有人说两情相悦必定要日夜厮守,方能察觉到爱情的美妙。其实爱情不一定需要日夜陪伴,只要心中有对方,在对方需要时出现就足矣。

一个叫李陶的人正在睡觉,忽然觉得有人在推摇自己。睁眼一看,是一个长相极美的婢女。她说道:"请快快起来,小姐要来访。"李陶本是老实巴交的人,他警惕地问道:"你是谁?为什么出现在这里?"

还没等婢女回答,李陶就闻到了一股香味,一位貌若天仙的女子出现在床前。李陶平日里鬼神小说看了不少,小说中被鬼勾去魂魄的例子数不胜数。他心想:今天自己竟然遇见了真的鬼,一定不能理睬她。这样想着,他便对美女不理不睬,好像没看到一般。女子很是尴尬。旁边的婢女说道:"你这个粗人,怎么待人这样没有礼貌。我家小姐本是与你有缘,你为何这样对待她。"

其实看到美女的一瞬,李陶已是动心,但想到是鬼魂,自己便不敢轻易招惹。此时听婢女这样一说,觉得自己实在有些过分,这才和女子攀谈起来。原来,这女子偷看了姻缘薄,知道二人有一段缘分,便背着冥司前来找他了。

这样美丽的女郎说自己和他有缘分,李陶顿时觉得飘飘然。他施施然接受了女子,和她同住了十多天。

李陶怕母亲不能容忍自己的恋人,多日也没有问安。陶母有些疑惑,就让下人来叫他。女子知晓后,说道:"你为何不去看望她老人家?是害怕我伤心吗?尽管去吧,如果你不孝,我也不会爱你的。"李陶这才前去拜见母亲,说出了其中的原因。母亲虽然伤心儿子有了鬼妻,却还是让她住下了。

半年之后,李陶被朝廷任命为官。女子默默地帮他准备好出行所需的一切,然后告诉他:"你我的缘分到此就结束了。冥司已经找到了我,我不能再陪伴郎君了,还望郎君不要将我忘记。"李陶很是悲伤,却明白阴间阳间总归不是一路,自己是不可能阻止她的,只好痛彻心扉地告别了。

崔护有怎样传奇的爱情?

在生生死死之间,人和鬼还有哪些爱情的传奇呢?

马子是一个二十来岁的后生。

有一次,马子与人在马厩里玩耍时,竟睡着了。熟睡中,马子朦朦胧胧地听到了女子的声音,然后看见对面缓缓走来一妙龄少女。那少女大约十八九岁,虽无倾国倾城之貌,但也是眉清目秀,十分可人。

只听这女子说道:"小女子姓徐,早年不幸夭亡。死后四年,才知道是被枉杀。按照生死簿的记载,我本来可以活到八十岁,现在却无辜早死。阎王见我命不该绝,便准我死而复生,现在只有你能看见我,你愿意救我吗?你若救我,我定当以身相许。"马子见这女子十分惹人怜爱，就答应了，并与她约定了相见之期。

醒来之后，马子却将梦中的承诺忘得一干二净。

一天早上，马子起床时，忽然看到床前的地上有头发，便命人将头发扫去。可仆人扫了一会，这头发怎样都扫不掉。马子这才恍然大悟，梦中女子所说的话浮现在脑海中。他掐指一算，今天刚好是两人约定见面的日子。马子心想：莫非，那梦中女子所说的话是真的，她真的要在今天出来与我相见？

想到这，马子立即让身边的仆从离开。然后他一个人坐在床上，面对那丛头发。不一会儿，头发下女子的面容便慢慢显露了出来，接着，女子的身体也渐渐露出地面。见女子从地里出来，马子心里既害怕又欢喜，害怕的是这女子毕竟是鬼魂之身，这邪祟之物要是害自己的话，自己怕是活不了几天；欢喜的是，倘若真的像女鬼所说，她能复活，自己岂不是凭白就得了一个美娇娘了吗？

这马子倒也不像别人那样畏畏缩缩，而是大大方方地让那女子坐到自己的床边，与她说起话来。马子看徐女谈吐之间都显露出不凡的气质，也就不怕她了，而是真的将她当作自己的红颜知己，与她朝夕相处、形影不离。但马子就算再怎么喜欢徐女，可人家毕竟是鬼魂之身，人鬼相隔，不能长久相处。马子就问徐女，什么时候能死而复生。徐女答到："要等到我生日那一天。"

这说来也奇怪，此女子就只有马子能看到，别人能听到声音却看不到她的人。也正因此，街坊邻里都传言马子招惹上了不祥之物，人人见他便转身就走。当然，马子也不在意这些，既然真正喜欢一个人，那就走自己的路让别人说去吧。

徐女生日那天，马子命人弄来一只红冠公鸡、一盒饭食和一斤酒水，恭恭敬敬地放在徐女的墓旁。道士在一旁做起法事。等到一系列的法事做完，马子命人刨开坟墓，打开棺木。棺木打开后，把当时站在周围的人吓了一跳。原来，徐女虽然死了很长时间，可身体完好，丝毫没有一点腐烂的地方。

马子亲自将徐女抱了出来。在碰到女子肌肤的时候，马子发现她的胸口还是温热的，口鼻中还有微弱的气息。马子心中大喜，便命令几个婢女来照料徐女。

刚开始时，婢女们用羊乳来擦拭徐女的眼睛。慢慢地，徐女的眼睛竟然能睁开了，还能喝一点稀粥，说一些简单的话语。两个月之后，徐女就能自己拄着拐杖走路。没过几个月，徐女的面容、肌肤和气力都恢复如常了。

马子欣喜之余，派人往徐女的家乡告知她的父母。父母听说死了四年的女儿竟活了过来，根本不信，他们一起赶来，想一看究竟。等赶到马家，他们见女儿真的活了过来，别提有多高兴了。徐父立即答应了这桩亲事，将女儿许配给马子为妻。

马子与死而复生的徐女结为夫妇后,夫妻之间举案齐眉,恩爱和睦。

死而复生对那些相爱的人来说,无疑是最好的结局,马子和徐女是如此,唐朝的崔护和桃花女也是如此。

崔护是唐朝著名诗人。一年清明,他出去踏青时,竟莫名其妙地惹上了一桩命案。

有一老人找到崔护家来,对他说道:"你杀了我女儿,你还我女儿命来。"崔护大吃一惊,自己一个手无缚鸡之力的读书人,又怎么会杀人呢?便向老人询问。原来,这老人是崔护去过的桃园的主人。

去年清明,崔护出门踏青时,因为口渴,便走进了这所桃园。桃园里,有一位年轻貌美的女子。崔护和她一见钟情,虽没有立马定下终身,但私下里都认为对方就是自己要找的人。崔护回去之后,就因家里的事情离开了长安,这一去就是一年。一年里,崔护的心里想的念的都是桃花女。今年清明,他一回到长安,便马不停蹄地赶往桃园里,哪知桃花女却不见了人影。伤感之余,崔护便在门扉上写下了一首诗:"去年今日此园中,人面桃花相映红。人面不知何处去,桃花依旧笑春风。"几句诗将想见却无缘再见的遗憾之情写得淋漓尽致,而他对桃花女的爱意也全包含在其中。

其实桃花女也是痴情之人,她心里认定了崔护便不再想其他的男子。可她苦苦等了一年,也不见崔护再来,以为他是忘了自己。她相思成疾,在崔护回来的前两天就死了。

崔护知道了桃花女的死讯,悲痛不已。他随老人来到家中,抱着桃花女的尸体痛哭流涕,说道:"你怎么不等等我,你走了让我如何活在这世上。"大约是崔护此情感动了上天,桃花女竟慢慢地苏醒了过来。她颤巍巍伸出手,轻轻擦去崔护眼角的泪水,对他说道:"你终于来了。"

桃花女复活之后,便与崔护结为夫妻,两人从此过上了幸福恩爱的生活。

崔护为桃花女所写的这首诗,家喻户晓,而两人的爱情故事也一样流传至今。

* * *

听了这些鹣鲽情深的故事,我们可能会从这些美丽飘逸的神、妖、鬼上发现人性的影子,发现爱情的核心依然是人心和人性。写仙、写妖、写鬼,写的都是人情和有情人。这些纯洁的、真挚的爱情跨越了彼此身份的界限,经历了重重磨炼和考验,最后能有一个圆满的结局,不仅是因为有缘,也因为双方都为爱情作出了努力。

神仙、妖精都只存在于传说之中,但是跨越身份、跨越生死的爱情却是真实存在的。只愿这天下有情人都能长相厮守,不再两地分隔,不再生死相离。

 思考题

★ 崔生为什么会失去"仙妻"?
★ 裴航得到"仙缘"的原因何在?
★ 妖狐为什么要和崔三在一起?
★ 独孤穆的生活孤独吗?
★ 崔护有怎样传奇的爱情故事?

第 5 讲

从金庸武侠小说谈传统文化的误读与误解

> **【提要】** 金庸先生的武侠小说,以其深厚的文化和历史底蕴、丰富瑰丽的想象、引人入胜的情节、鲜明的人物个性,吸引了无数读者,风靡华人世界。由于传统文化的博大与精深,在书写时无法穷尽,因此在创作时难免疏漏,或者融入了过度的艺术化。读者沉湎于虚构的武侠世界,混淆了真实与想象,难免误读作者的旨意,误解传统文化的内涵。对于传统文化,金庸先生有哪些误解呢?对于金庸小说,读者又存在哪些误读呢?作为传播传统文化重要的载体,我们该如何看待武侠小说呢?

纵观世界文坛,武侠小说可以说是一种既体现了中国传统文化,又具有"中国精神"的文学形式。

武侠小说在中国起源甚早。一般认为,司马迁《史记》中的《游侠列传》,就是其源头。其后,武侠文学逐步发展,蔚为大观。我国四大名著之一的《水浒传》,其实就是一部武侠小说。20 世纪 50 年代后,在香港和台湾出现了武侠小说的创作高潮。为了区别旧式的武侠小说,我们称之为"新派武侠小说"。

新派武侠小说的开启者是梁羽生,但是金庸后来居上,成为最杰出的代表人物。金庸共创作 15 部武侠小说,分别为《书剑恩仇录》《飞狐外传》《雪山飞狐》《白马啸西风》《鸳鸯刀》《碧血剑》《越女剑》《射雕英雄传》《神雕侠侣》《倚天屠龙记》《笑傲江湖》《侠客行》《鹿鼎记》《天龙八部》和《连城诀》。有人特意写了一副对联,概括了金庸一生所写的武侠小说:"飞雪连天射白鹿,笑书神侠倚碧鸳",里面每个字对应了一部小说(不包括《越女剑》)。

金庸先生的武侠小说,以其深厚的文化和历史底蕴、丰富瑰丽的想象、引人入胜的情节、鲜明的人物个性，吸引了无数读者，风靡华人世界。许多读者，是通过金庸的小说，接触和了解传统文化的。可以说，金庸对于传统文化的传承和推广，居功至伟。

不过，武侠小说只是一种艺术形式，其对于传统文化的阐释和传播还有很大的局限性。由于传统文化的博大精深，作者无法穷尽，因此在创作时难免疏漏，或者融入了过度的艺术化。读者沉湎于作者创造的武侠世界，混淆了真实与虚构，难免误读了作者的旨意，误解传统文化的内涵。

那么，武侠小说及其创作，对传统文化存在哪些误解和误读呢？

武侠小说是怎么写"武"的？

武侠小说的"武"只是载体，"侠"才是小说真正要表达的。梁羽生认为，武侠小说必须有武有侠，武是一种手段，侠是真正目的，通过武力的手段去达到侠义的目的。所以，侠是重要的，武是次要的，一个人可以完全不懂武功，却不可以没有侠气。

不过，既然称之为"武侠小说"，那么"武"就是武侠小说家绕不过去的一个点。顶尖的新派武侠小说家在写"武"上面，都是很成功的。总体而言，金庸小说的武功，融中国武术和诸子百家文化等传统文化于一炉，境界高深、神奇莫测；而梁羽生小说的武功，一招一式，细腻逼真；古龙小说的武功则以"怪招"取胜，重境界而轻招式。

那么，怎么写"武"呢？梁羽生认为，小说家必须懂得中国武术的三招两式，才能期望成功。真是这样吗？金庸的小说《倚天屠龙记》里，有一种著名的轻功叫"梯云纵"，经过一些网友的分析，这种功夫是绝对不可能炼成的。金庸的小说里，还有大量的违背武术常识、违背力学原理的错误。所以金庸是不懂中国武术的。

对于小说家，我们不能、也不必苛求。但是金庸的小说影响太大，甚至很多人就是从他的小说里来接触传统文化的，虽然是这些人自己误读了小说，误解了传统文化；作为作者本人，不懂武术而强说武术，以至于以讹传讹，或多或少也是有一定关系的。

现代人读武侠小说，对中华武术产生了哪些误解呢？

我们举两个例子。

第一，武术的目的是实战，增进道德、强健体魄，只是修习的效果。

金庸在《天龙八部》里说，习武是修习佛法的一种方式。从佛法的角度来说，这并没有错。但是武术是在搏斗中产生的，人们习武，就是为了克敌，离开了这个根本目的，武术就只能是花架子，这个传统文化的瑰宝就会失去它动人的色彩。

那些武林前辈，在实战中发明了很多招式，为了传承下去，就把这些招式编成套路，传给徒弟。所以，套路只是为了传承方便，而不是为了应敌。人们学了套路，会了招式，然后用这些招式进行搏击。为了记住这些招式,运用这些招式,还要不断在实战中磨砺。有些人还会游走各地,遍访武林高手进行切磋,这是很花钱的,古人说:穷学文,富学武,指的就是这个意思。

第二,关于气功修炼的问题。

我们知道,人体是有经络的,有12条经脉,还有任脉、督脉等奇经八脉,这是中医的理论核心之一。武侠小说家说,要打通经脉才能成为绝代高手,其隐含的意思是说,人的经脉是不通的,所以要打通。

那么,人的经脉真的"不通"吗?《黄帝内经》上说:"经脉者,人之所以生,病之所以成,人之所以治,病之所以起",其"决生死,处百病,调虚实,不可不通"。什么意思呢?换一句大家熟悉的话,"通则不痛,痛则不通"。所以,我们的经络本来是通的,气血运行,人体健康,给武侠小说家们一说,全给塞住了。

不过,气功修炼者将修炼的"炁"运行于经络,可以强身健体、防病治病、健身延年、开发潜能,其意义是不一样的。这就是气功的价值。

那么,气功怎么修炼呢?

传统的气功修炼,首先要"筑基",也就是要学会静心、放松,掌握气功的基本技术。第二步,是打通任督二脉,这叫"小周天"。以人体正下方双腿间的会阴穴为起点,从身体正面沿着正中央往上到唇下承浆穴,这条经脉就是任脉;督脉则是由会阴穴(也有人说是长强穴)向后沿着脊椎往上走,到达头顶再往前穿过两眼之间,到达口腔上颚的龈交穴。任脉总任一身之阴经,督脉总督一身之阳经,任督二脉若通,则百脉俱通,进而能改善体质,强筋健骨。打通任督二脉其实很简单,一个修炼者大概两三个月就行。古人往往把"小周天"算作"筑基",称为"百日筑基"。第三步,"炁"在任督两脉之外的其他经脉上流走。相对来说,其范围大于小周天,故称为"大周天"。大周天的气行路线很多,需要费点时间,但最多几年也就差不多了。以后,还有第四步、第五步……

而我们在武侠小说里看到的,最了不得的层次,就是打通任督二脉,甚至绝大多数武林高手终其一生都打不通,这实在不符合科学常识,让人误解。

蒙古大汗是怎么死的?

在金庸小说《神雕侠侣》里,描写了蒙古大汗蒙哥在襄阳城下被打死。

蒙哥的死,对于蒙古和南宋都很重要。在此之前,蒙古铁骑纵横天下,所向无敌,不想却在攻打南宋的时候,遭遇重大挫折,连大汗都被打死了,这对蒙古人的心理造成重大打击,南宋的国祚因此延续20年。蒙哥死后,忽必烈在部分宗王和大臣的拥立下,夺取帝位。但是,蒙古内部一度出现内乱，直到8年之后，忽必烈才挥兵南下。过了5年，也就是咸淳九年（1273年），襄阳城破，南宋再无抗击元军的力量。3年后，元军攻占临安。又过了3年，陆秀夫在崖山背负幼主赵昺跳海，南宋彻底灭亡。

那么，蒙哥是怎么死的呢？

金庸在小说里说：他是被"西狂"杨过打死的，而杨过的杀人利器，居然是一块小石头："杨过……飞步抢上，在手中早已拾了一块拳头大小的石块，呼的一声掷出，正中蒙哥后心。杨过这一掷劲力何等刚猛，蒙哥筋折骨断，倒撞下马，登时毙命。"

许多读者看了金庸精彩的描述，以为这就是历史，这其实是一个误解。历史上，蒙哥确实是在攻打南宋的过程中死亡的，关于他的死因，有很多版本的说法。清代《古今图书集成》中说蒙哥在架设望楼向城内窥视时，遇到城内宋军的炮石轰击，伤重不治，"班师至愁军山，病甚，次过金剑山温汤峡而殂"。民国《合川县志》也有相同记载。所以，蒙哥是被宋军用抛石机抛出的碎石所伤，最终不治身死的。

大多数武侠小说作家，其实不大了解古代战争中的武器装备情况，这些材料在史书中也没有详细记载。他们读古书，只是看到战争的进程，战争的结局，于是产生误读，进而进行艺术描写，虚构了他们想象中的古代战争。其实真实的古代战争，远比小说家描写的要宏大、精彩、激烈得多。

击伤蒙哥的，是宋军使用的抛石机。

大家在欧美的影视剧里面经常看到，甚至像《魔戒》这样的魔幻电影里也能看到。巨大的石头被抛向敌军阵营，造成巨大伤亡，还可以打碎敌人的城墙，非常厉害。所以，抛石机可以说是古代战争中"军中第一攻击利器"。在欧洲许多民族语言中，"战争"一词多是从"石头"这个词根衍化出来的。

在中国古代，抛石机有个专有名词，叫作"礮"。这个字是一个左中右结构，左边一个"石"字，中间一个繁体的"马"字，右边一个"交"字，三个字组合在一起，构成一个"礮"字。"礮"字大家并不陌生，凡是下象棋的，都认得这个字。这就是抛石机给我们留下的历史印记。而且它还很形象，必须要有个"炮架子"才能吃子。而抛石机，也必须有一个支点，才能用杠杆原理把石头抛向远方。

从现存文献来看，至少在春秋时期，诸侯国军队就配备有射程可达200步的礮。不过那时候，礮还不多，一直到汉以后，礮才在战争中被大量使用。三国时期，曹操就很重视礮的制造和使用。官渡之战的时候，曹操与袁绍两军对峙。袁绍构筑楼橹，堆土如山，连日向曹操营寨俯射，使曹操军心动摇。曹操用刘晔之计，制造一种威力强大的可以自由移动的礮车，号称"霹雳车"，发石击毁了袁军所筑的楼橹，稳住了阵脚。然后，曹操又用谋士许攸之计，轻兵奇袭袁军的粮库乌巢，烧掉袁绍军中辎重，致使袁军溃败。这个战例是历史上以弱胜强、以少胜多的典型战例，也是曹操军事生涯最辉煌的一页。大家看相关影视剧的时候，不妨注意一下曹操是怎么用礮的。

后来，魏国另一位杰出的机械制造家马钧，他针对发石车的效率问题，提出了大胆的革新措施。原来的抛石机，像个大天平，一头挂着一个斗，斗里装满大小石头，另一头挂着许多根绳子，作战时，兵士们一齐用力拉绳子这头，装石头那头就飞快地翘起来，这样，石头就被抛出去打击敌人。这种发石车缺点很多，每发射一次，都要花费一些时间，而且效果不大。马钧设计的新式轮转式发石车，则克服了这些缺点。它是利用一个木轮子，把石头挂在木轮上，这样，装上机械带动轮子飞快地转动，就可以把大石头接连不断地发射出去，使敌方来不及防御。马钧曾用车轮子来做试验，可以连续把几十块砖瓦射出几百步远（一步约合1.45米），这在当时说来，威力是相当大的。他的试验轰动了整个魏国。魏王不愿抛弃他的爷爷——曹操创制的发石车，竟将这项伟大的技术革新扼杀了。

最早的礮弹就是大石块，顶多简单打制一下。后来出现了比较特殊的礮弹，比如燃烧弹、毒雾弹、烟雾弹等。有些小一点的礮用泥弹，不仅便于制造，而且打出去以后会"炸"得粉碎，不易被拾起反射回来。

到了北宋的时候，就出现了"猛火油弹"，也就是"石油弹"。

石油最早称为"脂水"，沈括以后才逐渐称为石油。脂水这种东西是可以燃烧的，而且很早就用于军事。早在南北朝北周武帝的时候，突厥大军围攻酒泉。突厥军队使用各种攻城器具，准备强攻入城。守城部队就往外泼洒脂水，然后点燃。突厥军士赶忙浇水，试图浇灭。但是这种脂水漂浮在水面，反而燃烧得更加猛烈，攻城器具顷刻之间就被烧毁。突厥军无法攻城，不得不引军而退。

到了北宋，脂水的用法被进行了改良。宋军把脂水加工制作成"猛火油"，然后放到一个个铁罐子里面。两军交战的时候，士兵们就用礮把铁罐子投掷到敌军阵营，脂水燃烧、爆炸，可以烧毁敌军的城楼、帐幕、船只或辎重装备。这种脂水燃烧起来，用水不仅不能扑灭，它还会浮在水面上，更加猛烈地燃烧。这种装备，有点像抗美援朝战争期间，美军所使用的凝固汽油弹，在冷兵器时代，这是一种极为可怕的先进武器。宋王朝的军器监，就是专造武器的机构，下设十一作（坊），其中即有猛火油一作，大批生产这种"先进性武器"。这种"石油礮弹"，成为北宋军中的重要装备。

而如果礮弹里面再加点火药，那就比石油礮弹更可怕了。

靖康元年，金兵攻打北宋都城汴梁，一晚上就安放礮五千余。无数礮弹被抛进城内，打得宋军无处躲藏。这时候，守城的李纲祭出法宝：霹雳炮。就是在礮弹里填上火药，然后用礮抛出去。这种礮弹威力其实不见得很大,但是声音很吓人,让金人着实吃惊不小,攻城威势顿减。加上各路勤王部队陆续到来,金军不得不撤走。

南宋初年的时候,霹雳炮进行了改进,不仅填充火药,还装进去石灰,威力有所增加。

绍兴三十一年(1161年),金主完颜亮征调大军,企图一举攻灭南宋。宋军仓皇撤退。金军长驱直入,进抵长江北岸,打造战船,准备自采石(今属安徽马鞍山市)渡江。

文官虞允文奉命代表宋廷到采石慰劳军队。这时候的采石,朝廷任命的将领还没有到任。宋军军无主帅,士气涣散,人心惶惶。虞允文见形势危急,毅然召集各位将领,宣布宋廷抗金命令,犒赏军队,动员将士决一死战。同时,又组织当地民兵和群众进行支援,使采石一带的防务顿时好转。

金主完颜亮误认为宋军已败退逃散,江南岸无兵把守,遂督兵过江。宋军利用水军优势,在江中截断金军船只,并在船上施放霹雳炮。据史书记载,这种礮弹是纸糊的,礮弹在半空中炸开,"其声如雷",里面的石灰粉散开,"眯其人马之目,人物不相见"。宋军出动车船,船行如飞,船内踏车民兵精神振奋,呼声震天。金军败回北岸。次日,宋水军直迫长江北岸的杨林渡口,焚毁敌船,完颜亮被迫移军扬州。后来,他被部将所杀,南宋转危为安。

不过金人也很聪明,他们吃了霹雳炮的亏,就把这种武器拿回去研究,还加以改进,后来也用到了战场上。在金国灭亡的那一年,金人使用了一种叫"震天雷"的礮弹。就是在铁罐里填充火药,然后点燃引信,再把礮弹抛出去。据史书上说,震天雷"其声如雷,闻百里外,所爇围半亩之上,火点著甲铁皆透"。这让蒙古军队遭受重创。不过,大家在金庸的《射雕英雄传》里,是看不到这个细节的。

金庸先生在小说里写道,襄阳最后还是攻破了,大侠郭靖夫妇力战殉国。襄阳城是怎么被攻破的?还是因为这个抛石机。

在襄阳之战最后一年,元军使用了一种新式的抛石机,叫"回回炮"。当时,阿拉伯人设计和制造的抛石机非常发达,能发射800磅的巨石,远远胜过南宋的礮。忽必烈派人到伊朗,请来了两位礮匠。这两人设计的抛石机,把石弹或火器抛掷出去,既省人力,又抛得很远,因为它们是由回回人制造和使用的,又称"回回炮"。

忽必烈把两位礮匠派到前线。回回炮在作战中发挥了巨大作用,元军发炮击中襄阳谯楼,"声如雷霆,震城中。城中汹汹,诸将多逾城降者"。襄阳城南宋守将吕文焕束手无策,只得投降。这样,在回回炮的助攻下,持续了多年的襄樊战役,终于以元军的胜利而结束。元朝占领襄阳,获得了一个重要的战略据点,为进一步全面攻宋打开了胜利的通道,是元朝向南宋实施全面进攻的战略转折点,六年以后,南宋彻底灭亡。

元军取得了胜利,所以经常夸耀他们的"回回炮"。数年以后,一个叫马可·波罗的意大利人来到中国,就听说了这件事。后来他回到意大利,因故被捕入狱。在狱中,他向狱友们吹嘘自己在东方的见闻,也就说到了"回回炮"。他说,这"回回炮"是他向忽必烈建议制造的,忽必烈采纳了他的建议,才取得了襄阳之战的胜利,给后世留下了笑柄。

那么,蒙哥真是死在襄阳城下吗?

真实的历史也不是这样。他不是死在湖北襄阳,而是死在重庆合州钓鱼城与宋军的作战中。因为重庆军民的顽强抵抗,才让元朝和南宋的历史出现了拐点,甚至使世界历史也出现了拐点,不仅让南宋延续了20年,还缓解了欧亚战祸,流产了蒙古劲旅对非洲的征服,所以欧洲人把这里称为"上帝折鞭"的地方。

金庸很善于把历史融入他的小说中,给读者以真实的历史感觉,这是他的写作特点。如果我们不了解历史,误读金庸小说,把虚构的情节当做历史的真实,那就要贻笑大方了。相信金庸先生本人也不希望这样。

古人是如何看待"蛊"的?

有一种小虫,叫"金蚕",它是武侠小说中极为厉害的一种毒物。

金蚕是一种蛊。蛊是一类小动物,我们先从蛊的来历说起。

蛊是先民捣鼓出来的。那时候,人们信奉巫术。在巫术中,有治病救人的巫术,我们称之为白巫术;当然也有《哈利·波特》系列小说里面提到的,专门整人、害人的"黑巫术"。蛊就是一种"黑巫术"。

历代史志、文人笔记、医学典籍都有对蛊的记述,各地民间亦有传说,其中最早的大概是《隋书·地理志》的记载。从这些资料中,我们大致可以复原制蛊的过程。金庸在小说《碧血剑》中,进行了有趣的描述。

少年侠士袁承志到了五毒教,教主何铁手向他展示了一场动物搏杀大赛。

这场大赛是在一只圆桌面大小的沙盘上进行的。五名童子各捧着一只铁盒,站到沙盘边上,然后打开铁盒。这时从每只盒中,各跳出一样毒物,跑进沙盘。哪些毒物呢?它们分别是青蛇、蜈蚣、蝎子、蜘蛛和蟾蜍。青蛇长近尺许,未见有何特异;而其余四种毒物,却均比平常所见的要长大得多。五种毒物在盘中游走一阵之后,各自屈身蓄势,张牙舞爪,便欲互斗。首先开打的是蜘蛛和蝎子,结果蝎子陷入蛛网,渐渐无力挣扎。蜘蛛正要享受美味,突然一阵蟾沙喷到,蟾蜍破网直入,长舌一翻,把蝎子一口吞入了肚里。蜘蛛大怒,便向蟾蜍冲去,它借助蛛丝,从空中掠过蟾蜍,在蟾蜍背上狠狠咬了一口。片刻之间,蟾蜍身上蛛毒发作,仰面朝天,露出了一个大白肚子,死在盘中。蜘蛛扑上身去,张口咬嚼。这边青蛇游过,忽地昂首,张口把蜘蛛吞入肚内,跟着咬住了蟾蜍。蜈蚣从侧抢上,口中一对毒钳牢牢钳住蟾蜍，双方用力拉扯。拉了一阵，青蛇力渐不敌，被蜈蚣一路扯了过去。不一刻，蜈蚣将青蛇咬死，在青蛇和蟾蜍身上吸毒，然后游行一周，昂然自得。

何铁手做了总结，她说："这蜈蚣吸了四毒的毒质，已成大圣，寻常毒物再多，也不是它敌手了。"

何铁手说的"大圣"，就是蛊。这场大赛是蜈蚣最终获胜，所以它叫"蜈蚣蛊"；如果是别的毒物获胜，那就分别叫青蛇蛊、蝎子蛊、蜘蛛蛊、蟾蜍蛊等。如果参与搏杀的毒物非常多，数量近百，那最后剩下的"大圣"就更加厉害，而且它还会慢慢蜕变，形状变得像蚕，皮肤金黄。人们依它的外观形态取名，叫作"金蚕蛊"。据说这种金蚕蛊不惧水火兵刃，最难除灭，也最狠毒。据史料记载，至少在宋元时期，就有人蓄养金蚕蛊。

按照民间习俗，制蛊多在端午节前后。此时正值盛夏，太阳辐射强，日照时间长，降水丰富，虫蛇之类的毒物迅速繁殖长大，其含有的毒素也最多最盛。把它们捕捉来，令其自相残食，免疫力强的毒物吸收了别的毒物的毒素，战胜其他毒物活下来，成为蛊。这时候，它身上含有了所有死去毒物的毒素，毒性最大，其原理和分离出能抗结核菌的土壤细菌菌株相类似。制蛊，或许可以说就是毒剂的自然加工提炼过程；蛊，就是活体的高纯度毒药。

制蛊者是要用蛊来害人的，根据资料记载，他们施蛊的方法也是多种多样。制蛊者可以念动咒语，驱使蛊飞出去作祟害人；被害人死后，制蛊者就占有他们的财产。有的制蛊者还把蛊弄死，制成蛊毒，施用的方法就更多了。例如，可以将蛊毒置于饮食之中，使人食后中毒生病，甚至死亡；或者把蛊毒涂抹在自己手上，然后去抚摸人身，便能将蛊传给别人；或者用掺进蛊粉的墨画符，墨迹干后，若有人触动了神符，蛊药粉就会飞扬起来，被那人吸入口中，使其中毒；或者将蛊毒藏于指甲中，手指一弹便可害人；有的制蛊者甚至可以用眼睛传毒作祟；等等，让人防不胜防。当然，在施蛊的时候，制蛊者配有解毒药，他自己是不会中蛊毒的。

那么，中蛊的人会是什么样呢？我们来看看金庸在《倚天屠龙记》中描写的，中了"金蚕蛊毒"后的惨状。

华山派掌门人鲜于通当年在一苗家女子那儿，偷得两对金蚕。此后他依法饲养，制成毒粉，藏在自己折扇的扇柄之中。扇柄上装有机括，一加揿按，再以内力逼出，便能伤人于无形。在与张无忌比拼之下，鲜于通启动机括，想暗算对手。不想，张无忌内力深厚，反将蛊毒逼了回来，登时自食其果。原来这金蚕蛊毒乃天下毒物之最，无形无色，中毒者有如千万条蚕虫同时在周身咬啮，痛楚难当，无可形容。鲜于通伸出双手扼在自己咽喉之中，想要自尽。但中了这金蚕蛊毒之后，全身已无半点力气，就是拼命将额头在地下碰撞，也是连面皮也撞不破半点。这毒物令中毒者求生不能，求死不得，偏偏又神志清楚，身上每一处的痛楚加倍清楚地感到，比之中者立毙的毒药，其可畏可怖，不可同日而语。直到折磨七日七夜之后，中毒者这才肉腐见骨而死。

这段描述可真是"可畏可怖",不过不是很准确,大概金庸并没有看过《洗冤集录》。在书里,宋慈是这么写的:"金蚕蛊毒,死尸瘦劣,遍身黄白色,眼睛塌,口齿露出,上下唇缩,腹肚塌。将银钗验,作黄浪色,用皂角水洗不去。""一云如是:只身体胀,皮肉似汤火疱起,渐次为脓,舌头、唇、鼻皆破裂,乃是中金蚕蛊毒之状。"宋慈说,中金蚕蛊毒死的,死尸瘦弱,浑身呈黄白色,眼睛凹陷,嘴张齿露,上下嘴唇卷缩,肚皮塌陷。还有一种说法,死者只是身体肿胀,皮肤好像被热水或火烫伤一样,发出许多小水泡,慢慢地变成脓疱,死者的舌头、嘴唇、鼻子都是破裂的。尸体"遍身黄白色",是否因为金蚕蛊是黄白色的缘故呢?这我们就不得而知了。但是从宋慈的记载来看,死者面目狰狞,非常"难看"。这种情况下,如果用银钗来检验,银钗呈黄浪色,用皂角水是洗不掉的。

不过,蛊也是可以防范的。例如吃饭之前,将碗敲几下并问主人"此中有蛊毒没有",其法自破。在外吃饭时,要先吃蒜,或者使用象牙筷、银筷,象牙筷遇毒即裂,银筷遇毒即黑。还有一种以毒攻毒的法子,据元代《辍耕录》记载:"骨咄犀,蛇角也。其性至毒,而能解毒,盖以毒攻毒也,故曰蛊毒犀。"带了这种蛊毒犀,就不怕蛊毒了。

那么,怎么验证是中蛊了呢?民间的一般做法是让人嚼生黄豆,如果他感觉口中没有豆腥味,就说明中了蛊;或者让他含上一块煮熟的鸭蛋白,然后吐出蛋白插上一枚银针,如果蛋白和银针都变黑,表明已中蛊毒。

中了蛊,怎么治疗呢?金庸在《倚天屠龙记》里说,在腰眼上开孔,倾入药物后缝好,便能驱走蛊毒,这当然是一句玩笑。有一种草药,当地人叫它吉财,据说可以解蛊,而且"神用无比"。为什么叫"吉财"这个怪怪的名字呢?当地人说,曾经有一个人中了蛊,他的家奴弄到这种药帮他解了毒,家奴名叫吉财,因此就用家奴名做了药名。在晚上摘下二三寸吉财,搓磨弄碎,稍微加一点甘草在里面,次日早晨煎服。中毒之人服下药后会呕吐,吐出胃里的东西,蛊毒就消除了。不过,这也只是一种传说。1973年,在长沙马王堆汉墓出土了一部《五十二病方》,这是我国现存最古老的医学方书。这本书上说,把女人的衣服烧成灰,调水服下就可以治疗蛊毒,或者用符水对付蛊毒。可见中医很早就开始探索如何治疗蛊毒,虽然当时的方法还显得有些幼稚可笑。后来历代的医书,也有很多关于治蛊方法的记载。

应当说,"蛊"在古代中国一直带有神秘的色彩,因它总是和下毒、谋杀或阴谋等联系在一起,每每使人谈蛊色变。这就造成了人心的恐慌,也造成了社会的动荡,所以历代官府对制蛊、用蛊都进行了严厉的打击。

由于严厉的打击,"蛊犯罪"受到了很大的限制。西汉时期,巫蛊犯罪发生在王朝的首都,到隋唐以后,逐步转移到南方。宋朝廷南迁之后,江南一带得到开发,养蛊蓄蛊之地转移至两广、福建及西南一带。

那么,"蛊"究竟是一种什么东西呢?目前,科学家还没有给出解释。不过,这却给小说家们渲染气氛、曲折情节提供了一个理想的道具。经过他们的描画,蛊成为武侠小说中神秘、可怕的毒药之一。

那么,我们怎么才能不误读"蛊"呢?首先,蛊只是一种道具,一种符号而已。其次,在传统文化里,对蛊还有另外一种看法。《易经》中有一卦叫作蛊,蛊卦"利涉大川",又说"天下治也"。什么意思呢?蛊是百虫互相残杀后的最强者,只有通过残酷的竞争,优胜者才能脱颖而出,所以这个卦从开始就很顺利。通过竞争,可以做好大事情(利涉大川),救弊治乱、拨乱反正,治理好国家(天下治也)。这样说来,古人还是蛮欣赏蛊的。

"退隐模式"有怎样的文化缺陷?

最后,我们来说说武侠小说的结局。

以《笑傲江湖》为例。

《笑傲江湖》是金庸在1967年写的,属于他后期的作品。其情节跌宕起伏、波谲云诡,引人入胜,作者还于错综复杂的矛盾冲突中刻画人物性格,塑造出数十个个性鲜明、生动感人的文学形象。这部小说,不仅是金庸本人,也是新派武侠小说成功的作品之一。后来,导演徐克将《笑傲江湖》改编,搬上银幕。这是迄今为止公认的、改编最为成功的金庸电影,也被誉为"新武侠电影的开山之作"。电影《笑傲江湖》的主题曲《沧海一声笑》,是被誉为"鬼才"的黄霑作词并作曲的,大气磅礴,被认为是武侠影视剧中最经典的一首歌曲。

《笑傲江湖》的主人公叫令狐冲,幼时父母双亡,由华山派掌门岳不群夫妇收为首徒,抚养长大。在思过崖上得到世外高人风清扬传授的绝世武学独孤九剑,成为一代高手,却被岳不群逐出师门,成华山弃徒。他与日月神教圣姑任盈盈相遇,相知相许,并因她广交各路好友。他捍卫武林正道,误打误撞击破各种阴谋诡计,最后与任盈盈成婚退隐。

令狐冲是金庸刻画得颇为成功的文学形象之一。金庸在《笑傲江湖》的后记中说:"令狐冲是……追求自由和个性解放的隐士。《笑傲江湖》的自由自在,是令狐冲这个人物追求的目标。"其实令狐冲这个人,虽然剑法独步天下,内功也极其深厚,也有一些小聪明,但他一没有王重阳的雄才大略,不是统帅之才;二没有萧峰的天生豪气,有时倒与无赖相近;三没有郭靖的凛然正气,即便是师父岳不群要并吞恒山派——这是他承诺要保护的,在他来说也是无可无不可。他只是追求"自由自在"。但是,哪能有称心如意的所谓的"自由"呢?所以,这样的人只能退出江湖,这是他必然的归宿。

金庸的15部武侠小说的结局大多是这样:主人公功成名就,然后携美归隐。这也成为新派武侠小说最主要的一个结局模式——退隐模式。

这种文学现象,很容易让我们在掩卷之余产生这样一种认识,似乎那些武林高手的生活就应该是这样,年轻的时候打打杀杀,年老了,恩怨了了,就可以告老还乡、颐养天年了。如果这样认为,那不仅是对金庸小说的误读,也是对传统文化的一种误解。

其实,江湖能说退就退吗?

《笑傲江湖》里就有这样一个人物,衡山派的高手刘正风。刘正风要"金盆洗手",也就是说他要退隐江湖,不问世事了。但是他能得偿所愿吗?在"金盆洗手"的当日,五岳派盟主出手干涉,还残杀他的家人,无论如何不让他退隐。最后他只得自绝经脉而死。武侠小说中的江湖,和我们现实的社会一样,充满了是非恩怨,要想彻底摆脱,只有一条路——死路。

文学模式体现着文化意识、文化观念,武侠小说则更多体现着中国传统的文化意识与文化观念,而"退隐模式"恰恰体现了传统文化中一些负面的东西:怯懦、退让、隐忍。

为什么这么说呢?

我们来看看《易经》。《易经》里面有两句话,分别是用来解释乾卦和坤卦的。"天行健,君子以自强不息"(乾卦),"地势坤,君子以厚德载物"(坤卦)。意思是说:天(即自然)的运动刚强劲健,相应于此,君子应刚毅坚卓,发愤图强;大地的气势厚实和顺,君子应增厚美德,容载万物。这是先民在与自然抗争过程中逐渐凝练而成的文化意识。在这种文化意识的熏陶下,古代中国人是充满进取精神的。在文明古国中,中国是出现比较晚的,但却后来居上,引领世界前进。

我们以科学技术为例。美国学者罗伯特·坦普尔在他的《中国:发明与发现的国度》(又译作《中国的创造精神——中国的100个世界第一》)一书中,列举了100项古代中国影响和改变世界的发明,并且指出,现代世界赖以建立的基本的发明创造,几乎有一半以上源于中国。他说,"如果诺贝尔奖在中国的古代已经设立,各项奖金的得主,就会毫无争议地全都属于中国人。"

我们大家都熟悉四大发明。四大发明是怎么来的呢?欧洲经过文艺复兴时代,资本主义冲破封建制度的藩篱,极大地推动了社会的进步。这时候,欧洲的一些思想家们(如英国的弗朗西斯·培根等人)就在思考:究竟是什么推动了欧洲的迅猛发展?他们认为是科学技术,特别是技术发明。那又是哪些技术发明发挥了基础性的作用呢?他们找来找去,找到了四项。哪四项呢?造纸、火药、指南针和印刷术。——当然,那个时候,欧洲人还不知道这些发明全部来自于中国。他们认为,正是这四项发明,构建了资本主义发展的基石。

我们中国人引以为傲的"四大发明",原来是欧洲人总结出来的!

世界汉学界普遍认为,中华文化发展的高峰出现在宋代。著名史学家陈寅恪就说:"华夏民族之文化,历数千载之演进,造极于赵宋之世。"然而高峰之后呢? 1279年,陆秀夫背负幼帝赵昺在崖山(今广东新会南海中)跳海。自此以后,"崖山之后无中国",中华文化的负面性表现了出来,中华文明开始急速衰退。

我们同样可以在科学技术的发展上找到例证。据有关资料,从公元6世纪到17世纪初,在世界重大科技成果中,中国所占的比例一直在54%以上,而到了19世纪,剧降为只占0.4%。

文学创作不可能离开社会现实,不可能脱离文化背景。在衰退的文化背景下产生的,反映传统文化的文学作品,不可避免地夹带了传统文化中的负面信息。当然,"退隐模式"作为一种文学范式,本身并无好坏优劣之分。我们切不可上纲上线。但是,透过这种文学现象,我们却可以反观中国的传统文化,然后弃其糟粕,取其精华,创造出新的、属于我们时代的文化。

* * *

金庸在一次采访中曾对人说:"不要把我的作品太当真。"对自己作品的价值,他其实是很清醒的。他笔下的每个角色都独具特色,每一次战斗都使人激荡心血。他的笔触犹如一把利剑,深入剖析江湖世界的黑白善恶,展示人性的复杂和命运的纠缠,传达了中国文化的独特魅力。然而小说世界和现实社会毕竟不同,我们既不能因噎废食,摒弃武侠小说,也不能徜徉在"成年人的童话",误入迷途。

 思考题

★ 武侠小说的存在有何意义?
★ 武侠小说嫁接真实历史的价值何在?
★ 盅文化体现了中国人怎样的思想方法?
★ 文学范式和民族传统文化有怎样的关系?
★ 如何看待武侠小说在新时代的发展?

典籍篇

第6讲

名著导读：话本小说

> **【提要】** 传统文学名著作为中国文化的重要内容之一，以其独特的艺术手法和艺术表达屹立于世界文学之林。讴歌真善美、斥责假恶丑，是中华优秀传统文化源远流长的精神血脉，同样也是中华传统文学的核心构成。在新的历史条件下，我们更应重新感悟传统文学，立足新时代，让文学著作凸显中国气质和中国价值，传承中华民族的精神气质，让中国文学在世界文学的风云激荡中扎稳坚实的根基。

我们来说一个很有意思的话题：古代有通俗小说吗？

不仅有，而且很多。

通俗小说起源于说唱文学。这种"说"与"唱"结合的艺术，大概起源于周代。

到了宋代，随着城市经济的发展，城市居民的结构也发生了变化，不仅有众多的官吏和士兵，还聚集着大量的商人和工匠，形成了一个新的市民阶层。各种民间伎艺都向城市汇合，以适应新的城市居民的文化需要。北宋东京、南宋临安等大城市里，有着数十座称为"瓦舍"或"瓦子"的综合性的游艺场，每座"瓦舍"中，又有若干座"勾栏"（类似后代的戏院），分别上演杂剧、诸宫调和"说话"等各种伎艺。

"说话"原意为讲故事，表演时有说有唱，诗词说论兼具。由于此一表演的兴盛，其内容的原稿底本——话本自然受人重视。其后，不断有文人加入"话本"的创作，古代的通俗小说逐渐出现了。

我们来说说几部著名的通俗小说。

《水浒传》产生了怎样的影响？

我们首先说说《水浒传》。

《水浒传》是和《三国演义》同时出现的"通俗小说",不过它的取材很特别,它说的是农民起义的事,讲的是怎么和官府对抗。

我们知道,在封建年代,文人写这样的故事,可是要承担风险的。再说,文人的生活圈和农民起义交集太小,他们彼此并不熟悉。那么,作者为什么要写,又为什么能写成《水浒传》呢?

关于《水浒传》的作者施耐庵,他的生平材料极少。他可能是船家子弟。在古代,船民受到歧视,属于"贱民",所以施耐庵从小备尝生活的艰辛。后来,施耐庵中过秀才、举人和进士,然后到钱塘(今浙江杭州)为官。因与当权者不合,施耐庵任期不满便辞官回家,在苏州家中做了个"宅男"。

元末农民起义军领袖张士诚一度占据苏州,自称"吴王"。他听说施耐庵很有才,亲自造府相邀。一开始,施耐庵以家中老母年纪大、妻子身体不好、子女的婚事未完成等为借口谢绝。后来,他还是到吴王府做了幕僚。这时候,张士诚政权内部出了很多问题。施耐庵见势不妙,很快离去,到河阳山(今江阴、常熟)一带做起了私塾老师。

明朝建立之后,刘基(刘伯温)为朱元璋选才。他也曾拜访施耐庵,想推荐他做官,但是被施耐庵拒绝了。

从施耐庵的人生经历来看,他是很熟悉农民起义的,并且深知农民起义的根源何在;那时候处于社会大动荡的年代,政府对言论的管控也比较松。所以,他能写下这部书也就不奇怪了。

北宋宣和年间宋江等聚众起义的故事,在《宋史》和宋人笔记里有多种记载。这次起义,农民军力量强大,威胁到了朝廷,在民间影响深广。连南宋人龚圣与也说:"宋江事见于街谈巷语。"宋、元年间,话本、杂剧也广泛演说"水浒"故事。施耐庵把宋元以来史书、传说、话本和杂剧等加以汇集、选择、加工,创作而成《水浒传》。

《水浒传》形象地描绘了农民起义从发生、发展直至失败的全过程,深刻揭示了起义的社会根源,满腔热情地歌颂了起义英雄的反抗斗争和他们的社会理想,也具体揭示了起义失败的内在历史原因。作品在思想内容和文学艺术上都取得了重大的成就。

起义发生是"乱自上作"。统治者上起皇帝、大臣,下至地方贪官污吏、土豪恶霸乃至吏役狱卒,全国上下,朝廷内外,形成统治网,公然用恶。像梁中书两年就搜刮几十万贯给丈人蔡京庆贺生日,贿赂公行;高俅为报私仇迫害王进,为高衙内霸占人妻而害林冲,逼得本不想反的人不得不反,揭示出起义发生的真正原因是"官逼民反"。

小说真实地叙写了起义斗争的发展过程:从个人反抗到集体反抗,从分散斗争到有组织斗争,规模从小到大。鲁智深、林冲、武松等开始都是个人抗争,只为逃避官府缉捕而找安身立命之地;虽有梁山、二龙山、桃花山等许多山头,但彼此孤立,不能抵御逐步升级的官府"进剿"。晁盖、吴用、宋江上山以后,以梁山泊为中心,联合各山头,形成强大统一的组织,取得大规模战争的胜利,挫败官府和朝廷的"进剿",这揭示出农民革命斗争的规律。

小说还叙写了起义的失败结局。梁山英雄排座次后,"八方共域,异姓一家","哥弟称呼,不分贵贱"的要求已经实现。农民革命的平等、平均主张,使斗争只能有三种前途:一是像方腊称王后被镇压;二是像李逵说,夺位自己当皇帝;三是像宋江"全伙受招安"。梁山好汉选择了后者。然而宋江等受招安后,朝廷却想"尽数剿除",派去征辽、征方腊,梁山好汉死伤离散,剩下的宋江、卢俊义、吴用这样领袖人物,也被御赐药酒毒死或伤心自杀。一场惊天动地、轰轰烈烈的起义,108位英雄只落得风流云散的悲剧结局。

该书在塑造人物形象方面积累了丰富的艺术经验。

作品能紧紧扣住人物的不同出身经历,通过人物自己的行动去表现其性格,如宋江的领袖才能、吴用的神机妙算、鲁智深的忠勇仗义、李逵的粗鲁莽撞、武松的神威神勇、林冲的骁勇善战、石秀的英雄孤胆、燕青的伶俐机灵,以及西门庆的骄横、镇关西的凶悍、阎婆惜的淫荡,都给人留下深刻的印象。

同时把握住人物性格与人物身份、地位、生活阅历之间的相互作用。比如豹子头林冲,原本是东京八十万禁军教头,有着较优越的社会地位,同时又是习武带兵之人,具有丰富的作战经验,基于这一前提,作者赋予他的性格既有隐忍退让、委曲求全的一面,又有骁勇善战、敢作敢为的一面。在封建恶势力的逼迫下,林冲的身份、地位、生活发生了急剧变化,促成了他思想和性格的转化,从而作者成功地为我们塑造了一个原先根本不想造反而最后不得不造反的人物形象。

而像鲁智深、林冲、杨志,都是有武艺的军官,依附官府,也都凭自己本事谋职,不与贪官污吏同流,但在逼上梁山中,作者写出他们的个性差异。鲁智深的正义感强,林冲忍无可忍,杨志功名绝望,显示出三人性格的同中之异。

由于受到说书话本传统的影响,小说故事性很强,达到了极高的水平。小说随处可见引人入胜的情节。如智取生辰纲、风雪山神庙、大闹清风寨、血溅鸳鸯楼、三打祝家庄和攻陷大名府等等,生动曲折,惊心动魄,妙趣横生。全书既是一个有机整体,其中许多故事又具有相对独立性,既分别有重点地完成了一个个英雄的塑造,又恰如其分地体现了农民起义从分散到集中的思想意图。

小说语言是基于口语化的文学的语言,形象、生动、明快、洗练,往往能寥寥几笔,使描写对象活灵活现,惟妙惟肖。

《水浒传》的影响巨大广泛。它引起了统治阶级的惧怕,以"诲盗"而禁书毁版,然而却屡禁不绝。后来,有的封建文人,居然别出新意,为《水浒传》写起了续集,《荡寇志》就是其中最有名的一部。

愈万春本人极度仇视梁山好汉,他从《水浒传》七十回后,续写了七十回,杜撰出宋江等108将如何被"张叔夜擒拿正法"的故事,抒发了自己"将反贼尽皆诛杀"的"崇高理想"。作者写此书总共用了22年时间,可谓苦心孤诣,不遗余力。可是有讽刺意味的是,他死后一年,就爆发了洪秀全领导的太平天国运动。

不过,统治者可是将《荡寇志》当做宝贝。《荡寇志》连篇累赘地、肉麻地歌颂封建朝廷,恶毒地污蔑诅咒起义阵营,博得许多"当道诸公"的青睐,被视为维系"世道人心"的宝物。

《荡寇志》刚刚写完,南京的清政府官员们就开始刻印。太平军攻下南京,那些官员逃至苏州,居然把《荡寇志》的版片也带了过去,在苏州大量印行。而在广州,一些"当道诸公"也"急以袖珍板刻播是书于乡邑间,以资功惩"。他们以为,这本书既可以欺骗群众,又可以恐吓群众。后来,统治者干脆把书名改为《结水浒传》,以广招徕,诱人购读,希图以此来抵消《水浒传》的影响。

但是这些努力都是徒劳的。几百年来,《水浒传》中那些具有反抗意识、乐观精神和理想化的英雄一直为人民所乐道,鼓舞着被压迫者的反抗斗争。武松、李逵、鲁智深、林冲、吴用等人,以不同的性格和形象内涵,影响着人们的心灵、性格和智慧,成为家喻户晓的英雄、义士或智慧的代表。

《水浒传》对后世文学创作的影响十分巨大。它开创了长篇英雄传奇的先河,后出的《说唐》《杨家将》《说岳》《女仙外史》,无不见到它的影响。《水浒传》还成为戏曲直接的题材,明清时代剧作甚众,至于各种民间文艺、说唱、评书,更是不计其数。

《三国演义》有哪"三绝"?

我们再来说说《三国演义》。

滚滚长江东逝水,浪花淘尽英雄。是非成败转头空。青山依旧在,几度夕阳红。　白发渔樵江渚上,惯看秋月春风。一壶浊酒喜相逢。古今多少事,都付笑谈中。

这是《三国演义》开篇的一首词。对于《三国演义》,大家是非常熟悉的,几乎每个人都能说上一段其中的故事。

我们知道,《三国演义》有个明显的倾向,叫作"拥刘反曹"(拥护刘备,反对曹操)。这是为什么呢?我们得从这部书的作者罗贯中说起。

罗贯中生活在元末明初,是一个草根阶层。因为是草根,所以史料上关于他的记载就很少,以至于他是哪儿的人,我们都难下定论。有人说,他是山西太原人,也有人说他是浙江杭州人,不过都拿不出让人信服的证据。还有人说,罗贯中曾经充任过元末农民起义军张士诚的幕僚——不过,这也仅仅是传说而已。

在罗贯中的时代,三国故事在民间就颇为流行,还有许多关于三国的戏曲。罗贯中综合民间传说和戏曲、话本,结合史学家陈寿所著《三国志》中的史料,根据他个人对社会和人生的体悟,用"七分事实,三分虚构"的笔法,创作了《三国志通俗演义》。不过,这部书一开始并没有引起大家的重视,直到明代中期才被大量地刻印,并广为流传。我们现存最早的刊本,是嘉靖年间刊刻的,称之为"嘉靖本",共24卷。到了清朝康熙年间,文学评论家毛纶、毛宗岗父子辨正史事、增删文字,把这部书修改成《三国演义》,共120回,称为"第一才子书"。我们现在看到的,就是这部经过修改的通行本。

元朝是蒙古贵族建立的,对汉民族采取歧视政策,造成了尖锐的民族矛盾。汉族人民受儒家文化的影响,民族观念极强,民族自尊心特重。他们往往认为,现实的苦难是外族侵略者带来的。作为一个汉族人,罗贯中也是持有这种观点的。他在《三国演义》中,突出了"汉室贵胄"刘备的正统地位,把曹操描写成篡汉的奸雄。他所说的"汉室",实际上指的是汉民族。这样,排外思想和正统观念相融合,罗贯中借"拥刘反曹"为载体,把民族观念、民族情绪表露了出来,也隐含了对汉族复兴的希望。

清朝初年,满族人欺压、迫害汉人,使得民族矛盾又一次尖锐起来。毛纶、毛宗岗父子在修订、加工《三国演义》时,特意突出了罗贯中"拥刘反曹"的思想倾向,以此来表达他们对民族压迫的不满。这样,就形成了《三国演义》这部书的主题思想。

不过,打上时代烙印的主题思想,并不影响这部书所取得的杰出成就。

《三国演义》描写了从东汉末年到西晋初年近一百年的历史,全面反映了三国时代的政治军事斗争,反映了当时各类社会矛盾的相互渗透与转化,概括了这一时代的历史巨变,还塑造了一批叱咤风云的英雄人物。这是我国第一部,也是成就最高的一部历史演义小说。

《三国演义》中的主要人物都是性格鲜明、形象生动的艺术典型。人们常说,《三国》人物有"三绝",即曹操的"奸绝"——奸诈过人,关羽的"义绝"——义气过人,诸葛亮的"智绝"——机智过人。《三国演义》对这三个人的描写可谓空前绝后,难以匹敌。

那么,曹操是怎么"奸绝"的呢?曹操逃到吕伯奢家,突然听到后院有磨刀声,以为要谋害自己。于是，他不问青红皂白，"拔剑直入，不问男女，皆杀之，一连杀死八口"。一直杀到厨房里，发现一只被捆着待宰的大肥猪，才晓得自己错杀了好人。这还不够。他急忙离开，路遇沽酒而归的吕伯奢。此时的曹操并没有半点反悔之意，为了防止吕伯奢报官，自己被官府追杀，竟把屠刀砍向了这位一心救助他的好人。事后，曹操说："宁教我负天下人，休教天下人负我。"——一个奸诈、刻薄的形象跃然纸上。

关羽是怎么"义绝"的呢？关羽为了两位嫂子的安全，不得已投降曹操。曹操待之优渥。后来知道刘备的消息，关羽保护着嫂子，千里走单骑，过五关、斩六将，终于回到兄长身边。可在华容道，关羽为了报答当年恩情，不惜违背军令状，以身家性命当代价，"义释"曹操。关羽的义气，可谓惊天动地。

诸葛亮是《三国演义》刻意描写的人物，在小说中占了一半以上的篇幅。因此，诸葛亮也成为了小说中最具魅力、最有光彩的形象。在这个人物身上，几乎集中了忠臣贤相的所有美德。有人说："一部《三国志通俗演义》虽说的是叙述三国故事，其实只是一部'诸葛孔明传记'。"

给读者印象最深的，是诸葛亮的"智"。

火烧赤壁后，诸葛亮与周瑜的矛盾随着吴蜀双方对荆州的争夺而更加激烈。这时的诸葛亮，对周瑜一改退让而为进逼，先后凭借神机妙算，三气周瑜。周瑜只有招架之功，没有还手之力，最终因心劳力拙，仰天长叹"既生瑜，何生亮"，连叫数声而亡。

诸葛亮后期的主要对手是司马懿。司马懿老奸巨猾，见识和手段都远超周瑜；不过，他到底比不过诸葛亮。司马懿能料定诸葛亮的一些计谋，并预作相应的对策，但如果诸葛亮因势利导、别出新意，他就穷于应付了。空城计就是如此。面对司马懿席卷而来的十五万大军，弹丸之地的西城仅有老弱残兵两千五百，战又不能，退又不是，怎么办呢？诸葛亮命"大门四开，每一门上用二十军士，扮作百姓，洒扫街道"，自己"披鹤氅，戴纶巾，引二小童携琴一张，于城上敌楼前，凭栏而坐，焚香操琴"，使得司马懿满腹狐疑，逡巡不敢冒进，最终退兵而走。诸葛亮居然不费一刀一枪，就解了西城之围。当然，这不是诸葛亮侥幸取胜，而是建立在他对敌我双方的精确分析上。诸葛亮深知司马懿了解他"平生谨慎，不曾弄险"，因而出其不意，一反常态。从现象上看，这是军事战场上的较量，实际上是军事才能的较量，显示了诸葛亮在瞬息万变的事态面前的超人镇定，过人胆识，惊人魄力，就连司马懿也不得不承认诸葛亮是"天下奇才"，"吾不如孔明也"。

不过，《三国演义》在艺术上也是有缺点的。概括来说，一是人物性格固定化，缺少发展变化；二是想象、夸张有时不合情理。

例如，刘备是"仁"的代表，汉室皇权正统的继承者，因此书中对刘备的仁爱、宽厚和知人善任等性格特征着力描画，极尽夸张。但是物极必反，《三国演义》在突出其"仁爱"时，却给人以刘备"无能"和"虚伪"的感觉。

刘备逃离樊城，携民渡江。他从船上望见两县之民，"扶老携幼，将男带女，滚滚渡河，两岸哭声不绝"，大哭，说道："为吾一人而使百姓遭此大难，吾何生哉！"他一点解决的办法都没有，直欲投江而死，幸亏被左右拦下。情势危机，左右多次劝他暂弃百姓，先行暂避。刘备哭着说："距大事者必以人为本。今人归我，奈何弃之？""仁爱"固然重要，但是如果自己性命不保，又怎能维护他的百姓呢？

赵云拼死救出阿斗，双手递将过来。刘备接过，掷之于地下，说："为汝这孺子，几损我一员大将！"从而笼络人心。书中说，赵云泣拜曰："云虽肝脑涂地，不能报也！"不过，明眼人一看就很假，以至民间有一句歇后语"刘备摔孩子——收买人心"。

对《三国演义》艺术上的缺点，鲁迅先生曾说："欲显刘备之长厚而似伪，状诸葛之多智而近妖。"这个批评是很中肯的。

我们今天看《三国演义》，会觉得它的语言似乎半文不白，不太好懂。不过在当时，它却近于白话。与罗贯中同时代的小说语言，或是粗糙芜杂，或是晦涩难懂。而作者用这种语言来写长篇小说，是一种创举，是一个明显的进步。这也是《三国演义》广受欢迎的原因之一。

《西游记》有什么特别之处？

我们再来说说《西游记》。大家对这部"通俗小说"实在是太熟悉了！

《西游记》一经问世，就深受欢迎，广受好评。明末的著名文学家、戏曲家冯梦龙，曾把《西游记》与《三国演义》《水浒传》《金瓶梅》并称为"四大奇书"。后来《红楼梦》横空出世，《金瓶梅》又被列为色情禁书，《西游记》就与《三国演义》《水浒传》《红楼梦》一起被列为中国古典文学的"四大名著"。

作为"四大名著"之一，《西游记》和其他三本书有很大的不同。

首先，它的读者数大概是排行第一。有一句老话，叫作"老不读《三国》，少不读《水浒》"，标示出这两部小说的精髓，《三国》启迪人们的智慧，《水浒》给人以血性，但同时也说明它们分别对应着相应的读者群。至于《红楼梦》，则读者人数就少了很多了。而从明代后期开始的四百多年来，绝大多数的中国人都是《西游记》的直接或间接的读者，可以说，几乎没有人不知道孙悟空、猪八戒，没有人不知道唐僧取经的。涉及《西游记》的成语、俗语也是难以计数。"四大名著"中，只有《西游记》具有这样超越时代、阶层、年龄、文化水平的广泛、深远和持久的影响力。

其次，它几乎影响了所有的艺术和娱乐形式。从早年的戏剧（包括京剧和各种地方戏）、曲艺，到近代的电影（故事片、戏曲片、动画片）、漫画、电视，乃至于当代的各种网络游戏，几乎每一种艺术和娱乐形式，都曾经改编过《西游记》。《西游记》改编的各种戏剧、曲艺很多，还曾经在宫廷表演过。明万历年间，钟鼓司在盛夏接待"圣驾"欣赏"水傀儡"的剧目，就有"孙行者大闹龙宫"；清代诸帝在圆明园和颐年殿观赏的承应戏，也有"请美猴王""水帘洞"等名目。到现在，保留名目的西游京剧剧目还有几十种之多，这个数量，也只有三国戏、包公戏可与之媲美。

所以，如果要评价古典小说对中国人的影响，《西游记》应数第一。如果按读者接触的先后顺序排列，排在第一位的无疑也是《西游记》。中国人最早接触的古典名著就是《西游记》，然后才是《水浒传》《三国演义》《红楼梦》等。

大家读西游，首先碰到的谜题是：《西游记》里的男一号，为什么会是一只猴子？

要解答这个问题，得从《西游记》的成书过程说起。大家知道，《西游记》是一部积累型的作品，并非完全的个人独创。在小说定型之前，和《三国演义》《水浒传》一样，它是经过了很多年、很多人的口头传播和演绎的。

《西游记》取材于历史上的真实事件。贞观三年（629年），一位法号叫作玄奘的僧人，为了探求佛法的精义，违反朝廷禁止百姓擅自西行的规定，冒死从凉州（今甘肃武威）偷渡出关。玄奘载誉归国以后，唐太宗敕令他编写一本"西域列国的游记"。于是，由玄奘口述，弟子辩机执笔，在贞观二十年（646年）秋写成了一本书。玄奘进表说："所闻所历一百二十八国，今所记述，有异前闻，皆存实录，非敢雕华，编裁而成，称为《大唐西域记》，共十二卷。"这本书记载了玄奘的游历见闻，包括他游学五印，大破外道诸论的精彩片段，高潮迭起，给读者留下了很大的想象空间。后来的西游故事，大多是在《大唐西域记》的基础上逐步演绎出来的。

到了晚唐五代时期，关于唐僧取经的故事就已经很多了。寺院里将这些故事作为宣传佛教的材料，编成了一本具有教材性质的《大唐三藏取经诗话》。猴行者、沙和尚、西王母、白骨精的形象都逐次出现了。不过，唐僧作为男一号的位置已经不保，他演变成为取经的一种符号象征。到了金元时期，取经故事有了进一步的丰富和发展，猪八戒、托塔天王、哪吒、二郎神等一批神话人物被加进来；大闹蟠桃会、过女儿国和火焰山的故事也出现了。猴行者已经稳稳地占据男一号的宝座。所以，以猴子作为主角，其实是西游故事在演变过程中的一个选择，它反映了大众在欣赏故事中的审美取向。

这种审美取向，首先表现在趣味性上。猴子是一种形容丑陋、身材矮小的动物，但是反应敏捷，身手灵活，深受人们喜爱。人们对弱小的生物，是抱有一种同情心的。所以，尽管它做了什么错事，闹出一点大的动静，也不会轻易被责难，人们反而会抱有一种欣赏的态度。

何况这只猴子还会偷东西,钻进人家的肚子翻筋斗,这些事情别的动物是做不了的,这就更增添了一种趣味性。

其次是投射性。人们在欣赏文艺作品的时候,往往会把自己的情感、意志、特性等投射到人物形象上,从而产生共鸣。猴子不仅在形态上最接近人类,并且具有一定的智力水平。这样的特点,使得这只猴子所做的各种事情,所产生的各种想法,更能为人们所接受,也更容易产生共鸣。

最后,现实的合理性。《西游记》在一定程度上是反对社会秩序、蔑视权贵和揭露社会现实的。这样的作品,如果主人公是一个人类,在当时的社会环境下,即便是一部神魔小说,也必然会遭到封禁,《水浒传》就是一个例子。但是,如果主人公只是一个小动物(猴子),一切问题就都迎刃而解了。

《西游记》能产生这么大的影响,与其主要人物身份的选择有着很大的关系。当然,《西游记》选择猴子作为主人公,也存在其他的一些考虑。比如学术界公认的一种说法:猴子象征心,即所谓的"心猿",它是跳动不拘的;而整个西天取经的过程,实际上就是一个人的心从"放"到"收"的历程。这样,《西游记》的思想内涵就更加丰富了。

当然,我们还要说到猪八戒。他的本事比孙悟空可差远了,更谈不上什么光辉高大,但这个形象同样刻画得非常好。猪八戒是一个喜剧形象,他憨厚老实,有力气,也敢与妖魔作斗争,是孙悟空的第一得力助手。但他又满身毛病,如贪吃、好占小便宜、好女色、怕困难,常常要打退堂鼓,心里老想着高老庄的媳妇;他有时爱撒个谎,可笨嘴拙舌的又说不圆;他还时不时地挑拨唐僧念紧箍咒,让孙悟空吃点苦头;他甚至还藏了点私房钱,塞在耳朵里。他的毛病实在多,但他并不是一个被否定的人物,因此人们并不厌恶猪八戒,相反却感到这个形象十分真实可爱。

《西游记》在艺术上取得的成就是十分惊人的,孙悟空、猪八戒这两个形象,以其鲜明的个性特征,在中国文学史上立起了一座不朽的艺术丰碑。

不过,这部名著的作者吴承恩,我们就不大了解了。

吴承恩的曾祖父、祖父都是读书人,任过县学的训导、教谕。但到了他父亲吴锐这一辈,由于家境贫困,出赘徐家,"遂袭徐氏业,坐肆中",当起了小商人。尽管如此,吴家却不失读书的传统。据说其父吴锐虽为商人,不仅为人正派,而且好读书,好谈时政,这自然对吴承恩产生较大影响。他厌恶腐败的官场,不愿违背本心,对黑暗的现实持否定态度。《西游记》里面就有很多抨击时政的言论。

吴承恩从小就很聪明,很早入了学,少年得志,名满乡里。《淮安府志》说吴承恩"性敏而多慧,博极群书,为诗文,下笔立成"。但成年后的吴承恩却很不顺利,在科举进身的道路上屡遭挫折,到40多岁才补了一个岁贡生,50多岁任过浙江长兴县丞,后又担任过荆王府纪善,这是同县丞级别差不多的闲职。

吴承恩为《西游记》的写作作了毕生的准备。小时候,吴承恩经常跟从父亲遍游淮安近郊的古寺丛林,听来许多优美神奇的神话故事。他从小就有好听奇闻的习性,在读私塾时,经常瞒着父亲和老师,偷偷地阅读"野言稗史"。随着年龄的增大,这种兴趣有增无减。30岁后,他搜求的奇闻已"贮满胸中"了,并且有了创作的打算。50岁左右,他写了《西游记》的前十几回,后来因故中断了多年,直到晚年辞官离任回到故里,他才得以完成《西游记》的创作。

《说唐》说了怎样的故事?

真实的秦琼是怎样的? 我们来说说《说唐》。

《说唐》是以瓦岗寨群雄的风云际会为中心,铺叙自隋文帝灭陈统一南北起,到唐李渊削平群雄、李世民登基称帝的一段故事。书中刻画了一批初唐英雄人物形象,秦琼卖马、程咬金劫王杠等故事妇孺皆知。这部书在民间流传很广、影响很大,清代以后门神画中秦琼和尉迟敬德的形象及兵器皆取自此书。某种程度上,该书在民间甚至超越了正史的影响。

但是,《说唐》毕竟是一部脱略于民间传说及说唱形式的小说,虽有历史的大背景,终究是小说家言,与历史史实相去甚远。一些人不读正史,往往凭《说唐》书中的情节来指认历史,譬如书中的罗成,是燕国公罗艺的儿子,武艺高强,为隋唐第七条好汉,完全是一个虚拟的人物,在真实的历史中有一位名为罗士信的将军战死河北,与罗艺没有任何血缘关系(罗艺因为追随太子李建成而被李世民追杀),两者风马牛不相及,但某些人就认为罗成是真正的历史人物,令人啼笑皆非。

《说唐》的形成过程漫长,起初以正史纪传为本,再间以稗史杂说,此后又广泛地吸取民间传说而加以敷演,从而不再拘泥于史实。如此一来,虚实交杂,单就人物而言,书中的大部分人历史上实有其名,但李元霸、宇文成都、杨林、伍云召等人则纯属杜撰。

这些杜撰而来的人物,有些在史实中也是有所本的。如李元霸,书中说他是李渊的第四个儿子,其形象为"骨瘦如柴、力大无穷",是当时的第一条好汉。史实中,李渊与窦夫人生有四个儿子:长子建成、次子世民、三子玄霸、四子元吉,其中的三子李玄霸早夭,这就为《说唐》的创作者提供了空间,将其塑造成大英雄形象,帮助父亲夺得天下之后,竟然将手中双锤抛到空中,待锤落下将自己砸死。

至于那些历史中确实有的人物,小说中也往往张冠李戴,随意敷演。以书中人物秦叔宝为例,他本是李世民手下的一名降将,此后忠于李世民屡立战功,贞观初年因伤病加剧逝去。

小说中极力渲染秦叔宝的忠义行为,让他救护李渊一家,成为皇家恩人,是《说唐》前半部的事实主角,并以他为线索串联天下英雄行仁义之举,形成了堪与关公媲美的忠义英雄形象。这样,史实中一位武将升格成为形象丰满的忠义之神,山东秦叔宝的大名遂轰传后世,"秦琼卖马""走马取金堤"等故事妇孺皆知,可见文学之功。

  小说的故事背景是隋末群雄逐鹿的场面,书中喻为"一十八家反王,六十四处烟尘",此后李渊父子削平群雄建立大唐,这与史实是大致相同的。但小说以英雄武功高低来定天下,就失于简单偏颇,除了增加故事趣味性夺人眼球之外,对增加历史知识无补。历史小说创作在评论界一直纠结于虚实多寡问题,《说唐》无疑是一部优秀的历史小说,它的目的就在于愉悦读者,至于史实如何不用考虑,这也说明靠读历史小说来获得历史知识,实在无解。

  《说唐》中刻意渲染个人英雄能力,排定了英雄谱,还有炫目的兵器。试举数名好汉为例:第一条好汉李元霸,兵器为800斤重的两柄铁锤;第二条好汉宇文成都,兵器为400斤重的鎏金镋;第七条好汉罗成,兵器为240斤重的丈八滚云枪;第十六条好汉秦琼,兵器为虎头枪、金装锏;第十七条好汉尉迟敬德,兵器为龟背托龙枪、雌雄双鞭;第十八条好汉单雄信,兵器为金顶枣阳槊。

  某位好汉出场,总有一番描写,如李元霸与宇文成都对阵的场面:"只见左队旗开处,闪出宇文成都,头戴一顶双凤金盔,身穿一件锁子黄金甲,坐下一匹黄色千里马,使一根四百斤重的鎏金镋……李元霸头戴一顶束发乌金冠,两根短翅雉毛,身穿一副冰铁穿成宝甲,坐下一匹追风白点万里龙驹马,手执两柄八百斤重的铁锤。"

  按照小说中的描写,两军对阵之时,由双方战将先行单挑,胜者随后招呼身后将士掩杀,由此大胜。这种出战方式成为《说唐》战争场面的通用模式。

  事实上,《说唐》因为脱略于话本,说书人为了渲染现场气氛,往往会夸大、神化人物和器物,并增加格斗的观赏性,试想想,一个骨瘦如柴的李元霸,何以拿得起800斤重的铁锤,且能舞动如风呢?这明显违背常理。

  隋末唐初,人们常用的趁手兵器依旧是剑、槊(长枪)、刀、箭等物,那些看似花哨的兵器,使用时未必趁手。至于对阵之时,既非双方主将捉对厮杀,亦非当今影视上两军在平地上对攻(此为古代西方战争的战法),因为到了唐初,聪明的中国人,早就明白利用地势、关隘、城池与敌相持,从而占领战略要地达到控制地盘的目的。

  杜佑的《通典》之中,用15卷的篇幅写兵事,其中多引用李靖所著的《卫公李靖兵法》条目。从中可以看出,兵法发展到了李靖时,作战系统已经相当完备,打仗须依实力、谋略、地形诸条件取胜,绝非如《说唐》中仅凭个人气力定战争胜败的简单招式。

  唐太宗在指挥唐初几场关键战役中,依靠谋略,或坚壁挫锐,或围城攻坚,或分兵相持,最后把握战机给予敌方雷霆一击。秦叔宝、程咬金和尉迟敬德等武将更多地充当了临阵部将的角色,他们指挥所属兵士完成李世民的指令,个人的勇力在战争中的作用微乎其微。

《三国演义》的作者维护汉朝正统地位,写作时扬蜀抑魏,曹操"奸雄"的形象由此深入民心。《说唐》的作者已不可考,若其成书基础来自于说唱艺术,那么其作者就为数众多。读罢《说唐》,可以看出作者赞同去隋兴唐,并塑造出一个无瑕疵的李世民形象,这与正史记载大致相同,反映了当时的民心所向,而溢美之词更甚于正史。

以《说唐》第六十八回为例,作者肯定知道"玄武门之变"系李世民发动,其杀兄戮弟逼父的行为毕竟不美,于是施展"隐恶"大法,将"玄武门之变"说成是李建成和李元吉下毒相逼的结果,再套用赵匡胤"陈桥兵变"的故事,让众武将挟持李世民"顶冠、披袍、束带"来到玄武门,然后让尉迟恭和程咬金杀掉李建成,再让秦叔宝将李元吉打成两半,李渊也惊悸而死,李世民就在众人的拥戴中被动地成为皇帝。

李世民的丰功伟绩被后人敬仰拥戴,人们爱屋及乌试图替伟人隐恶,此基于人们求全心理,本无可厚非。事实上,李世民也知道自己杀兄逼父(李建成系其亲手射杀)的行为谈不上光明,遂授意史官竭力拔高自己,并将父兄抹黑成享乐无能的形象。如《旧唐书》《新唐书》这些官修的正史皆说李世民是太原起义的主谋,然作为大将军府记室参军的温大雅,忠实地将自己的所观所听辑成《大唐创业起居注》,从中可以看到,李渊实为太原起义的运筹者,而李建成也能文能武,还是他率领的队伍最早攻破长安城。由此看来,"玄武门之变"就是一起宫廷夺权流血事件而已,李世民能够取得胜利,在于他比李建成更善谋划,更加残酷且抢得先机,没有任何正义可言。

《说唐》堪称为平民的隋唐英雄谱,其将隋末波澜壮阔的群雄逐鹿,用十八条好汉的活动作为这段历史的主体,塑造了一群武艺超群的好汉并为之编织出动人心魄的英雄故事。凡读过《说唐》之人,莫不津津乐道隋唐的十八条好汉,年少者且以熟记自第一条好汉至第十八条好汉的姓名、身份、兵器而炫耀。

小说具有浓郁的话本特色,语言典雅又蕴藉酣畅淋漓的平民白语,其中又以程咬金俗不可耐、粗野不堪的语言最为鲜明。小说以戏谑的笔法,写了程咬金充满戏谑情趣的人生,堪称全书的戏胆。如程咬金逢赦,禁子来催被打,他骂道:"入娘贼的,你们要爷爷出去,须要请爷爷吃酒,吃得醉饱方肯甘休。"显示了他无赖的秉性;为显义气,大声当众承认自己是劫王杠之人,并说"不妨,我是初犯,就到官也无甚人事",又显示了他的天真烂漫。

自清初以来,《说唐》就深深根植于大众庶民的口碑中,集传奇性和趣味性为一体,成为通俗文学的优秀作品,彰显着持久魅力。(本节改编自赵扬《〈说唐〉正源》)

※ ※ ※

我们需要看到,通俗文学长期受到学究文人的蔑视和轻慢,斥之为"粗犷鄙俚,实不足道"。然而流传至今的古代经典,却有许多是通俗作品。正如郑振铎在《中国通俗文学史》中所说:"'俗文学'的第一个特质是大众的,她是出生于民间,为民众所写作,且为民众而生存的。"只有真正触及民众心灵,为人民群众所喜爱,才是真正的文学作品,才有永恒的生命力。

 思考题

★ 水泊梁山起义为什么是一个失败的结局?

★《三国演义》在艺术上有哪些缺憾?

★《西游记》为什么让一只猴子做主角?

★ 怎样评价《说唐》?

第 7 讲

名著导读：文人小说

> **【提要】** 士人的主动介入，是中国古典小说发展史上的重要事件。士人用自己的眼光和心灵去观察、体验社会生活，并且用自己的价值观来进行评判，创作出在当时就已产生极大社会效应的作品。透过这些作品，我们能看到作家的真诚、勇气、痛苦和愤慨。文人小说所展现的现实的昏聩、灵魂的煎熬和对理想的憧憬，真实地记录了士人的心路历程，具有东方文化的独特魅力，为后世留下了宝贵的精神财富。

当代人理解的"小说"，它的概念最初是班固在《汉书》的《艺文志》中界定的。

为此，班固说了一段长长的话："小说家者流，盖出于稗官。街谈巷语，道听途说者之所造也。孔子曰：'虽小道，必有可观者焉。致远恐泥，是以君子弗为。'然亦弗灭也。闾里小知者之所及，亦使缀而不忘，或如一言可采，此亦刍荛狂夫之议也。"他将不能归于儒、道等家的作品统统归于"小说"。

我们可以看到，"小说"最初是一个带有贬义色彩的文化术语。但是，这种文体一旦出现，便顽强生长，在众多士人的参与之下，终于在明清之时蔚为大观，成为中华文学极具代表性的一种形式。

《金瓶梅》是怎样"审丑"的？

我们来介绍一部非常有名，不过大家却不是很熟悉的名著：《金瓶梅》。

这部名著写了些什么呢？

西门庆原是个破落财主、生药铺老板。他善于夤缘钻营，巴结权贵，在县里包揽讼事，交通官吏,知县知府都和他往来。他不择手段地巧取豪夺,聚敛财富,荒淫好色,无恶不作。他抢夺寡妇财产,诱骗结义兄弟的妻子,霸占民间少女,谋杀姘妇的丈夫。为了满足贪得无厌的享乐欲望,他干尽伤天害理的事情。但由于有官府做靠山,特别是攀结上了当朝宰相蔡京并拜其为义父,这就使他不仅没有遭到应有的惩罚,而且左右逢源,步步高升。

《金瓶梅》借《水浒传》中武松杀嫂一段故事为引子,作品本身和《水浒传》没太多的关系。《金瓶梅》这个书名,是从小说中西门庆的三个妾和宠婢潘金莲、李瓶儿、庞春梅的名字中各取一字而成。也有人认为,实际上有更深一层涵义,即"金"代表金钱,"瓶"代表酒,"梅"代表女色。《金瓶梅》通过对兼有官僚、恶霸、富商三种身份的封建时代市侩势力的代表人物西门庆及其家庭罪恶生活的描述,体现当时民间生活的面貌。描绘了一个上至朝廷内擅权专政的太师,下至地方官僚恶霸乃至市井间的地痞、流氓、宦官、帮闲所构成的鬼蜮世界。

这种小说题材有一个专门的称呼:世情小说,意思是以世态人情为描写内容的小说。这种题材古代就有,不过篇幅都很短;作为长篇的世情小说,《金瓶梅》是第一部。

在经历了明代开国以来一百多年的安定发展后,社会渐趋富足,特别是手工业与城市商业的繁荣使市民阶层迅速扩大,商人雄厚的经济实力、奢侈糜费的生活方式引起人们的注目与羡慕,乃至逐渐成为一种风尚。于是富家子弟文人化,文人又市民化,如此交互作用,就逐渐改变了文学作品的面貌。而嘉靖、隆庆、万历又是一个特别荒淫黑暗的朝代。这些皇帝或刚愎恣肆、或昏庸疲懒、或骄奢淫逸,以致天子失政、朝纲混乱,鬻官卖爵、贿赂公行。社会风气穷奢极欲,腐朽败坏。皇帝群臣以崇尚炼丹追求长生为时尚,以无所顾忌叙说床笫为乐。《金瓶梅》就是在这种"世情"下诞生的小说。

《金瓶梅》在封建时代历来被视为淫书,遭到查禁。作品早期在地下流传,很少有史料记录,给今天的读者留下许多千古之谜。根据前人记载与书中内证,《金瓶梅》的创作年代大致可确定为明代嘉靖、万历年间(16世纪中后期),而《金瓶梅》的作者,至今仍众说纷纭,莫衷一是。迄今为止,《金瓶梅》作者的候选人已逾30个,这是个庞大的数字,在世界文学史上也堪称一绝。

这么多候选人中,有南方人也有北方人,有高官也有布衣。他们的身份、地位、修养、品性各不相同,情况很复杂。目前还没有一种说法为学术界公认。从清初到近代,影响最大的是王世贞说。王世贞为明代嘉靖年间著名文人。据说他的父亲被严世藩害死,因为严世藩好读淫秽故事,王世贞就创作了《金瓶梅》送给他,并在每页下角染上毒药,严世藩读书时,习惯以手指沾唾液翻书,中毒而死。这种说法,已基本被现代人否定。

可以说,《金瓶梅》作者之争,还要持续相当长的时间,也可能为史料所限,成为永久之谜了。可以大致确定的是:首先,《金瓶梅》的创作者(或写定者)生活于明嘉靖、万历年间。其次,作者长期生活于山东,并熟悉山东方言。第三,作者可能做过高官,又被罢官,经历过一番患难穷愁。最后,作者对民间文学、尤其对明代剧曲非常熟悉。至于《金瓶梅》的作者究竟是谁,只有留待后来的研究了。

这本书,不太适合大众阅读,因为它有一个独特之处——审丑。

一般小说,都是"审美"的。不过,生活中既然有美,就应该有丑。丑普遍存在于自然、社会和艺术领域,是一种特殊的审美对象,它唤起人们一种否定性的审美体验。"审丑"正是人类心智成熟时期,对自身活动结果进行审美的有益补充。缘于此,人们就不能拒绝丑恶,更不能没有"审丑"。当然,"审丑"也绝不是为了求异,为了寻求刺激,"审丑"的终极目的与审美的终极目标是一致的,追求的同样是真、善、美。一个社会,任凭"审丑"泛滥成灾,怎么说都是一件非常可怕的事情。

因为是审丑,所以书里面向读者展现的,都是社会丑恶的一面。

我们拿潘金莲来说。潘金莲在西门庆的妻妾中是一个最重要的人物,也是《金瓶梅》中第一层面的主人公。作为文学典型,她作为淫妇而被钉在文学殿堂的耻辱柱上。她的性格特征是淫与妒。其淫,对丈夫,固邀专宠;而当西门庆冷淡于她,不能满足她的贪欲,她便与书童私通,与女婿成奸,最后昏了头,竟然渴望能得到以前想得到而未能如愿以偿的武松,最后死于武松的刀下。妒与淫是形与影,在潘金莲的身上是难于分开的。淫导致妒,妒是邀淫的手段。她妒李瓶儿,因为李瓶儿有儿子官哥儿而有了高于她的筹码;于是,她精心设计吓死了官哥儿。她妒宋蕙莲,因为宋蕙莲分去了她想霸住的专宠;于是,她挑唆西门庆通过夏提刑迫害宋蕙莲的丈夫来旺儿;挑唆孙雪娥责骂宋蕙莲。她是一个人性异化的、人格堕落的女人。从潘金莲身上主要折射出封建末世的道德沦丧、人性泯灭。

在整部小说中,几乎没有一个正面人物;即使是正面人物,而又不让他有好的结果。因此,给予读者的感受是压抑,是沉闷,看不到一点亮色。虽然,这把解剖刀是犀利的,但社会的本来面目未必如此。这本书给正在成长中的青少年,给缺少一定的理性思考能力的人阅读是不适宜的。

《金瓶梅》在中国文学史上有着不容忽略的成就与地位。

《金瓶梅》的出现,使得中国长篇小说的题材类别趋于完备。从《三国演义》《水浒传》《西游记》到《金瓶梅》,递次是历史小说、英雄小说、神魔小说和世情小说。中国的古代长篇小说基本上是这四类,此后的长篇小说题材虽然偶有嬗变,仅是四种类别间的分拆组合。

从这本书面世以后,作家们开始近距离观照身旁的生活,市井细民、才子佳人开始成为长篇小说的主体。《玉娇梨》《平山冷燕》《醒世姻缘传》《海上花列传》《红楼梦》相继问世。《儒林外史》《官场现形记》也是《金瓶梅》的流变。从这个角度看,《金瓶梅》对世情类的长篇小说的首创之功，无论作怎样的肯定，都是不过分的。自然，《金瓶梅》对淫邪的言情小说的泛滥，也起到了推波助澜的影响。不过，这是次要的。

还有一点。长篇小说的创作从《金瓶梅》开始，进入了文人独立创作的时代。此前的三部长篇小说都有民间流传与话本转辗时期。从文学创作者的主体说，文学创作是个人的创造性的劳动，这一转变正是从《金瓶梅》的诞生而完成的。这一重大意义也不容低估。

文人创作对小说人物形象的丰富，会有着重要作用。在《金瓶梅》之前，《三国演义》的人物，出场定型，以致忠而似伪，智而近妖。既少变化，又欠真实。《水浒传》的人物，梁山各位英雄，倒是性格各异，不过每位英雄的性格也缺少变化。当然，《西游记》作为神话小说，其中人物与现实有些距离，我们不做讨论。

《金瓶梅》就不是这样了。

西门庆是一个坏得不能再坏的人。不过，他既溺于肉欲，也有真情。李瓶儿死了，潘道士吩咐不能去李瓶儿的房间，他还是去了，且抚尸痛哭：宁可教我西门庆死了罢！我也不久于人世了，平白活着做什么？这确是他真情流露。他果然贪财聚财，但并不吝财，乃至仗义疏财。他给常时节12两银子救急，还为他付35两房钱，另给15两开小本铺儿。甚至还有捐钱修庙、印经的善举。这就使得既恶贯满盈，又呼风唤雨的西门庆愈加真实可信。——这才是一个真实的人。

《聊斋志异》是如何写出来的？

明崇祯十三年（1640年），山东淄川蒲家庄的一位商人蒲槃的第三个儿子出生了，他为这个儿子取名松龄。蒲槃本人自幼饱读诗书，却终身只是童生，弃儒从商后只得把出庠入泮的期望寄托在子侄一辈的身上。蒲松龄自小天性聪慧，阅读经史过目不忘，于是尤得父亲钟爱。

顺治十五年（1658年），19岁的蒲松龄初应童试，取县、府、道三个第一，一时间风光无限。但蒲松龄的这次"初战大捷"，其实是带有几分偶然因素的。考试中，蒲松龄用八股文的格式，写出了近乎记叙体的文章。如此新颖的答卷让时为山东学政的文学大家施闰章眼前一亮，于是擢为第一。然而，明清两代的科举考试其实是有相当严格的应试要求的，施闰章所青睐的这种特立独行的文章却未必是其他考官喜欢的。因此这次显得太过顺利的童子试，实际上给蒲松龄接下来的"屡试不第"埋下了"不幸"的种子。从此以后，他每科必考，却屡屡名落孙山。这对自负有才不凡的蒲松龄来说是巨大的打击。尤其是康熙二十六年（1687年），他到济南参加乡试，拿到试题，文思如涌，写得兴奋竟跳过一幅，留下一页空白。按科举考试规定，这叫"越幅"，与试卷题字错落、真草不全、涂抹污染一样算作弊，张榜除名。

才名满齐鲁的蒲松龄被勒令退场,脸面丢尽。

尽管如此,蒲松龄仍不放弃,依然坚持参加科举考试,但总是与成功失之交臂。他后来留下的诗句"龙门御李真欺我,世上何人解怜才",便是抒发了在科考路上屡战屡败的郁闷与不为人赏识的沉痛心情。

康熙五十年(1711年),71岁的蒲松龄终于循例得贡生。从19岁到71岁,这50多年,他一直处于像周进、范进发达以前那样的悲苦的困境之中。他是富有才学的,却一辈子考不上去,其中的辛酸痛苦哥见一斑。

康熙九年(1670年)秋,此时仍在科举之路上奔波的蒲松龄为了全家的生计,也为了开阔眼界,应聘于同邑进士、江苏宝应县令孙蕙,南下宝应县署作幕宾,帮助办理文牍事宜。蒲松龄代孙蕙一共拟写文书稿件90余篇,大都体现了州县官吏的艰辛与灾区的惨状、百姓的困苦,为孙蕙赢得了一定的政治声望。

南游期间蒲松龄领略苏北水乡的秀丽风光,文学创作热情大大被激发,同时目睹了仕途险恶、社会黑暗以及处于水深火热中的灾民惨状,这些都为其后的文学创作提供了更深更广的生活感受。

此后,连年科举无望,难达青云之志,中年的蒲松龄穷困潦倒,身负重担,在人生道路上艰难挣扎。

康熙十八年(1679年),已届不惑的蒲松龄应同邑毕家聘请,前往设帐就馆。

毕家在明末就是名门望族。毕际有之父叫毕自严,号"白阳",官至户部尚书,故称"白阳尚书",其弟毕自肃也是进士出身,官至御史。毕家算得上是书香门第了。毕际有好风雅,为人大方宽厚,令蒲松龄赞赏不已。而且这份工作既解了他的燃眉之急,又没有让他完全远离科场,无论如何保留了一线希望。蒲松龄来到毕家后教毕家子弟读"四书""五经",学制艺文,教"事亲敬长之节,威仪进退之文"。蒲松龄一直与毕家相处融洽,担任塾师长达30余年。

蒲松龄的科举梦想虽然蹉跎,而其著述之心却始终未泯。他从年轻时即着手创作的《聊斋志异》,一直断断续续未能结集。去到毕家之后生活条件得到改善,创作的进程也加快了。蒲松龄白天教学生读书,夜晚则挑灯夜读、辛勤写作。毕家有座"万卷楼",经史子集无所不有,令他惊喜赞叹道:"书充栋,凭君剪。"与此同时,毕际有为他修改《聊斋志异》提供了方便,帮助他搜罗素材,还亲自撰写一些篇目。蒲松龄一直很感激他的知遇之恩。毕际有去世时,蒲松龄写下《哭毕刺史》10首,其中"海内更谁容我放?泉台无路望人归"的诗句,表达了他痛失知己的心境。

命运多舛的蒲松龄没能在仕途上成就功名,却在科举之外走出了另一条路,留下了"专集之最有名者"——《聊斋志异》。

《聊斋志异》中所收录故事的原型多采自民间传说和野史轶闻，蒲松龄将花妖狐魅和幽冥世界的事物人格化、社会化，从不同的角度反映了现实生活中复杂多变的人情世态，也暴露了许多当时的社会问题与社会风气。

其中，有如《公孙九娘》《鬼隶》《野狗》等，揭露封建统治阶级对人民的野蛮屠杀、掳掠、压迫的故事；也有如《连城》等歌颂美好爱情的故事；还有如《画皮》等通过谈鬼说狐传达生活哲理的故事；以及对于蒲松龄而言感触最为深刻的，或揭露主考官表里不一的伪善本质，或讽刺主考官贤愚不辨、优劣不分的荒唐行为，或批判科举制度对万千学子的毒害，使他们丧失人性、道德败坏，猛烈抨击封建科举制度的弊端的故事。

其中，《叶生》对于蒲松龄的意义尤为特别。故事主人公叶生的经历和蒲松龄本人几乎如出一辙，又有所映射。这个故事说的是淮阳有个读书人叫叶生，他的文章辞赋，在当时没有人能比得上，但他遇到的事情都不顺心，科举考试连连失利。后来他受到县令丁乘鹤的欣赏和夸奖，二人成为了文章知己。但叶生在乡试中依然没有考取到功名，终于病倒死去。叶生不知道自己已经死去，他的魂魄追随丁乘鹤而去，教导丁乘鹤的儿子文章辞赋，使得他连中三元，考中了进士。叶生没有实现的理想由他的学生来完成，同时也报答了丁乘鹤的知遇之恩。后来丁乘鹤劝叶生去参加乡试，叶生感叹自己并不是文章作得不好，实在是自己的命运不好，心中感慨万千。

最终，叶生在丁乘鹤父子的帮助下考中了举人，然而当他衣锦还乡，回到家中，准备给妻子儿子一个惊喜的时候，妻子却吓坏了，因为他早已是死去多时的人了。叶生在家中见到自己的灵柩，扑在地上瞬间消失了。

"己所难措，假手于人。"于叶生，这也许是命运开的一个小玩笑，可这也是他人生的另一种圆满。纵观蒲松龄的人生轨迹，何尝不是如此？《叶生》中，叶生将满腹学识授予丁乘鹤之子，使其得中进士；现实中屡试不第的落魄书生蒲松龄将横溢才华倾注于《聊斋志异》，成全了另一个流传千古的大文学家蒲松龄。回观叶生与蒲松龄，同样的少年得志，同样的屡试不中，同样身为教书先生。蒲松龄将自己坎坷的人生遭际假借叶生之口诉说，冯镇峦曾评点说"余谓此篇（《叶生》）即聊斋自作小传，故言之痛心"。

蒲松龄的座右铭是："有志者，事竟成，破釜沉舟，百二秦关终属楚。苦心人，天不负，卧薪尝胆，三千越甲可吞吴。"幸而蒲松龄在科举之外，走出了一条不同寻常的文学之路。《聊斋志异》就是蒲松龄人生经历的"触时感事""以劝以惩"的孤愤宣言，是他"落拓名场五十秋，不成一事雪盈头"的遗憾写照，更是他敢于直面现实的勇气和希望。

鲁迅为何推崇《儒林外史》？

接下来，我们来介绍《儒林外史》。

大家现在看到的《儒林外史》，可能是一个未完成稿。为什么呢？这得从它的作者吴敬梓说起。

吴敬梓出身于大官僚大地主家庭。吴家在明清之际曾有五十年光景的"家门鼎盛"时期。他们一家有进士、举人等功名以及出仕的官员十四五人，贡生、秀才之类还不计在内。但到了吴敬梓的父辈，就开始衰落了。

吴敬梓的父亲吴雯延，只是一个秀才，他是三个儿子中最小的一个。因为长兄吴霖起无后，吴雯延把吴敬梓过继给了他。吴霖起是康熙丙寅年（1686年）的拔贡（清朝制度，由地方向中央保送，经过朝考合格，可以充任京官、知县或教职），后来做了江苏赣榆县的教谕。吴雯延因为得罪上司而丢官，郁郁而终。

而就在这一年，23岁的吴敬梓考取了秀才。但后来多次赴乡试，却屡试不第。29岁最后一次乡试名落孙山，他已经看透了科举制度的黑暗与腐败，就决心不再赴考了。

吴霖起去世后，吴敬梓独撑门户，族人欺他是继子，蓄意侵夺他的财产，引起了他的极大愤慨和厌恶。同时，他也从亲族身上深切体验到人情的虚伪和世态的炎凉。他把对现实的反抗用极端的形式表现出来：族人视财如命，他就挥金如土；族人虚伪狡诈，他就放诞任性。友人曾说他："迩来愤激恣豪侈，千金一掷买醉酣。""去年卖田今卖宅，长老苦口讥喃喃。"而吴敬梓则以为"男儿快意贫亦好"。表面上，他成了放浪子弟，"乡里传为子弟戒"。

33岁那年，吴敬梓怀着决绝的心情，毅然离开家乡，移居南京。生计更为艰难，他只得靠卖文、卖书、典当生活，有时甚至断炊挨饿。冬夜无火御寒，他就邀几个穷朋友绕城走数十里，谓之"暖足"。

乾隆元年（1736年），也就是他36岁的时候，安徽巡抚赵国麟曾推荐他去北京应博学鸿词科，但他只参加了省里的预试，还是看不惯"考官"们那一张张难看的嘴脸，就托病辞去了征辟，甘愿继续过他素约贫困的生活。

也就是在这一年，吴敬梓开始创作《儒林外史》。由富转贫的生活经历，让他饱尝了世态炎凉，对现实也就有了比较清醒的认识。吴敬梓写《儒林外史》，就是以他自己耳闻目睹的第一手资料为基础，再加上道听途说的间接素材综合发挥写成的。书中所表现的，正是吴敬梓半生的所历所见所知所闻，寄托了他看重人品文行、鄙视功名富贵的高尚情操。

乾隆十九年（1754年），吴敬梓54岁。资料上说，他在这一天，白天还好好儿的，还在船上和客人聊天呢，当天夜里就"无疾而终"了。当年医疗不发达，缺乏正确的诊断结论。大概是脑溢血或心肌梗死之类的突发病,发病的时候,身边没人,于是撒手人寰了。

在吴敬梓去世之前,稿子已经基本完成。但还只是一个框架,最多不过是个初稿,还需要补充修改。可是突然的变故,亲自修改终于成了不可能。他死之后,表侄金兆燕整理他的遗稿,金兆燕没有能力,可能也没有兴趣,不能帮助吴敬梓把未完成稿增补成"全稿",只能以现在这样的样子"勉强"问世了。

这部长篇小说在结构上有些特别。全书没有贯穿始终的人物和线索,似乎有许多各不相干的中短篇故事连缀组成。这叫"中短篇连缀成长篇"的结构。

小说前后跨越100多年,有名有姓的人物170多个。他们的职业各种各样,儒林中人、上下官吏、医卜星相、娼妓窃盗、农工兵商、市井小民,几乎无所不包。地域北到北京、南到广州、西到四川、东到大海。作家企图以小说的形式,反映时间如此之长、空间如此之广的丰富生活,反映广泛的社会世相,一般的长篇小说结构是难以奏效的,于是吴敬梓采取了这种"虽云长篇,颇同短制",或称"连环短篇"的独特形式。这是把《水浒传》的"连环传记体",与短篇小说片断传神的特点相结合而创造的新形式,也是实现作家创作目的的最佳形式。其中各色各样的人生世相都被反映在作品中,如儒林丑态、名士风流、官僚跋扈、小市民的势利等,无所不备。这些故事彼此相对独立,主次分明,又前后勾连,有一定联系。

如果仔细琢磨会发现:实际上,全书有一条极为明确的思想线索,把这些繁富复杂的故事统摄起来,构成一部结构严谨的作品,以达到更广阔地反映社会人生世相的目的。什么样的思想线索呢?就是科举制度的社会危害。所以,作品主要写的是"儒林",也就是那些士林阶层的事。在中国的古代,所谓的士林,既是知识分子的世界,也即是官场。这是部批判知识分子的书,也可以说是一部揭露官场昏晦的书。

比之我国其他几部古典名著,《儒林外史》流传的范围相对来说是比较狭窄的。因为它描写的主要是封建文人的生活,一般人比较隔膜,而作品本身既没有传奇故事,又没有缠绵的爱情。因此,一般人兴趣不大。

不过,《儒林外史》依旧是伟大的。我们说《儒林外史》伟大,一是刚才所说的,它是"中短篇连缀成长篇"结构的创始者;二是,它是"中国第一部讽刺小说",是讽刺小说的"开山祖师"——这也是《儒林外史》最大的艺术成就。

看过《儒林外史》的人,会记住其中很多细节描写,例如范进。范进中举前,饱尝了人生的辛酸苦楚。50多岁仅是个童生,家中穷苦不堪,12月的天气还穿着单衣服,"冻得直发抖"。由于主试官的抬举,应试及第。他喜不自胜出现了癫狂状态。在恢复过来后,他的岳丈胡屠户由从前的对他不屑一顾变为阿谀奉承;同县的"名流"也纷纷巴结。这个人物形象,揭示了科举制度的危害、封建官场的黑暗和社会人性的扭曲,让人读后难忘。

又如，严监生临死，迟迟不能咽气，老伸着两个指头，众人猜来猜去，都猜不透是什么意思，最后他妻子说："爷，只有我能知道你的心事，你是为那盏灯里点的是两茎灯草，不放心，恐费了油。我如今挑掉一茎就是了。"他妻子忙去挑掉一茎，"众人看严监生时，点一点头，把手垂下，登时就没了气"。

这一细节出人意料，却又在情理之中，收到了很好的艺术效果。若用平常细节来表现，决不会给人如此深刻的印象。现在，只要一提到严监生，一提到吝啬鬼，我们马上就想到"两茎灯草"。这细节何等有力。

鲁迅就对《儒林外史》倍加推崇。他不仅对《儒林外史》有独特的见解，在杂文中也经常引用《儒林外史》的有关故事。他的代表作之一《阿Q正传》中的一些讽刺性片断，尤其是他的"无一贬词，而情伪毕露"的含蓄风格，很大程度上得益于《儒林外史》。

所以，"中国第一部讽刺小说"和"中短篇连缀成长篇"结构的创始者，这两条奠定了《儒林外史》在中国传统文学中无法取代的地位。

到了清朝末年，人们读《儒林外史》，再联系当时的社会现实，发出了这样的评价："慎勿读《儒林外史》，读之乃觉身世应酬之间，无往而非《儒林外史》。"《儒林外史》对人情世相的犀利解剖和卓越描绘，那高超的讽刺笔法，直接启发了晚清谴责小说，成为本世纪初影响最大的小说派别。当时几部最著名的作品，如《官场现形记》《文明小史》《二十年目睹之怪现状》《老残游记》《孽海花》等，无论思想上还是艺术上，无不受《儒林外史》的影响。

新文学运动兴起后，中国旧文学几乎都被否定，只有极少数几部古典小说大受推崇，《儒林外史》就是其中之一。鲁迅等作家深受其启发。后来，钱锺书写《围城》也是深受此影响，这部曾在20世纪轰动一时的作品，也是钱锺书的代表作，刻画了一大批知识分子形象，用讽刺的笔法，剖析了这群人的个性与道德上的弱点，揭示了他们的精神困境。这本书无论在作品结构，还是艺术特色，都能找到《儒林外史》的影子。所以人们说，《围城》是"现代版《儒林外史》"。

客观地说，在所有古典小说中，《儒林外史》对现代小说的影响是首屈一指的。

《红楼梦》有哪些谜团？

接下来，我们来说说《红楼梦》。

当你第一次接触到《红楼梦》这部举世闻名的文学巨著时，自然会产生一些问题：这部书是谁写的？他为什么要写这部书？书中都写了些什么人？什么事？这些人后来怎么样了……

有些疑问大家读了书就会涣然冰释。可是《红楼梦》背景复杂，内容博大，它所描述的社会与生活距今天的时代较远,加上原作者曹雪芹没能把书写完,留下许多悬念。200多年来,耗费了许许多多研究者的心血,仍不能把这些问题搞得清清爽爽,以至于研究《红楼梦》成了一门专门的学问——红学。

这个"红学"有两层含义。一是说,它是研究《红楼梦》的学问。二是指,它是文学界最"红"的一门学问。

其实《红楼梦》写的是一个大家族。这个家族的祖先曾随皇帝出过兵,兄弟二人都受封国公爵位。哥哥贾演封宁国公,弟弟贾源封荣国公,两家府第相连,这就是宁国府和荣国府。到《红楼梦》开篇时,第一代人贾演、贾源早已作古,第二代人贾代化、贾代善也已过世,只有贾代善的妻子史老太君(即贾母)还在。在宁荣二府众多的人物中,贾母的辈分最高。《红楼梦》围绕着第三代、第四代和第五代人展开。贾宝玉是第四代人。

贾宝玉是那一时代面目全新的文学形象,也是曹雪芹着力最多、寄托最深的人物。由于贾母的溺爱,他得以逃避过早地接受封建主义的教育,长期在内帏厮混,使他避免卷入尔虞我诈、勾心斗角的利害之争,所以在他身上保持了人性中较为美好的成分,而贾政的近乎迫害的教育方式,又使他本能地产生反抗。于是他憎恶"仕途经济",讨厌与士大夫峨冠礼服往来,把八股时文称作"饵名钓禄之阶",而对他身边那些地位比他低下的底层女子,却寄予深厚的同情,他也在这女性的温柔中得到理解和爱护,所以他说:"女儿是水做的骨肉,男人是泥做的骨肉,我见了女儿便清爽,见了男子便觉浊臭逼人。"

贾宝玉和林黛玉的爱情也超出了"才子佳人"的模式。贾宝玉不是才富八斗、金榜题名的状元郎,而是蔑视功名利禄、"于国于家无望"的情痴。林黛玉爱贾宝玉只是为了自己的心,从不曾劝贾宝玉去求什么功名利禄。正是在超脱了世俗偏见的共同理解的基础上,宝黛之间建立起相互爱慕高于其他一切的纯真爱情。这种爱情支持贾宝玉在冲破封建思想束缚的路上走得更远,爱情的毁灭使他割断了同封建家族的最后联系。贾宝玉最终弃世出家了,他对这个世界的彻底绝望实际上表达了曹雪芹对当时社会的无情否定。

《红楼梦》里一共出现了400多位人物。曹雪芹令人叹赏的艺术功力不止在于他塑造出这么多栩栩如生的文学形象,还在于他把这群人物有机地组合在一起,成为共生态的人物群体。

在《红楼梦》之前,中国文学史上已出现过许多成功的文学形象,但这些人物多是单线的,往往一个人物的主要行为告一段落才出现下一个人物。《红楼梦》则用日常生活细节这张网把众多人物组织在同一画面上,谁该做什么都预留地步,既不因小失大,让细节遮蔽了人物,又不一枝独秀,使人物脱离环境与背景。以往的人物多从历史中攫取原型,塑造人物时不免加上创作者人为的取舍与加工,带有概念化或类型化的斧凿痕迹。

《红楼梦》则面向现实生活,现实约束了曹雪芹,也成就了曹雪芹,使《红楼梦》成为中国文学史上空前的(到目前为止还是绝后的)现实主义的文学巨著。

《红楼梦》正面描写的只是一个贵族家庭的衰落,但是它反映的却是整个社会的本质。中国封建社会步履蹒跚,走过了两千多个年头,到《红楼梦》诞生的年月,它已经走到末期。腐朽的封建社会结构处在全面崩解的前夕,虽经满清开国几代君主励精图治,"外面的架子虽未甚倒,内囊却也尽上来了"。统治阶层中"安富尊荣者尽多,运筹谋划者无一",他们的子弟早已磨尽了祖辈的筋力和锐气,"竟一代不如一代了"。那一时代的人似乎已经感到朽屋将颓的不可挽回的历史结局,于是恣意享乐,如同世界末日到来前的疯狂纵欲,另一些人则为这纵情的享乐付出更多的血泪。

这种腐朽是整个社会制度的彻底朽败,连同寄附在这制度上的人,所以在我们回头审视这段历史时,甚至难以确定应由哪一个或哪一些人来承担责任,封建社会几乎是在那一时代生存者共同的叹息声中走向崩溃的。曹雪芹感受到了这种无可奈何的彻底朽败,并形诸笔墨,用贾府这面透镜把它表现出来,于是产生了不朽名著《红楼梦》。

曹雪芹能够真实深刻地通过宁荣二府的兴衰表现那一时代的本质,跟他的家庭和他本人的经历有密切关系。

曹雪芹的祖先本是居住在关外辽阳(一说铁岭)的汉人,在满清军事贵族同明王朝争夺关外统治权的战争中被俘,后编入满洲正白旗,并随清军入关。曹家祖先虽然只是内务府的包衣(家奴),但由于直属皇帝统辖,"从龙入关",渐渐地有了"出身"。特别是曹雪芹的曾祖母孙氏被选中做了康熙的乳母,祖父曹寅少年时又被选入宫中陪伴康熙读书,曹家同满清王朝的最高统治者建立起密切的私人关系。

从曹雪芹曾祖曹玺起,曹家三代连任江宁(今江苏南京)织造近70年。江宁织造官阶并不高,只是内务府派驻南京管理皇室织造事务的代表(另外还有苏州织造和杭州织造),但是由于曹家和康熙皇帝的特殊关系,经常向皇帝直接报告江南民生吏治的情况,甚至地方行政长官的奏折有时还得附在曹寅的奏折内呈进。康熙皇帝南巡,四次以织造署作为行宫(皇帝外出时临时住宿的地方),住在曹家。曹家为接驾,"把银子都花的淌海水似的"。

但是这种赫赫扬扬、烈火烹油、鲜花着锦的兴盛场面很快就烟消火灭。康熙死后,雍正做了皇帝,政局发生剧烈变化。曹家由于历任亏空及曹頫(曹雪芹父)行为不检,失去皇家恩宠,被革职抄家。曹雪芹全家离开江宁返回北京。后来可能又遭一次祸变,家道彻底败落,城里住不下去了。那时曹雪芹业已成年,困居北京西郊山村,靠卖画和朋友接济度日,居处满目蓬蒿,常常举家食粥。

曹雪芹在人生困顿之中,回忆当年秦淮繁华的旧家景况和一败涂地的惨痛遭遇,对人生和社会的本来面目有了比他人更为深刻的认识,产生了创作《红楼梦》的原始动机。

应该说,《红楼梦》的文字中饱含了作者的切肤之痛,所以"字字看来都是血"。但是《红楼梦》又绝非曹雪芹个人伤怀咏时之作,作为现实主义文学大师的成功作品,《红楼梦》所表现的主题远远超出了曹雪芹"怀金悼玉"的旧旨。可惜的是曹雪芹没能把这部撼世之作写完,现存一百二十回《红楼梦》的后四十回是由曹雪芹的同时代人高鹗续作的。续书虽然大致保持了原作的悲剧结局,但思想性和艺术性都大大低于原著。

曹雪芹是中国文学史上对封建社会失去希望的第一位作家,但他却超不脱历史的局限。他是以一块怀才不遇、无力补天的顽石的身份,无可奈何地叹息这座封建大厦朽败倾颓的。在他生活的时代,他找不到更先进的思想武器,最终还是把这一切归结于宿命,归结于"色""空"。鲁迅说过:"人生最痛苦的是梦醒了无路可以走",曹雪芹即处在这样的苦痛之中。

《红楼梦》这部伟大的现实主义文学巨著不知打动了多少读者的心,每一位读懂它的人都会被书中人物的命运深深牵动,恨不能与其生、与其死,但也须进得去、出得来。

所谓进得去,当然是指充分欣赏《红楼梦》的文学美,充分体会曹雪芹笔底的波澜、笔端的风力,感知作品中人物的一颦一笑。文学的美常常是在细微处令人拍案叫绝的,不进到书中去怎能体会到?

所谓出得来,就是说不要被书中所表现的儿女之情"迷眩缠陷"。据传清代有一商人女儿读《红楼梦》入了迷,竟至卧床不起,她的父母把书烧了,她在床上大哭道:"奈何烧杀我宝玉!"这就是进得去出不来的典型了。

今天的人们虽不致如此迷眩,也须把《红楼梦》当作文学作品来读,进得去、也出得来才好。

＊　＊　＊

在中国古代,与其说"小说"是一种文学文体,不如说它是一种文化。文体本无高低贵贱之分,然而据欧阳修《归田录》记载,钱惟演自称"坐则读经史,卧则读小说,上厕则阅小辞",小说低微的文化地位由此可见一斑。

处于文化"大传统"的正统文人多崇实黜虚,又对文化"小传统"即民间大众文化持排斥态度,因此他们往往轻视小说,视其为"小道"。明清时期实行禁毁小说的文化政策,《大清律例》对创作、传播小说都作出明确惩罚规定,甚至连皇帝也参与其中,如《圣祖仁皇帝庭训格言》载康熙帝的话说:"古圣人所道之言即经,所行之事即史,开卷即有益于身。尔等平日诵读及教子弟,惟以经史为要……幼学断不可令看小说。小说之事,皆敷演而成,无实在之处。"在传统文化谱系中,小说地位之低不言而喻。

在这样的社会环境下,小说家自然会被世人轻视,甚至小说家本人对自己的小说创作也表现得并不自信，自轻自贱。王国维在《论哲学家与美术家之天职》中称，小说家"皆以侏儒倡优自处，世亦以侏儒倡优蓄之"。程晋芳曾为吴敬梓作诗云："吾为斯人悲，竟以稗说传。"程晋芳作为吴敬梓挚友，尚且对他的小说创作持如此态度，小说家的尴尬处境于此可见一斑。由此也不难理解为何那么多小说作者不敢署以真名，而往往用笔名或化名。

然而即便是在这样的情况下，仍有无数的士人触时感事，埋头写作，留下无数皇皇巨著片光零羽，留给后人巨大的精神宝库。这实在是民族之幸！

★《金瓶梅》描绘了怎样的社会现状？

★ 蒲松龄借《叶生》讲述了一个什么样的故事？

★《儒林外史》有怎样的时代价值？

★ 为什么说《红楼梦》"字字看来都是血"？

第8讲

《三十六计》一隅：瞒天过海

> **【提要】** 中国是古代兵学发展较早的国家之一，兵书源远流长。古代兵书总结了以往战争和军事活动的经验，揭示了战争的一般规律，在建军和作战等方面提出了一系列行之有效的指导原则，哺育了众多的兵家名将。起源于南北朝时期的《三十六计》，就是古代兵书的杰出代表。兵书是在特殊领域中国人智慧的展现，其承载的思想和方法既具有典型性，也包含普遍性，既可为建设现代化国防和指导现代战争提供参考，也可对政治、经济、外交等领域的活动乃至人们的日常生活提供有益的借鉴。

当中国进入改革开放的时候，市面上开始流行一部名叫《三十六计》的古代兵书。它不仅被绘制成连环画，还被拍成电影和电视剧，受到了民众的喜爱。在人们眼中，《三十六计》甚至和两千多年前的《孙子兵法》一样，成为古代兵学的经典。

那么，《三十六计》究竟是怎样的一本兵书呢？

《三十六计》是怎么来的呢？

我们从"三十六计"这个书名说起。据考证，"三十六计"一词源自于南北朝时期南朝宋的名将檀道济。

我们对檀将军可能并不熟悉，但是对他的一位朋友却甚为仰慕，他的这位朋友就是陶渊明。

陶渊明在彭泽当了80多天县令，因"不为五斗米而折腰"挂印而去，在江州过着隐居的生活。元嘉元年（424年），陶渊明76岁了。当时正任江州刺史的檀道济听说陶渊明病了，家中缺少食物,已经饿得躺在床上好些天了,心中甚是挂念。他知道陶先生喜爱喝酒,就专门打了几斤好酒,带了一些美食,登门拜访。

在一个残败颓圮的院落,"环堵萧然,不蔽风日;短褐穿结,箪瓢屡空"。一位老人,躺卧床上,饥寒交迫。檀道济看后,心中一片酸楚,就忍不住劝他说:"贤者在世,天下无道则忍,有道则至。今子生文明之世,奈何自苦如此?"陶渊明见对方也是在劝自己入仕,就说道:"潜也何敢望贤,志不及也。"他坚决地拒绝了檀道济送的酒肉。

一位战功赫赫的武将,一位满腹经纶的文人,他们的交集就在这里结束了。不久,陶渊明在贫病交加中去世;而檀道济更加煊赫的人生即将拉开序幕。

元嘉七年(430年),宋文帝举兵北伐,一度夺回部分被魏军占领的失地。不久,魏军反击,宋军相继败退。文帝急令檀道济都督征讨诸军事,率军北上。

檀道济奉命出兵,一路上斩将夺旗,军至济水。宋魏两军连战二十余日,前后数十次交战,不分胜负。后来宋军粮尽,檀道济引军撤退。

这个时候出现了一个意外。一个士卒逃到魏营,把宋军缺粮的情况告诉了魏军主帅。魏军大军追赶过来,想把宋军围困起来。宋军看到大批魏军围了上来,军心动摇。檀道济就命令将士就地扎营休息。

当天晚上,檀道济亲自带领管粮的士卒在营寨里查点粮食。一些士卒手里拿着竹筹唱着计数,另一些士卒用斗子量米。魏军细作偷偷地向营寨里面观望,只见一只只米袋都是满满的,还能看到袋口白花花的大米。他立即回营报告,说宋军的军粮还绰绰有余,显然不能跟檀道济决战。魏将得到情报,以为前面来告密的宋兵是假投降,来诱骗他们上当的,就把他杀了。

魏军解围而去,檀道济则从容不迫地率军回撤。

其实,檀道济在营寨里量的并不是白米,而是一斗斗的沙土,只是在沙土上覆盖着少量的白米罢了。檀道济最终凭借"唱筹量沙"之计,顺利退兵。当时有人就说:"檀公三十六策,走是上计。"盛赞他的奇谋妙招。

这一战,檀道济虽然没有取得胜绩,然而大敌当前全军而返,也使他声名大振。

元嘉九年(432年),檀道济因屡有大功,被封为司空。不久,宋文帝病重,有人诬陷檀道济谋反,文帝下令诛杀。檀道济被抓时,狠狠地把头巾拽下摔在地上,说:"乃坏汝万里长城!"他被杀的消息传到北魏,魏军将领弹冠相庆:"檀道济一死,南方就再没有可畏惧的人了!"自此之后,魏军频频南侵。

元嘉二十七年(450年),北魏军队长驱直入,一度南征至长江北岸。宋文帝登城北望,面有忧色,长吁道:"若道济在,岂至此!"但长城已毁,他只能徒呼奈何了。

也许是出自对名将的敬重和哀悯,"檀公三十六计"被后人赓相沿用。有心人据此采集群书,编撰成《三十六计》。不过,此书为何时何人所撰已难确考。

《三十六计》每一计的"计"名,有的来源于历史典故,有的来源于古代军事术语,有的来源于诗人的诗句,有的则借用众所周知的成语,易懂易记。在每一计的内容上,则用精练的语句,讲解用谋的情势与要点。最后,将"三十六计"依据《易经》的阴阳变化之理和古代兵家矛盾转化思想推演成六类(套),即胜战计、敌战计、攻战计、混战计、并战计、败战计。前三套是处于优势所用之计,后三套是处于劣势所用之计。

那么,到底都有哪三十六计呢?

六套中,每套各包含六计,总共三十六计,我们一套一套来说。第一套"胜战计"包括:瞒天过海、围魏救赵、借刀杀人、以逸待劳、趁火打劫、声东击西。第二套"敌战计"包括:无中生有、暗度陈仓、隔岸观火、笑里藏刀、李代桃僵、顺手牵羊。第三套"攻战计"包括:打草惊蛇、借尸还魂、调虎离山、欲擒故纵、抛砖引玉、擒贼擒王。第四套"混战计"包括:釜底抽薪、浑水摸鱼、金蝉脱壳、关门捉贼、远交近攻、假道伐虢。第五套"并战计"包括:偷梁换柱、指桑骂槐、假痴不癫、上屋抽梯、树上开花、反客为主。第六套"败战计"包括:美人计、空城计、反间计、苦肉计、连环计、走为上计。

和檀道济相关的这一"走"计,被列在最后,而且被列为"上计"。为什么会是这样呢?原来在敌强我弱的情况下,将领就要考虑暂时退却,保存力量,再寻战机。战场情况瞬息万变,将领既要准确判断敌我态势,又要及时转变斗争思路,由进攻改为退却,这种颠倒式的思考本就不易。在确定要"走"后,何时走?怎样走?如何才能保证军心不乱,指挥若定?怎样才能最大限度保存有生力量,甚至做到全师撤退等,对于将领来说也是绝大的考验。所以这一计才被列为"上计"。毫无疑问,檀道济作出了典范。

《三十六计》具体说了些什么呢?

我们来看看第一计"瞒天过海"。

这一计,来源于唐太宗出师辽东的典故。唐太宗时期,辽东一个小国请求朝廷派兵救援,太宗决定御驾亲征。太宗带兵来到辽河,辽河波涛汹涌,一望无边,众人一筹莫展,不知道怎么过河。这时,薛仁贵想到了办法:假装让一个豪富老人请皇帝赴宴,实际上是将船装饰成富豪之家的模样,使太宗不知道是在海上,以此顺利地渡过了河。

《三十六计》对此计的阐释是:"备周则意怠,常见则不疑。阴在阳之内,不在阳之对。太阳,太阴。"意思是说:自认为防备十分周到时,就容易麻痹松懈;通常看惯了的,往往就不再产生怀疑。秘计总是隐藏在暴露的事物中,而不是和公开的形式相排斥。表面看来非常公开的事物,往往蕴藏着非常机密的内容。

寥寥数语,概括出此计的核心。"瞒天过海"的精髓在于攻心。从字面意思来看,此计是说:设法欺瞒皇帝,使其安全过海。而实际上,"瞒天过海"并不是指一般的欺骗,而是运用"物极必反"的原理进行"公开"的欺骗,其要点在于将对方的注意力转移到公开的行动上,使其忽略公开的行动中隐藏的不公开的行动,从而达到"过海"的目的。在日常生活中,人们大都会形成定势思维,对于一些见惯了的、有规律性的事情,常常放松警惕,难以改变一贯的思维。针对于此,示假隐真,往往取得意想不到的效果。

古今中外,"瞒天过海"这一计被广泛地运用在军事战争上。将领们"瞒天过海",巧妙地制造假象,掩盖真实的军事行动计划,从而达到出其不意、攻其不备、一举制胜的效果。

吴用是怎么操作失误的?

"三十六计"是对前人方法和经验的总结和发衍,是中国人智慧的结晶。当然,这种思想方法并不是只用在军事上,还可以用在社会生活的方方面面。可以说,生活中处处是"计",处处有"计"。我们用"瞒天过海"在四大名著中找找,看看这一计是怎么用的。

在《水浒传》中,为了营救宋江,梁山好汉就用了"瞒天过海"之计。

话说宋江独自一人在浔阳楼上饮酒。酒到酣时,他向酒保借来笔砚,即兴在白粉壁上挥毫写道:

自幼曾攻经史,长成亦有权谋。恰如猛虎卧荒丘,潜伏爪牙忍受。　　不幸刺文双颊,那堪配在江州。他年若得报冤仇,血染浔阳江口!

江州通判黄文炳,是个阿谀奉承的小人。他发现这首"反诗"后,立即跑去向江州知府蔡九报告。知府蔡九听后大怒,便令戴宗去牢城营捉拿宋江。

戴宗得到消息,大吃一惊,心里着急的想要救宋江。他先是点了和他一起去捉拿宋江的一众做公的,让他们先回家去取兵器,在城隍庙集合,然后他自己赶紧去找宋江。见到宋江后,戴宗问道:"哥哥,你前些日子在浔阳楼上写了些什么言语。"宋江说:"不过是醉后的胡言乱语罢了,哪里还记得写了些什么?"戴宗说:"刚刚知府派我带众人来这里捉你,说是你在浔阳楼上写了反诗。我先前稳住了众人,让他们到城隍庙集合。然后急急忙忙来这里告诉你。"宋江大惊失色:"糟了,我定是死罪难逃了!"戴宗连忙说:"哥哥莫急,你看这个主意行不?你把头发散下来,把屎尿泼在地上,自己躺倒在上面,然后说些胡言乱语装疯。我想他们定是不能拿疯子的话来计较,我再回复知府。"宋江感激地说:"如今只有一试了,还望兄弟你多多帮助,多谢。"

等到戴宗带领众人赶到时,果真如先前计划好的那样:宋江散着头发倒在污秽的地上,嘴里说着他人听不懂的话语。来捉拿宋江的众做公说:"不过是个疯子罢了,疯子写的东西哪能当真?我们捉他有什么用?"戴宗趁机说:"说的是啊!那不如我们先回去报告知府,看知府要不要捉这个疯子。"

众人回到衙门,戴宗向知府禀报:"我们去捉那宋江,只见他浑身污泥屎尿,披头散发,还说着些疯言疯语,我们不知道这疯子该不该捉回来。"知府蔡九正要询问原因,黄文炳从屏风后面走了出来:"知府大人,那浔阳楼上的反诗,从写的手法技巧,加上笔迹,不像是疯子所作,不要相信这话,这其中肯定是宋江的诡计。先把他捉来再行定夺。"蔡九思量后,便下令:"通判大人说的有理,你们仍去把那宋江捉来!"

戴宗只得照办,去牢城营里用大箩筐把宋江抬来。到江州府后,宋江压根不行礼跪拜,还振振有词地说道:"你是何人?胆敢来抓我!你可知我是玉皇大帝的女婿?我丈人叫我带十万天兵来杀你江州人,派阎王做先锋,五道大将为后队,还有一颗近千斤的金印,我叫你们都活不成!"

知府蔡九不知如何是好,黄文炳又说:"且把那牢城营里管事的叫来问问,看这宋江是何时疯的。若是来时就疯的,那便真疯;若是近日才疯的,那便是为了脱罪装疯的。"等到把那牢城营管事的叫来,那管事的畏惧知府,连忙说实话:"这宋江是近日才疯的。"知府勃然大怒,叫狱卒打宋江五十大板。这五十大板着实疼痛,打得宋江皮开肉绽。刚开始宋江仍胡言乱语,到最后只得招状。知府命人给宋江带上二十五斤的枷锁,押入死牢。戴宗私下里命牢里的狱卒好生照顾着宋江,还每顿都给宋江送饭。

退堂后,知府蔡九差人请来黄文炳道谢:"若不是通判大人高明,我都要被那反贼骗了。"黄文炳说:"知府大人莫谢,这是下官的职责。此事不宜久拖,大人应即刻修书一封,告诉大人的父亲,以显示大人的精明能干。大人还应在信里问一下这宋江该如何处置,若要活的,便派人押往京师;若要死的,我们可在江州府行刑。就是皇上知道了这件事,也会嘉奖大人您的。"

蔡九召来戴宗,说道:"我已修书一封,你即刻启程,送往京师家父府上。六月十五是家父的生辰,你且辛苦点,路上不要耽搁。"

戴宗一路晓行夜宿,这一日来到一个去处。他在一座傍水临湖的酒肆,刚吃了酒和豆腐,便头昏眼花,倒在地上。

原来这酒店是梁山泊好汉朱贵开的。朱贵吩咐酒保搜戴宗的身上,搜出书信,只见信上写着:"现已捉到题反诗犯人宋江,听候施行。"朱贵大惊,又瞥见戴宗身上的腰牌:江州两院押牢节级戴宗。朱贵对酒保说:"且慢,这人是军师的至交。"令酒保拿解药救醒了戴宗。

朱贵带着戴宗来到大寨,向众头领说明了缘由。晁盖听后大怒,想要带着众人前往江州救宋江。智多星吴用说:"不要莽撞,哥哥带人前往江州,路途遥远,那江州知府恐怕会有所准备。反倒会害了公明啊!吴用有一计,可救公明性命。"晁盖说:"说来听听。"吴用说:"我们不如将计就计,造一封假信,让戴兄弟带回去。信上写道:'将宋江押往东京,听候处置。'到那时,我们再派人救公明。"晁盖说:"办法好是好,可这书信的字迹还有盖的印章,可模仿不来。"吴用说:"莫要着急,济州城里有个人称'圣手书生'的萧让,擅长模仿蔡京的笔迹,还有一位人称'玉臂匠'的金大坚,擅长图书印章。还要请戴兄弟扮作太保,带上银子,谎称要刻碑,将他们二人骗上山来。"晁盖和众人听后,连声称妙。

戴宗按照吴用的计谋,将萧让、金大坚二人骗上了山。二人很快伪造好了书信,戴宗为了不耽误行程引起蔡九猜疑,辞别众人,回江州复命。

送走戴宗后,众人一起饮酒。这时吴用却大叫不好,说:"我们伪造的书信反倒害了他们二人的性命!"众人问:"为何?"吴用答道:"若是对于一般的官员,蔡京用'翰林蔡京',但我一时疏忽,那蔡九是蔡京的儿子,父亲给儿子写信,哪有用讳字的道理?"

果然如吴用所说,戴宗回去后,奸诈的黄文炳一眼看出端倪,结果戴宗也被关进死牢。

从这个故事中,我们可以看出,"瞒天过海"之计并不是那么好用的。戴宗一介武夫,本来出的"瞒天"就有纰漏;而智多星吴用虽然聪明,但也免不了一时的大意,本来万无一失的"瞒天"之计,也出现漏洞。最终两次"瞒天"都没有成功地救出宋江,反倒将戴宗也送进了死牢。

诸葛亮是怎么计收姜维的?

同样一条计,到了诸葛亮手上却发挥了奇效。

建兴六年(228年),诸葛亮为兴复汉室,第一次带兵北伐曹魏。不多时,蜀军已经顺利地进入祁山,先后夺得了南安、安定两座城,并且俘虏了魏军都督,当朝驸马夏侯楙。

夏侯楙是名将夏侯惇之子,性格却与父亲相反。有一次,夏侯惇追赶敌军,不料遭敌将曹性射箭偷袭。夏侯惇左眼被射中,痛得怒吼一声,便匆忙用手拔箭,却不慎连着眼珠子一起拔了出来。夏侯惇立即大喊:"父精母血,不可弃也!"便把眼睛塞进嘴巴吞咽下去;然后又挺枪纵马,上前杀了曹性报回一箭之仇。夏侯惇刚烈强悍,夏侯楙却胆小怯懦,这就给了诸葛亮可乘之机。

诸葛亮继续带兵前进,但是在攻打天水郡时,遇到了劲敌:魏军参军姜维,他文武双全,有勇有谋。诸葛亮首先派赵云带领五千人马攻打天水郡。赵云中了姜维的计策,进攻失败。诸葛亮随后亲自为前部,带兵攻打,不料却被姜维偷袭成功。两次失败后,诸葛亮很赏识姜维:"兵不在多,在人之调遣耳,此人真将才也!"他动了爱才之念,决定收服姜维。

为了顺利收服姜维,诸葛亮思考很久,在得知姜维是个孝子后,他终于想到了一个绝妙的计策。因为姜母住在冀县,诸葛亮先是派魏延诈攻冀城。姜维恐母亲有难,立即领兵支援,诸葛亮趁机围困,将姜维困在冀县城中。

诸葛亮令人将夏侯楙押过来,问他:"你怕死吗?"夏侯楙连忙跪地求饶。诸葛亮说:"天水的参军姜维守在冀城,他不久前派人送信说,'只要都督夏侯楙愿意归降于蜀国,我自愿归降'。你愿意为我去招降姜维吗?"夏侯楙马上表示同意。于是诸葛亮给夏侯楙衣服、鞍马,并且没有派人跟随,让他去"招降姜维"。此时心神不宁的夏侯楙心里已经有了姜维想要归降的潜意识。

夏侯楙刚出蜀营不久,就看到几个百姓在慌慌张张地奔走。他停下来询问,这些人说:"我们是冀县的百姓,姜维已经归降,将冀县拱手让给蜀国。蜀将魏延在冀城里无恶不作,到处放火,抢劫财物。不得已,我们只能弃家逃走,投奔他处。"夏侯楙此时可能还不太相信这些话。他并没有去冀县劝降姜维,而是乘着无人跟随跑去了天水。在去天水的路上,又陆陆续续地看到不少百姓逃命,他们口中的说辞一般无二。终于,夏侯楙相信了这些话,也就是姜维已经向蜀军投降。

夏侯楙到天水后,郡守马遵跪拜迎接都督。夏侯楙说起姜维之事,马遵叹息说:"没想到平时忠厚老实的姜维也会叛变啊!"然而一些天水的将领却表示不信。夏侯楙生气地斥责道:"他姜维都已经投降了,哪还有假!"

正当大家半信半疑之时,蜀兵前来攻城。忽明忽暗的火光中,只见姜维在马上大叫:"叫都督前来答话!"夏侯楙来到城上,姜维高声叫嚷:"我为都督您而降,都督您却背弃诺言。"夏侯楙答道:"参军你深受国恩,为何背国降蜀。我不知与你有过什么诺言。"姜维回答说:"都督你写信叫我降蜀,说您要脱身,可却把我害苦了。如今我已降蜀,封为将军,哪还有回魏国的道理?"说完立即率兵攻城,直到天亮才罢。在"事实"面前,所有人最终相信姜维已经降蜀。

其实,攻城的"姜维"并非真正的姜维,而是诸葛亮从军中找的与姜维相貌相似的将领。蜀军又在夜里攻城,乱军之中,足能以假乱真。

随后,诸葛亮派兵一举拿下冀城。

冀城失守后,姜维单枪匹马回到天水。刚到城口,他便被太守马遵下令用乱箭射回。姜维有口难辩,他仰天长叹,朝长安落荒而逃。路上,姜维被诸葛亮安排好的伏兵团团围住。他走投无路,只好向诸葛亮投降。

诸葛亮亲自前去迎接,"如今我能在此迎接阁下,这是蜀国的大幸啊!"姜维见对方如此看重自己,感激不已。诸葛亮将姜维请进军中,二人谈起军国大事,越谈越投机,彼此成为了知己。从此以后,姜维全心全意地效忠蜀国,成为股肱之臣。

在诸葛亮收姜维的故事中,他先将姜维骗出天水,然后利用魏军主将昏聩,挑拨将领与姜维之间的关系,此为该计中的"瞒天";接着派兵攻取冀城,使姜维走投无路,实现自己收姜维的目的,此为该计中的"过海"。智收姜维深刻地体现了"瞒天过海"一计的精髓。

孙悟空为什么去做了弼马温?

《西游记》中也不乏"瞒天过海"一计的运用,孙悟空被天庭封为弼马温的趣事,正是太白金星使用了"瞒天过海"之计。

孙悟空闹了龙宫,又闹了地府,龙王和阎王来到天庭告状。玉皇大帝问道:"这妖猴是几年生育,何代出生,却就这般有道?"千里眼、顺风耳出班奏道:"这猴乃三百年前天产石猴。当时不以为然,不知这几年在何方修炼成仙,降龙伏虎,强销死籍也。"玉帝问:"哪路神将下界收伏?"

这时太白金星上前劝道:"陛下,如今这妖猴已经修成仙道,有降龙伏虎之能,捉拿他不是太容易。我们不妨使用计谋来稳住他。"玉帝问道:"用什么计谋?"金星答道:"瞒天过海。我们可以封他一个闲职,表面上让他在天庭做官,实际上只是为了困住他,在天庭安安稳稳,以免生事。若他死性难改,那到时候在天庭捉他,也容易得多。"玉帝大喜:"那便把这件事交给你,你且下界将那泼猴招安!"

金星来到花果山水帘洞,对孙悟空说:"我是太白金星,玉帝听说大王你法力超群,特让我来请你,让你到天庭做事。"悟空听后十分高兴:"好好好,以俺老孙的本领,应当如此。小的们,快快设宴款待老星官!"金星立马说道:"多谢大王美意,只是我受玉帝之命前来,不敢久留,还烦请你即刻同我前往天庭复命。"

悟空与金星纵起云头,升在半空。他只一个筋斗,便把金星撇在脑后,先至南天门外。悟空正欲收云前进,却被增长天王领着天兵天将,挡住天门,不肯放进。悟空是何等之人,生气地说:"好你个太白金星,你下界请俺老孙上来做官,现在却拦着不让俺进,这不是耍俺老孙呢!"便与众天丁争吵起来。

一会儿,金星气喘吁吁地赶到,劝解道:"大王莫气,你头一次来天庭,这守门的天兵天将不认识也是情有可原。还是随我赶快去见陛下吧!"悟空这才消了气。

来到灵霄殿外,两人不等宣诏,直至御前。金星朝上礼拜,悟空却挺身在旁,也不行礼。金星向玉帝奏道:"臣奉陛下之命,现已将妖仙带到。"玉帝问:"哪个是妖仙?"悟空不懂妖仙之意,只道就是神仙,便答道:"俺老孙便是!"众仙大惊失色,纷纷指责悟空无礼。玉帝忙说:"众卿安静,这孙悟空第一次来,自然不懂得规矩。依各位爱卿看,孙悟空应该封个什么职位好呢?"武曲星君启奏道:"天宫里各宫各殿,各方各处,都不少官,只是御马监缺个正堂管事。"玉帝随即传旨:"就除他做个'弼马温'罢。"悟空这才作了一个揖,然后去御马监到任。

他在监里,会聚了大小官员人等,查明本监事务,又看了文簿,点明了马数。悟空做事勤恳,弼马昼夜不睡。日间舞弄犹可,夜间看管殷勤,但是马睡的,赶起来吃草;走的捉将来靠槽。那些天马见了他,泯耳攒蹄,倒养得肉膘肥满。

不觉半月有余。一朝闲暇,众人安排酒席,一则接风,一则贺喜。正在欢饮之间,悟空忽停杯问曰:"我这'弼马温'是个什么官衔?"众人说:"官名就是此了。"悟空想了想,又问:"此官是个几品?"众人道:"没有品从。"悟空喜道:"没品,想是大之极也。"众人道:"不大,不大,只唤作'未入流'。"悟空莫名其妙,问道:"怎么叫作'未入流'?"众人说:"末等。这样官儿,最低最小,只可与他看马。似您这般到任之后,这等殷勤,喂得马肥,只落得道声'好'字;如稍有些懈怠,还要见责;如若马匹伤损,还要罚赎问罪。"

悟空听闻,不觉心头火起,咬牙大怒道:"这般藐视老孙!老孙在那花果山,称王称祖,怎么哄我来替他养马?养马者,乃后生小辈,下贱之役,岂是待我的?不做他!不做他!我将去也!"他忽喇的一声,把公案推倒,耳中取出金箍棒,直打出御马监,径至南天门。把门的天兵天将知他受了仙箓,乃是个弼马温,不敢阻挡,让他打出天门去了。

玉皇大帝听说此事,立即下令捉拿孙悟空。于是,一场孙悟空与天庭众将的大战即将拉开序幕了。

天庭封孙悟空为"弼马温",正是知道他不懂得官职大小,此为"瞒天",以达到稳住悟空的"过海"的目的。可是这"瞒天"并不长久,最终还是孙悟空知道了真相,"瞒天过海"计策失败。

尤二姐为何要自杀呢?

《红楼梦》里的王熙凤(凤姐)是一个厉害角色,她心狠手辣,也善用计谋,曾用"瞒天过海"之计迫使尤二姐自杀。

丈夫贾琏借口宗祧无继,偷娶了二姐,在宁荣街后小花枝巷内另立门户。此事终被王熙凤探知。她当然要除去尤二姐这个心腹大患,但又想给自己谋个贤良的好名声,于是就得借助贾母这个"天"。

趁着贾琏外出的机会,王熙凤要到姑子庙进香。但出得贾府,她就径直来到尤二姐家门前,二姐慌忙接了进去。二人吃茶,对诉以往之事。凤姐口内全是自怨自错,"怨不得别人,如今只求姐姐疼我"等语。尤二姐见了这般,便认她作是个极好的人,竟把王熙凤认为知己。

凤姐顺势将二姐接了回来。在路上,她对二姐说:"现如今老太太,太太们还不知道你这事,若是知道二爷娶你,定要把二爷打死。一会儿到府上后暂且先别见老太太,太太们了。"二姐唯唯诺诺地答说:"全凭姐姐安排。"王熙凤于是把二姐安排在大观园内,把她掌控在手中。

隔了几日,王熙凤带着尤二姐来见贾母。贾母正和身边的太太小姐们说说笑笑,见凤姐带着一个长得极标致的人儿过来,便问道:"这是谁家的姑娘,瞧这模样,这么水灵。"凤姐笑着说:"老祖宗快细细看看。"说完,拉着二姐说:"妹子,这就是太婆婆了,快给太婆婆磕头。"尤二姐听完,着急忙慌地行了大礼。

贾老太太上下打量尤二姐,问道:"你姓什么?多大了?"凤姐说:"老祖宗快别说这些话,看妹妹比我俊不俊?"贾母戴上眼镜,仔细观看,然后笑着对王熙凤说:"这丫头模样是比凤丫头俊。"凤姐借此将事情一五一十细细地说了一遍,"少不得老祖宗发慈心,先许他进来"。贾母听了道:"这有什么不是。既你这样贤良,很好。"王熙凤"贤良"的形象树立起来了。

凤姐让旺儿在外面打听,总算明白了尤二姐的底细。原来这尤二姐是许了婆家的,夫婿张华如今才十九岁,但整日游手好闲,吃喝嫖赌,家财散尽。父亲将他撵出来后,他一直在赌场里混迹。尤家退亲,这女婿尚不知道。王熙凤便让旺儿带二十两银子唆使张华,让他去有司衙门里告贾琏。张华也知道其中利害,起初不答应,但是旺儿受凤姐之命,又向张华做了担保,这张华才大着胆子前往都察院喊了冤。

事情一下子被捅了出来。凤姐一面吓得来回贾母,说如此这般。贾母厉色道:"这丫头既已经许配了人家,我们贾府怎能强占,还是将她送回去。哪里寻不到一个好姑娘?"尤二姐一听急了,忙说:"我家实于某年月日给了他十两银子退准的。他因穷急了告,又翻了口。"贾母听了,便说:"可见刁民难惹。既这样,凤丫头去料理料理。"

贾母的一句"凤丫头去料理料理",明摆着把这件事的最终决定权交给了凤姐。接下来,尤二姐已是砧板上的鱼肉,任王熙凤宰割了。

但是王熙凤还是把戏份做足。平日里,她和尤二姐和美非常,更比亲姊亲妹还胜十倍。那贾琏事毕回来,见到凤姐,未免脸上有些愧色。她的事做得好,贾赦十分欢喜,说贾琏中用,将房中一个十七岁的丫鬟名唤秋桐者,赏他为妾。凤姐听了,又忙命两个媳妇坐车在那边接了来。一面又命摆酒接风,一面带了秋桐来见贾母等。

暗地里,凤姐挑唆秋桐说:"你年轻不知事。她现是二房奶奶,你爷心坎儿上的人,我还让她三分,你去硬碰她,岂不是自寻其死?"秋桐自是恼了,天天大口乱骂二姐。凤姐儿在屋里,只装不敢出声儿。气得尤二姐在房里哭泣,饭也不吃,又不敢告诉贾琏。次日贾母见她眼红红的肿了,问她,又不敢说。秋桐悄悄地向贾母告状:"专会作死,好好的成天家号丧,背地里咒二奶奶和我早死了,她好和二爷一心一意的过。"贾母听了便说:"人太生娇俏了,可知心就嫉妒。凤丫头倒好意待她，他倒这样争风吃醋的。可是个贱骨头。"因此渐次便不大喜欢。

众人见贾母不喜，不免又往下踏践起来，弄得这尤二姐要死不能，要生不得。

后来尤二姐终于被逼迫得吞金自尽。贾琏忙进去找凤姐，要银子治办棺椁丧礼。贾母道："既是二房一场，也是夫妻之分，停五七日抬出来，或一烧或乱葬地上埋了完事。"指着贾母有话，凤姐道："这里还有二三十两银子，你要就拿去。"恨得贾琏没话可说。王熙凤终于成功除去了眼中钉肉中刺。

王熙凤的确是有才之人，而且工于心计。在尤二姐的事情上，她先是鼻涕一把眼泪一把地说自己如何的贤良大方，使得尤二姐从心底把她当成了知己。等正式向贾母介绍了尤二姐后，更是在众人心里留下了个好名声。而实际上，凤姐却在背地里唆使张华告官、挑拨秋桐吵闹。一系列的表面行动，实为凤姐的"瞒天"，而通过暗地的操作，最后迫死尤二姐，这是她的"过海"。

* * *

《三十六计》总结了古人的智慧，每个计策都有很高的实用价值，并被推广运用到政治、外交、经济等很多领域。20世纪70年来以来，《三十六计》被译为多国语言，仅英文译本有10余种。瑞士汉学家胜雅律经多年研究，将《三十六计》写成了德文《智谋》。该书出版后，在西方产生了轰动效应，时任德国总理的科尔还亲自给他写信予以称赞。后来此书被译成法、意、荷、俄等多种文字，在世界广为流传。

思考题

★ "三十六计"是从何而来的？

★ 戴宗为什么被关进大牢？

★ 诸葛亮放走夏侯楙的目的是什么？

★ 太白金星的计策为什么会失败？

★ 王熙凤是如何实施"瞒天过海"之计的？

第 9 讲

《天工开物》导读

> 【提要】《天工开物》是世界上第一部关于农业和手工业生产的综合性著作,被称为"中国17世纪的工艺百科全书"。作者在书中强调的人类要和自然相协调、人力要与自然力相配合的思想,对于当代的中国式现代化建设具有重要的借鉴意义。《乃服》是书中的重要篇章,因为"天孙机杼,传巧人间",若"终身不见其形象,岂非缺憾也"!透过《天工开物》,可以深入了解中华文明的具体内容,增强民族自信心和自豪感,从而推动中华优秀传统文化的当代传播与传承。

有这样一部中国的科技著作,它传到欧美,先后被译成法、英、俄、德、意等国文字,受到学界高度重视,被法国学者儒莲称为"科技百科全书",被英国生物学家达尔文称为"权威著作"。著名的科技史学者李约瑟称它的作者为"中国的狄德罗",将他与德国18世纪著名唯物主义哲学家、启蒙运动首领、百科全书主编狄德罗相提并论。

这部世界级的著作就是《天工开物》,它的作者名叫宋应星。

《天工开物》是怎么写出来的呢?

我们先得把这个奇怪的书名介绍一下。

什么是"天工开物"呢?

《尚书·皋陶谟》云:"无旷庶官,天工人其代之。"意思是说,天的职责由人代替。《周易·系辞上》称:"夫《易》,开物成务,冒天下之道,如斯而已者也。"意思是,通晓万物的道理并按此行事而得到成功。这就是"天工开物"的由来,总体是说,要顺应自然,因势利导,创新发展。

"天工开物"强调天工（自然力）与人工互补、自然界的行为与人类活动相协调，通过技术从自然资源中开发物产，以满足人的物质生活和精神生活的需要，从而使人在自然界面前显示并发挥能动性。

那么，《天工开物》的作者宋应星是怎样一个人呢？

他是一位奇才、衰才、通才。

首先，他是一位奇才。

他5岁开始读书。一次因故起床迟了，其兄宋应昇将限文7篇背完，他则躺在床上，边听边记。等馆师考问时，他朗朗成诵，一字不差，馆师大为惊叹。稍长，遍读经史子集，无不贯通。乡试那年，江西考生1万多人，录取83人，他名列第三。其兄宋应昇则名列第六，奉新县仅此二人，世称"奉新二宋"。这说明他有相当的应试能力。

其次，他是一位衰才。

但随后的会试，他从30岁至45岁，连续六次参加，回回落榜。按规定，中了举人后就具备了候选做官的资格。宋应星因为不善于钻营，"候"了20年，才于47岁时到分宜县任教谕，八品小官，相当于今天的县教育局长，每月俸米二担。在《天工开物》杀青时，宋应星却没钱刊印，幸好有朋友涂绍煃帮助，才得以在南昌出版。虽然没有酬费，宋应星也像产妇看见自己所生婴儿来到世间一样欣慰。

最后，他是一位通才。

《天工开物》全面总结了我国古代农业手工业30多个部门的卓越科技成果，反映了当时社会生产的发展水平，是举世公认的中国科技百科全书。书中所附123幅绘制精良的插图，结构合理，画面生动，如临现场，与文字互为表里，相得益彰。

那么，《天工开物》是怎么写出来的呢？

宋应星自幼聪明强记，"数岁能韵语"（作诗），有过目不忘之才。他对天文学、声学、农学及工艺制造之学有很大兴趣，不过古代没有综合性的图书馆，这类科技书籍很难见到。

那怎么办呢？

坊间有这样一个传说。

据说，宋应星在他15岁那年，听说了宋代沈括的《梦溪笔谈》，于是他就渴望着能读一读。每见到读书识字的亲友或邻居，他都急切地询问人家是否有这本书。有一天，他听说镇上的文宝斋书铺刚购进一批新书，就急匆匆赶去买书，可是书架上摆的都是四书五经，没有《梦溪笔谈》。

店老板见这位少年在书架旁找来找去，心中暗暗纳闷：这么多经书他不买，这是要找什么？店老板上前询问，才得知他要买《梦溪笔谈》。店老板告诉他，现在人们都读四书五经，为的是考取功名，科学方面的书即使进了货也没人买。宋应星只好懊丧地离开了文宝斋。

在往回走的路上，宋应星脑子中一直在想那本书，到哪去找？他一边走，一边想，只听"哎哟"一声，撞到前面一个行人身上，再看地上，已经撒了许多米粿（江西特产，炸糯米面圆子）。这时宋应星的心思才从《梦溪笔谈》回到眼前，他连声道歉，急急忙忙地弯下腰帮那位行人捡米粿。捡着捡着，他眼前一亮，包米粿的废纸上竟有"梦溪笔谈"几个字！这真是踏破铁鞋无觅处，得来全不费功夫。他忙向那人询问米粿是从哪儿买的，好去寻找这本书。

那人告诉他，是从一个老汉那儿买的。宋应星一口气跑出好几里路，才气喘吁吁，满头大汗地追上了卖米粿的老汉，要出高价买老汉包米粿的废纸。

老人见他爱书心切，就找出一本旧书给了他，原来是部残本的《梦溪笔谈》，书少了后半部。老汉告诉他，这书是清早路过南村纸浆店时向店老板讨来的。宋应星又一路跑着赶到纸浆店，可那后半部书已经和别的旧书一起拆散泡入水池，正准备打成纸浆。

宋应星急得搓着手在水池边转来转去，心痛地望着水池里的书，眼泪都要掉下来了。他拉住店老板的手，急切地说："求求您，帮忙把《梦溪笔谈》那本书从水池里捞上来吧。"说着，他摸出了身上所有的钱，摆在老板面前，又脱下衣服抵作酬金。

老板不解地问："孩子，这一池废书也不值这些钱啊！"宋应星向老板讲述了自己找这本书的经过。老板被这种求学的精神深深感动了，赶忙让工匠下水池从散乱的湿纸堆中找齐了那半部书。

宋应星捧着湿淋淋的书回到了家，小心翼翼地一页页分开，晾干，装订好。他终于得到了梦寐以求的书。

这个故事明显是后人编的。因为《梦溪笔谈》有 30 卷，那可是厚厚一摞子。不过，这个故事也从侧面展现了宋应星的求学精神。

明初，朝廷八股取士，理学逐渐变为僵化的科举教条，严重阻碍着科学技术的发展。嘉靖以后，王守仁的心学风行大江南北。后来的泰州学派发扬了王守仁的心学思想，反对束缚人性，引领了明朝后期的思想解放潮流，在长江中下游，尤其是长江三角洲和赣江流域等商品经济发达的地区影响很大。

宋应星也深受影响，他走出书斋，接触社会，这样就有机会来了解基层群众生产领域的工艺流程。明代江西的手工业十分发达，在全国处于领先地位，宋应星也就有条件对各种生产进行深入细致的考察，这对他写作是极为有利的。

也正是在这样的条件下，宋应星才可能写出《天工开物》这本皇皇巨著。

那么，《天工开物》究竟记载了什么内容呢？

全书分为上中下三卷共 18 篇。上卷记载了谷物豆麻的栽培和加工方法,蚕丝棉苎的纺织和染色技术,以及制盐、制糖工艺等。中卷内容包括砖瓦、陶瓷的制作,车船的建造,金属的铸锻,煤炭、石灰、硫黄、白矾的开采和烧制,以及榨油、造纸方法等。下卷记述金属矿物的开采和冶炼,兵器的制造,颜料、酒曲的生产,以及珠玉的采集加工等。

值得一提的是,本书的初稿本来有 20 章,包含《观象》和《乐律》两章,是宋应星专门论述天象观测和音乐韵律的,内容也达到了相当的高度。可是宋应星认为,"其道太精,自揣非吾事,故临梓删去"。自古文章都是自己的好,花了许多功夫,却以读者为念,在出版之前毅然删去,宋应星这种严谨的治学精神,与一些人唯恐不能显示"水平",而不惜"拔高"甚至"注水"的风气相比,有天壤之别。

我们以《乃服》篇为例,来看看宋应星笔下的技术和人文的世界。

古人是怎样缝制衣服的?

1933 年,一队考古工作者来到了在北京周口店龙骨山山顶洞里。经过几个月的勘探,他们惊异地发现了距今已有 25000 年的一枚骨针。骨针是原始人缝制衣服用的,也就是现代生活中人们常用的缝衣针,而缝线则是将动物韧带劈开所做的丝筋。骨针的发现拉开了中国服饰发展史的序幕。

上古时期的人类,服装常常是野兽毛皮,目的是御寒、遮羞、装饰,仅仅在款式上稍有不同,这是由不同部落的人所处的生存条件决定的。例如,在游牧民族中流行的"羊皮衣""虎皮衣"等设计灵感就源于他们的生存环境。由整块羊皮、虎皮制成的衣服仍保留了动物的原始样貌,使他们在充满未知和险恶的自然环境中为自己增加了一道护身符。

这群"山顶洞人"似乎充当了人类文明生活的先锋。随着灵魂深处对于美的追求被激发出来,利用骨针和线绳,他们思路大开,使原始社会的服饰制作走进了一个崭新阶段。先人们将原始兽皮和各种动物骨头进行裁剪设计,通过骨针将其缝合起来,制成帽子、腰裙、外衣等,甚至还用兽牙、石珠进行装饰。如今看来,这个针尖本来就是人类文明的指向标,用犀利的锋芒划开了时空界限。

随着时间的推移,聪明的华夏民族开始了植桑养蚕、缫丝织绸。

那么蚕是如何被发现的呢?

在山西省夏县,就流传着这样一个故事。

五千年前,在古西陵部落里,有一对夫妇。一天,妻子岐娘梦见王母娘娘将彩凤投入自己怀中,醒来便发现怀孕了。第二年,她诞下女儿,这便是嫘祖。

一次,嫘祖在山上采摘桑果时,偶然发现一种昆虫正在吃桑叶。这虫子的颜色呈现出亚麻白,很像马头。观察一段时间后,嫘祖发现虫子开始在树叶之间吐起了细细长长的丝。这些细丝像一团胶,把虫子一层层紧紧地包裹起来,后来化身成了一颗颗椭圆形的"蛋"。

又过了一段时间,"蛋"居然破了,从里面飞出的一只只小蛾停在桑叶上,同时还产下一排排虫卵。嫘祖觉得既然它们会飞,就叫天虫吧。《天工开物》记载:"凡蛹变蚕蛾,旬日破茧而出,雌雄均等。"其实就是对"天虫"的这一习性的准确描述。这种"天虫"就是蚕。

后来嫘祖发现,蚕丝形态细长,质地又柔又亮,富有韧性,制作衣服再合适不过。经过一系列的加工,人类历史上第一件丝衣脱颖而出,人们把它称作"丝织衣"。

那么,丝织衣是怎样制成的呢?

由于历史久远,具体的加工过程已不可知。但总体来说,嫘祖制衣,少不了两大环节:缫丝与提花。

从蚕茧中抽取蚕丝的过程称为缫丝,《天工开物》里有相当细致的描述。缫丝通常使用水煮的方式,一方面利用水的高温杀死茧中的蚕蛹,另一方面因为蚕丝是动物纤维,含有大量动物胶质蛋白,通过加热,使其中大部分胶质蛋白溶于水中,从而起到分离纤维,顺利抽出蚕丝的目的。缫丝是一道工艺要求十分严格的工序,水质、水温及浸泡时间等因素都会影响蚕丝的品质。

丝线织成绢丝品后,为了增加它的美妙,往往会使用提花机等工具。《天工开物》里说:"张悬花楼之上,即织者不知成何花色,穿综带经,随其尺寸度数提起衢脚,梭过之后居然花现。"提花机也是织机的一种,常用于编织复杂花样的织物,故而称为提花机。它的发明代表着中国古代纺织技术所取得的最高成就。直到今天,还没有一种现代机械能完全取代古老的提花织机。

大约在北周时期,嫘祖就被公认为蚕神,成了"蚕神娘娘"。

时间回到1926年的山西夏县西阴村——著名的仰韶文化遗址。考古工作者李济从残留的陶片和泥土中发现了一粒花生壳一样的东西,这是什么呢?经考古学家确认:是半粒被利器切割过的蚕茧。这表示了当时人们切茧取蛹为食,蚕茧用来抽丝。

半粒茧证明早在5000多年前,先民们经过漫长而艰辛的摸索,已经完成从驯化野蚕到缫丝织绸的历史进程,建立起原始蚕桑丝绸业。小村庄因此驰誉世界。

"桑"和"梓"究竟指代什么呢?

嫘祖所发现的"蚕",是所有绢丝昆虫的统称。自然界中蚕的品种很多,可以分为桑蚕与野蚕两类。桑蚕以桑叶为食物,因其可被家养故又称家蚕。野蚕有柞蚕、蓖麻蚕、樟蚕和天蚕等数种。

蚕的一生短暂而忙碌,40天左右的生命中要经历蚕卵、幼虫、蚕蛹、成虫4个阶段,幼虫成熟后便会吐丝成茧,而且饲养也颇有讲究。宋应星在《天工开物》中记载:"凡蚕畏香,复畏臭。"说的就是蚕对味道极其敏感的特性,不管是香味还是臭味都有可能把它们熏死。

在我国农村普遍饲养的是家蚕。早期的蚕桑生产主要集中在黄河流域。魏晋南北朝时,北方战乱频仍,使得生产的重心从北方中原地区转移到了南方长江流域的太湖地区。现在的主要产区有广东、广西、浙江、江苏、重庆、四川等。

蚕养殖的兴盛推动了丝织业的繁荣。1976年,在河南安阳的商代殷墟墓中,人们就在50多件铜礼器的残片表面,发现了黏附的丝织物。到了汉代,丝绸的种类变得丰富多彩了,各类纺织作坊已经可以生产色彩丰富的锦、绮、娟、绣等丝绸织品。丝绸贸易空前繁盛,著名的"丝绸之路"就是在这时候形成的。

唐朝是丝绸业的鼎盛时期,不论是质量、产量还是品种,都到达了前所未有的水平。织丝技术也在这时广泛传播到西域各国。到了元代,由官方编纂的农书《农桑辑要》在全国发行,推动了丝织业的发展,庞大的官营织造体系初步建立起来。步入明清两代,在资本主义萌芽的刺激下,丝绸商品化趋势以及海外贸易迅速发展。

由此可见,蚕桑的历史是贯穿于中华文明发展史的。而与蚕桑相关的许多事物,也深深影响了传统文化。桑和梓就是一个很好的例子。

1910年的秋天,父亲毛顺生再三思考,决定让毛泽东去做生意。但是少年毛泽东目睹国力衰败状况,立志走出家乡韶山去实现更大的理想。在他的坚持下,父亲选择了妥协。临行前,毛泽东写下一首《七绝·改诗赠父亲》。诗文是这样的:"孩儿立志出乡关,学不成名誓不还。埋骨何须桑梓地,人生无处不青山。"诗里的"桑梓"指代家乡。在毛泽东看来,死后不必葬在故乡的土地,到处都是可以埋葬尸体的青山。这个尚未走出"桑梓"的少年人,就有了胸怀天下、志在四方的远大抱负。

为什么在我国那么多树种,偏偏是桑树和梓树意寓家乡呢?

在古代的中国,桑和梓是家宅旁边常栽的树木,和人们的生活息息相关。桑树的叶不仅可以作为蚕饲料,还有很多用途。《天工开物》记载:"片片扫拾以饲绵羊,大获绒毡之利。"足见桑叶的价值。此外桑木可制器具,枝条可编笋筐。桑椹可供食用、酿酒,叶、果和根皮均可入药。可见,种桑养蚕,衣被苍生,是乡土中国事关国计民生的盛事。梓树是落叶乔木,其嫩叶可食,树皮是一种中药,木材轻软耐朽,是制作家具、乐器,尤其是棺材的良木。

因此,古人钟爱于在房前屋后种桑植梓,作为休养生息的象征。自东汉以来,梓便用以喻为故乡了。桑梓之地乃父母之邦,人们见到桑树与梓树更容易引起对父母的怀念,因此"维桑与梓,必恭敬止"。

还有一个例子。当有人说龙起源于蚕,不知作为"龙的传人"的我们,有何感想?而我们观察甲骨文中的"龙"字,就会惊奇地发现,它的上部明显就像一条蚕的头部,而它的下部也明显就像一条蚕的身体。"龙"字的整体形态确实与蚕有着不解之缘。

丝绸行业与汉字之间有千丝万缕的联系。东汉许慎的《说文解字》中,收录了缫、绮、经、纬等许多有关纺织业的字。成语"作茧自缚",就是将蚕的吐丝行为引申为人自我束缚、自我封闭;用描绘丝绸的"天机云锦"来称赞诗文华美精妙,浑成自然。

由此可见,蚕桑文化与中华文明复杂而深远的联系,远远超出我们的想象。

"丝绸之路"是谁命名的?

一提起丝绸之路,在大家的脑海里就浮现这样一幅场景:清脆的驼铃声响起,一支小小的商队慢慢走来,商队后面是茫茫的戈壁和无尽的黄沙。有人很奇怪,这样苍凉的景象怎么会和"丝绸之路"联系在一起呢?这个唯美、浪漫的名字是怎么来的呢?

让我们诧异的是,"丝绸之路"这个名字并不是中国人命名的,而是一个德国人最先提出,他就是费迪南·冯·李希霍芬。

这是怎么一回事呢?

我们先来说说李希霍芬。

清咸丰十年(1860年),德国政府想和中国、日本、泰国等国建立外交关系,就派了一个规模庞大的外交使团前往东亚。当时年仅27岁的李希霍芬就成为使团成员,开始了他的东方之旅。中国之行让李希霍芬大开眼界,使他对这个古老的国家产生了浓厚的兴趣。

过了几年,同治七年(1868年)9月,李希霍芬再次来到中国,想对中国进行地理考察。这时候,他还一句中文都不会说,就连他的姓"李希霍芬"都是别人给翻译的,译成"栗希霍芬"。在去北京总理衙门领取护照时,朋友就劝他,你这个姓对中国人来说太陌生了,没有亲近感,不好。那怎么办呢?朋友说,你这个"栗"与"李"同音,现在慈禧太后身边的红人叫李鸿章,你不妨改成"李希霍芬"吧。这样,就可以增加对中国人的亲和力。李希霍芬欣然接受了这个建议。

也许真的是托李鸿章的福,接下来的四年,李希霍芬对大半个中国进行了地理和地质考察,所到之处,顺风顺水。后来,李希霍芬跑到洛阳。他注意到,洛阳有一条一直通往撒马尔罕(今属乌兹别克斯坦)的古老商路,迄今仍有贸易往来。这条商路叫什么名字呢?李希霍芬询问中国朋友,但大家都说没有名字。

既然没有名字,那就给它起一个吧。叫什么好呢?或许是被中国精妙的丝织魅力所征服,灵光乍现之中,李希霍芬脱口而出:就叫"丝绸之路"吧。这就是"丝绸之路"名字的由来。

如今,我们所说丝绸之路一般指陆上丝绸之路,是西汉时由张骞开辟的横贯亚洲、连接欧亚大陆的古代商贸通道。它以长安(今西安)为起点,经甘肃、新疆,到中亚、西亚,以罗马为终点,全长6440千米,包括南道、中道、北道三条路线。广义的丝绸之路还包括"海上丝绸之路",是古代中国与外国交往的海上通道。海上丝绸之路形成于秦汉时期,发展于三国至隋朝时期,繁荣于唐宋时期,转变于明清时期,是已知的最为古老的海上航线。

丝绸之路将东方的蚕桑技术传到了欧亚各国。伴随着资本主义的发展,西方丝织业逐渐发展起来,到了明清时期,东西方的丝绸商战也如火如荼的展开了。

说到这儿,就不得不提到著名的徽商胡雪岩了。

胡雪岩曾被朝廷授予从二品的布政使衔,赏黄马褂,是名副其实的既戴红帽子又穿黄马褂的"红顶商人"。据说他的家产富可敌国,个人财富高达两千多万两银子。费行简在《近代名人小传》中披露,"胡私财亦二千万"。如果以一两银子按照现今的200元计算,他的财产高达人民币40亿元。

可就是这样的一位晚清富商,却在光绪十一年(1885年)11月,在杭州郊区租来的旧房子中愤懑辞世。一代商界巨擘为何落得如此凄惨的下场呢?

胡雪岩是一位很有民族气节的商人。光绪八年(1882年),为了抵制洋商对华人散户的盘剥,胡雪岩在上海开办蚕丝厂,耗银2000万两,企图垄断丝茧贸易,引起外商联合抵制。近代百年企业史上,第一场中外大商战爆发了。

开始时,胡氏高价尽收国内新丝数百万担,占据上风。眼见胜负当判,谁知"天象"忽然大变。欧洲意大利生丝突告丰收,再就是中法战争爆发,市面剧变,金融危机突然爆发。事已如此,胡雪岩已无回天之力。红顶商人的商业帝国轰然倒塌。

一代巨贾,至此身败名裂,宾客绝迹,前后判若两人。但在晚清颓靡的社会中,敢于独自面对欧洲列强的商人,维护民族利益,"堪称华商中民族英雄的典范,而不仅仅是个有钱的商人"。

布衣材料是怎么演变的呢?

丝织品在中国古代一直保持的"高档"的地位,而葛麻类纤维作为日常衣料,则与人民息息相关。个人把庶民称为"布衣",也由此而来。

今天当我们翻阅古籍时,常常可见"布"的名称,但是大家千万不要以为这个"布"是指当今的"棉布",它是指用葛、麻织成的纺织品。

葛是一种多年生草本植物,茎长二三丈,从中抽取出的纤维可以用于纺织,织成的织物称为葛布。葛纤维吸湿散热性较好,特别适宜作夏服材料。1972年,江苏吴县草鞋山的新石器时代遗址中出土了三块葛布残片,证明葛是中国最早的纺织品原料。

春秋战国时期,是葛布生产的黄金时期,高质量的葛织物不仅各地都有生产,产量也很惊人。据记载,越王勾践败于吴国后,一次献给吴王的葛布就达10万匹。不过隋唐以后,葛却因其单纤维较短,不适于精加工逐渐被麻取代,它的生产便局限于一些偏僻山区了。

麻是一大类植物的总称,主要有苎麻、亚麻、大麻、黄麻、苘麻等品种。麻织物韧性大,吸湿性强,所制衣服具有挺括吸湿、透气凉爽的优点,是夏天的衣服和帐幕的主要原料。《天工开物》中提到:"色有青、黄两样。每岁有两刈者,有三刈者,绩为当暑衣裳、帷帐。"讲的就是苎麻的特点。还有一种用芭蕉和苷蕉的茎皮纤维作为材料的麻布,宋应星有"取芭蕉皮析缉为之,轻细之甚"的赞叹。唐宋期间,广东、广西、福建所产的蕉布非常有名,常作为贡物献给统治者。但是麻织物保暖性差,而且很粗糙,因而宋代以后逐渐被棉织物取代,不再作为主要的服饰原料。那么,棉花什么时候开始在我国种植的呢?

据记载,棉花在古代作为舶来品从印度传入我国,最早应该是南北朝时期,但只在边疆地区种植,并未成为服饰主流。一直到宋末元初,棉花才正式传入中原地区。可是棉花的种植却受到了限制,在人民都吃不饱饭的时代里,哪还有闲置的土地呢?解决这一困境的关键人物出场了,他就是明太祖朱元璋。

元末明初,战争给国家带来的是满目疮痍、民不聊生,为了增加人口、恢复生产,朱元璋特别重视经济作物的种植,出台法令规定,农民必须拿出一部分土地种植经济作物。就这样,棉花种植成为全国性的行动,这也带动了棉纺织业的发展,棉布逐渐成为全国流通的商品。宋应星在《天工开物》说"棉布寸土皆有""织机十室必有",就生动地描述了当时的情况。

到了明朝中叶以后,人不论贵贱,地不分南北,都穿棉布做的衣服御寒。北方的河南、河北气候适宜种植棉花,成为原料供给中心,而长江三角洲一代棉纺织技术较高,成为了纺织业的中心。棉花由北向南,棉布由南向北,市场不断扩大。随着朝廷推广棉花的种植,使得中国社会产生了资本主义的萌芽。

说起棉业的发展,不得不感谢一位民间女子,她就是黄道婆。那么,黄道婆又作出了哪些贡献呢?

民间传说里,黄道婆的身世充满了传奇色彩。南宋末年,天下大乱。一天清早,上海乌泥泾镇一户人家的女主人,在路旁草丛里捡了一个三四岁的小女孩,便抱回家当了童养媳,取名黄道囡。

道囡生得聪明伶俐,十二三岁就跟着养父母下地劳动、烧饭、纺纱织布。她累得头昏眼花,却经常遭受毒打。实在难以忍受这种虐待,一天半夜,黄道囡通过事先在房顶上掏的洞,偷偷地逃了出来。她躲进一条停泊在黄浦江边的海船,随船漂泊到了海南岛南端的崖州(今海南三亚)。

黄道因来到崖州,拜当地黎族同胞为师。从棉花选种到播种,从育苗到田间管理,从采棉到轧籽,从弹花到纺织技术,她都用心琢磨,反复实践,直到全部掌握。

一晃30多年过去了,道因也变成了两鬓斑白的道婆。树高千丈,叶落归根。黄道婆告别像姐妹一样的黎族妇女,搭乘海船回到了故乡上海乌泥泾镇。

她改革创新棉纺织业生产过程中各项技术——去籽、弹棉、纺纱、织布。把手剥棉籽改革为手摇轧车;将原来尺把长的弹棉小竹弓,改革成绳弦大弓;过去用的手摇纺车,一手纺一根纱,她改为三锭脚踏纺车,一手能纺三根纱。这些创新都在《天工开物》里记载了下来:"其花粘子于腹,登赶车而分之。去子取花,悬弓弹化。弹后以木板擦成长条以登纺车,引绪纠成纱缕。然后绕篗,牵经就织。"

黄道婆还改进了织布机,用不同颜色的纱线交错配色,织出的花布、被褥、枕巾等,都带有龙、凤、麒麟等美丽图案。她纺出来的"乌泥泾被"鲜艳如画、图案栩栩如生,远销各地,名扬天下。

黄道婆对纺织技术的革新大大提高了我国棉纺织业的生产效率。现在,这位棉纺织革新家流传下来的工艺被后人不断改良,形成了著名的乌泥泾手工棉纺织技艺,成为重要的非物质文化遗产。

胡服骑射是怎么一回事呢?

无论是缫丝、织锦还是纺纱、织布,最后都要做成美丽的衣裳。中华民族服饰绚丽多彩,精美绝伦,各个民族的服饰都有自己的特色,它们共同构成了中华优秀传统文化的重要组成部分。

在历史上,各个民族的服饰也相互影响,"胡服骑射"就是一例。

战国时期的赵国颁布了一项震动全国的政策:武灵王要求士卒改变千年以来汉族的穿衣习惯,转而学习胡人。这是怎么一回事呢?

马蹄声声,尘烟弥漫,中原各国和外族胡人的战争从未停止过。当时的赵国位于北方,与少数民族林胡、楼烦等接壤,经常受到这些邻国欺负。

当时中原地区打仗,主力军是步兵和战车。战车虽然威力强大,但是很笨重,地势稍有坎坷就难以行驶,在山地就如同废物一般。步兵呢,则身穿传统的汉人服饰,宽袖子大长袍。想象一下,一个穿着大长裙的士兵打仗,拖拖拉拉,扭扭捏捏,怎么能赢呢?而胡人的衣服都是上身窄袖短衣,下穿长裤,脚上蹬一双长皮靴或者裹腿,搭弓射箭,骑马作战,灵活自如。

武灵王意识到,改革服饰和作战方法势在必行。他即刻召集大臣商议此事,但是除了大臣楼缓和相国肥义外,全国上下一片反对之声。

中原国家向来轻视夷狄。朝中有个声望极高的保守派大臣公子成,他是武灵王的叔公,一听说要改革服饰,学习胡人,气的干脆装病不上朝了。为了改革顺利进行,武灵王亲自登门拜访。在他的百般劝说下,公子成被说动了,第二天就穿着赵王赏赐的胡服上朝去了。

众人一看,也都不好再反对了。就这样,赵国人不分贵贱,都穿起了胡服,学起了骑马射箭。赵国的军事实力大大提升,名将辈出,成为了东方六国唯一可以和秦国相抗衡的强国。

其实古代每个朝代的服装都各具特色。历朝历代的开国皇帝都要改服饰、定服制,为的是体现盛世太平,期望国富民强。唐装就是一个具有代表性的例子。

贞观年间,政治气候宽松,人民安居乐业,和唐朝友好往来的国家有300多个。外国的使者们齐聚长安城,他们赞叹着大唐的繁华盛世,也把异域的风情播撒到秦川大地。

一本阿拉伯人所著的游记里,记载着这样一个故事:某日,一位阿拉伯商人去拜见一位官员。见面后,商人总盯着官员的胸口瞧个不停,官员感到非常奇怪又不好意思询问。就在这时,阿拉伯商人发出感叹:"中国的丝衣真是了不起,隔着一件衣服都能看见您胸口的痣!"那官员一听,哈哈大笑:"我哪是穿了一件丝衣。"说着便撩开衣襟,"我是穿了五件啊!"

走进盛唐,张萱所画的《虢国夫人游春图》展现了宫廷的华丽春服。

这位虢国夫人是何许人也?

天宝年间,玄宗李隆基宠爱杨贵妃,正所谓"姊妹弟兄皆列士",杨家的三个姐姐也分别被封为韩国夫人、虢国夫人、秦国夫人。众姐妹中,三姐虢国夫人和杨玉环样貌最像,深得玄宗恩宠,也最为骄奢淫逸。《虢国夫人游春图》描绘的就是虢国夫人携侍从春游踏青的场面。

不过,人们在观赏这幅画时,就会有些懵,——图中到底哪位才是虢国夫人呢?

画中一共九个人。位于画幅中心的是三位妇人,最有可能在其中找到画的主角。我们先看中间并列的两位,二人衣裙鲜丽,肩上披着华丽的丝帛,尽显富贵。无疑,这就是韩国夫人和秦国夫人。

那么,旁边身穿蓝色衣服的妇人,会不会是虢国夫人呢?当你凑近仔细观察,你不免会产生一种幻灭感。因为这个妇人神态沧桑,所穿服饰单调朴素,大概只是一个仆妇。

那么,真正的虢国夫人在哪呢?

有学者认为,虢国夫人应该是图中最右边的那个"男子"。何出此言呢?此人远看似是一名男子,细细观之,却见面颊丰润,眉清目秀,樱桃小口。再仔细看,这黑衣男子的衣服可不一般,胸前位置极淡地纹饰着描金的鸾凤团花,显得低调奢华,和"他"身后两位宦官的白衣制服完全是天壤之别。可以断定,"他"肯定不是宦官。

但如果"他"是虢国夫人,为何身穿男子服饰呢?其实在贞观初年,就有大量身穿胡服的粟特人涌入中原。很快，简洁轻便的男士胡服进入了大唐的时尚圈，成为名媛贵妇的时髦服饰。这种女穿男装的社会风尚在高宗时期迅速扩散。据说，武则天和太平公主有时也会穿男装参加宴会活动。玄宗时期，"中性风"已经相当普遍了。因此，虢国夫人女扮男装也未必不是一种可能。

画笔之下是唐朝服饰特有的华美与风韵。大唐女子摆脱了礼教的束缚，这种昂扬自信的时代之美，在服饰的变化上被体现得淋漓尽致。

《天工开物》的18章里，章章都有这样精彩的故事。

我们不禁要问：《天工开物》是怎么流传的呢？

《天工开物》问世7年后，书商杨素卿就在福建刊行了第二版。随之，清代官刻《古今图书集成》《授时通考》广泛摘引该书。但《天工开物》却与《四库全书》无缘，到了乾隆朝之后，就再也没有人刊刻，在国内湮没近300年之久。这300年，恰恰就是中国科技停滞和沉寂的300年。这是宋应星个人的不幸，也是中华民族的悲哀。

是金子总要发光。《天工开物》在国内无人问津时，却"墙内开花墙外香"。

清康熙三十三年（1694年），《天工开物》传到日本，成为江户时代日本各界广为重视的读物，直接刺激了"开物之学"的兴起，大大促进了日本工农业科学和生产技术的发展。特别是明治维新时期，《天工开物》更是对日本生产发展、经济起飞起了巨大的推进作用。《天工开物》在日本明和八年（1771年）翻译出版，20世纪初又被译成现代日语，畅销至今。可以说，日本人对《天工开物》的研究一直没有停止过。

那么，《天工开物》又是怎么回到国人视野的呢？

《天工开物》在国内重现芳颜，识珠的慧眼、相马的伯乐、山水的知音是丁文江。

1911年，时任国民政府工商部矿政司地质科科长的丁文江，只身到云贵湘赣考察矿产。他在昆明图书馆查阅《云南通志矿产篇》时，看到其中炼铜的内容"录自宋应星《天工开物》"。"宋应星何许人也？"他如同发现了新大陆。

回到北京后，丁文江到图书馆查、地摊上淘，想尽快找到《天工开物》。在查《中国地方志综录》时，只有"分宜教谕宋应星"7个字。查《江西通志》的"南昌府卷"，发现只有"宋应星传"，不足100字。有一次，他到友人家中闲聊，那人说在日本帝国图书馆看到过《天工开物》，丁文江于是牢记在心。

几年过去，丁文江迁居天津。一位朋友拿出30年前在日本古董商人手里买到的《天工开物》，但已残破不堪。丁文江赶忙找商务印书馆，商议出版，但是因为这本书太破，没办法翻刻。丁文江心有不甘。他费尽心力，终于弄到一套日本新版的《天工开物》。于是，他决定以此为底本，参照《古今图书集》的插图进行修改，然后公开印行，并亲自撰写了一篇3000多字的"跋"。自此,《天工开物》才在自己的祖国流传开来。

怎么样,大家对《天工开物》有兴趣了吗?——那就读一读吧。

思考题

★ 宋应星是怎样写出《天工开物》的?

★ 蚕是如何被发现的?

★ "丝绸之路"是怎样命名的?

★ 古代百姓的衣物材料是如何演变的?

★《天工开物》为什么没有被《四库全书》收录?

第 10 讲

走近大宋提刑官和他的《洗冤集录》

【提要】 宋慈是我国古代杰出的法医学家，著有《洗冤集录》一书。他把当时居于世界领先地位的中医药学应用于刑事侦查，并对先秦以来历代官府刑狱检验的实践经验进行了全面总结，使之条理化、系统化和理论化。因此，《洗冤集录》一经问世，就成为当时和后世刑狱官员的必备之书，书中所载条目被奉为"金科玉律"，其权威性甚至超过朝廷所颁布的有关法律条文，对我国封建社会晚期的法律文化产生了重大而深远的影响。此书被译成多种文字，广为传播，深受世界各国重视，在世界法医学史上占有十分重要的地位。

2005 年 5 月，中央电视台播出了一部电视剧《大宋提刑官》。令人意外的是，这部古装剧大受欢迎，播出的第二周，平均收视率就超过了《新闻联播》。

剧集走的是古代版纪实悬疑剧的路子，由 11 个充满悬念、诡谲惊异的命案组成，而剧中那些让人目眩神迷的法医手段，则是出自一本古代的刑名专著《洗冤集录》。这样，一位科学巨人，一部世界名著，在历经 600 多年起起伏伏后，出现在世人面前。这就是"法医鼻祖"宋慈和他的《洗冤集录》。

那么，关于这个人和这本书，都有哪些故事呢？

古代官员的桌案会摆上一本什么书？

我们先来说一件趣事。

清同治十二年（1873 年），英国剑桥大学有一位叫嘉尔斯的教授，他漂洋过海到中国参观考察。一次在宁波，他看到官府在审理案件。清朝的案件审理程序当然和英国截然不同，这让嘉尔斯看得兴致勃勃,而更让他感兴趣的是,他看见审案官员的文案上摆了一函书(古代一套书是装在一个匣子里的)。他记得自己经常在清朝的衙门里见到这样的书,那它有什么用呢？嘉尔斯就上前询问。那位官员告诉他,这是一本"办案大全",审理刑事案件少不了它。而且,这还是一本"畅销书",不仅各级官员们有,甚至就连那些幕僚、师爷们,乃至仵作们也是人手一册。

这本书叫《洗冤集录》。

那么这本书究竟讲了些什么,能让它成为一本"办案大全",成为一本"畅销书"呢？

经过这位官员的介绍,嘉尔斯才知道。原来这本书里面,记载了他们断案时需要了解和掌握的几乎所有的法医知识和技术。借助这本书,官员们可以对伤者进行伤情鉴定；如果死者皮肉腐化,只剩白骨,官员们也可以发现骨伤,推断死者的死因；甚至死者尸骨无存了,官员们依然可以用《洗冤集录》上记载的方法,勘破案情,揭示真相。这么有用的一本"办案大全",当然会成为在府衙间流行的"畅销书"！

《洗冤集录》上记载的法医知识和方法让嘉尔斯教授大开眼界,这可比同时期的欧洲先进多了。那么,那个时期的欧洲人怎么断案呢？我们举个例子。

古代法国有一种"面包奶酪"审,法官要求当事人在一定时间内吞下大约一盎司的大麦面包和同样大小的奶酪,并且不能喝水。如果当事人毫无困难地吞下了,就说明他无罪；如果他吞不下,或者呕吐了,就说明他有罪。这种审判方法在法律史上有个专有名词,叫作"神断"。不过,如果罪犯也能把面包和奶酪吞下去,这样的话,"神"也就断不了案了。那怎么办呢？只好用酷刑来逼迫犯人,让他们招供。这和《洗冤集录》记载的法医技术比起来,落后得太多。

到了嘉尔斯教授这个年代,西方法医学已经有了初步发展,但是在许多方面仍然比《洗冤集录》落后。嘉尔斯无意间碰到这本书,如获至宝,想把这本书介绍到西方。不过,《洗冤集录》这本"畅销书"在当时流传的版本竟然多达几十种,该选哪一种呢？后来,在中国朋友的帮助下,他挑选了一个比较简单的版本,把它翻译成英文,分期刊登在英国的一本名为《中国评论》的杂志上。

在嘉尔斯前后,还有多位学者把《洗冤集录》翻译了成不同的西方文字。这样,《洗冤集录》就来到了欧洲,让西方人见识到了在显微镜和解剖术发明之前,世界上最先进的法医学,并且还在一定程度上推动了西方近代法医学和刑事检验技术的发展。也因于此,《洗冤集录》被公认为世界上最早的法医学专著。

这本法律界的"世界名著",是谁写的呢？这个我们都知道,他就是那个在荧屏上赫赫有名的东方福尔摩斯——"大宋提刑官"宋慈,法医学的鼻祖。

宋慈是何许人也？他真的像电视剧里面那样去断案吗？

《洗冤集录》记载了一个案子，这个案子，很有可能是宋慈自己在案件复查过程中侦破的。案情如下。

一次，一个人被杀死在路边。县令认为是遭遇抢劫，然后被杀，抢劫犯也不知去向。然后，他把验尸报告和判案材料等具呈上报。

宋慈在复审的时候，发现了两个疑点：其一，材料中说被杀者财物、衣物无损。既然是抢劫，罪犯一定会拿走财物，也会在被害人身上翻检，那么，他的财物、衣物怎么会"无损"呢？其二，验尸报告中说被杀者被砍了十多刀。抢劫犯只是为了抢夺财物，如果被杀者反抗，他只要把人杀死即可，有必要砍那么多刀吗？所以这个案子判的一定有问题！

那么，这是一件什么性质的案件呢？宋慈说：罪犯没有抢夺财物，而是砍了死者很多刀，这是为了泄愤，因此一定是仇杀。死者和谁有仇呢？宋慈就找来死者的妻子，问她："你丈夫平素里与什么人结下过冤仇吗？"妇人回答说："我丈夫平素为人很好，并没有和什么人结怨。""你再想想。"夫人说："我想起来了。前几天，某甲来借钱，但是这个人信誉不好，所以我丈夫没有借给他。那个人很生气，说过几天一定要借给他，否则会怎样怎样。这只是吵吵架而已，应该不算结怨吧。"

宋慈心里有数了，他叫人暗地里对某甲进行了调查。然后，又派出众差役，四下里分头贴出告示：死者系镰刀所杀。凡属附近居民，一律要将家中所有镰刀送交官府检验。如有隐匿者，必是杀人贼。

不久，居民们的镰刀送缴上来，有七八十张。宋慈叫人在镰刀上做了记号，然后排摆开来，放在官府门前的空场上。

这时，正值盛夏，烈日当空，酷热难熬。听说官府在判案子，检验镰刀，人们纷纷前来，都要看看这位提点刑狱到底是怎样破案的。连苍蝇也来赶热闹。不过很奇怪，这些苍蝇并没有嗡嗡乱飞，而是齐齐地聚到空场上的一把镰刀上。

宋慈就问这把镰刀是谁的。从人群中挤出一人，正是某甲，他应声说："是小民的。"宋慈喝令左右把他拿下。某甲高称冤枉："清平世界，荡荡乾坤，大人您凭什么要滥抓无辜？"

宋慈指着那把镰刀，对某甲说："杀人者正是你这刁民。别人的镰刀上都没有苍蝇，只有你的镰刀上有。这是因为你杀了人，然后把刀上的血迹洗去，但是刀上的血腥气还在，所以才会招来很多苍蝇。至于杀人动机吗，是你借钱不得，心存怨恨。如今铁证如山，你还有什么可抵赖的？"

某甲无言以对，只有"叩首服罪"。

这就是真实的宋慈。他与电视剧里的"神探"不遑多让。

"大宋提刑官"是干什么的？

说到这里，大家脑海里可能就会浮现影视剧里，宋慈那翩翩少年、风流潇洒、断案如神的形象了。

那么，历史上真实的宋慈到底是什么样子的呢？

我们先来看看史料是如何记载的。

然而，翻开历史的档案，我们却发现了一个奇怪的现象。这位"大宋提刑官"，宋代杰出的历史人物，却在《宋史》上找不到他的传记。一直到了清代，乾隆皇帝亲自组织编写了《四库全书》，这部中国历史上规模最大的文化大典把《洗冤集录》也收了进来。总纂修官纪昀（纪晓岚），《清史稿》说他"学问渊通"，意思是说，纪昀不仅学识渊博，而且能洞察其中的关键、细节。不过他在给《洗冤集录》写"提要"的时候，学问也不那么"渊通"了，因为他也不知道宋慈是谁。再三斟酌，纪昀最后只好写了这么四个字："始末未详"。意思是说，关于宋慈的人生经历，以及为什么要写《洗冤集录》，他纪昀是一点儿也不知道。

宋慈这位法医鼻祖，竟然到了这步田地！

那么，宋慈是否就此淹没在历史的长河里，后人再也难觅其踪迹了呢？

晚清的时候，有一位著名的藏书家，叫陆心源。有一次，他收购了一部《后村先生大全集》。"后村先生"是谁呢？他叫刘克庄。这个刘克庄是南宋末年的文坛领袖，他在南宋的文化地位很高，被认为是和陆游、辛弃疾鼎足而三的人物。刘克庄号后村，所以《后村先生大全集》实际上是刘克庄的文集。陆心源花了很大的代价，才把这部书收到手。

刘克庄的笔头很勤，文集居然多达200卷。当陆心源读到第159卷的时候，看到一篇文章，篇名叫作《宋经略墓志铭》。

"墓志铭"是什么东西呢？墓志铭是一种文体。古人死后，家属会找有声望、有地位的人为死者撰写墓志铭，然后把墓志铭刻在石头上，埋于坟前。因为古人讲究立德、立言、立行，所以他的生平事迹会被写进墓志铭里，刻于石上，以求得流芳百世。

那么，"宋经略"又是谁呢？陆心源细读之下才知道，原来就是宋慈。我们熟悉的宋慈当的官是"提刑"，但他最后担任的官是广东路经略安抚使兼广州知府，这也是他担任的最大的官职。提"经略"而不说"提刑"，是对宋慈的一种尊重。——这篇文章，是刘克庄为宋慈写的墓志铭。

刘克庄为何给宋慈写墓志铭呢？

陆心源细读之下才知道。刘克庄和宋慈早年都在南宋的最高学府——太学求学，因此两人是同学。在仕途上，刘克庄起步比宋慈早。宝庆元年（1225年）的时候，他来到宋慈的家乡,福建建阳任知县。这时候,宋慈因为父亲去世,恰好在家丁忧(守孝)。就这样,刘克庄成了宋慈的父母官。两人于是从同学成为好朋友,进而成为好兄弟。宋慈在仕途的初期,很多方面都得到了刘克庄的指点和帮助。

后来,刘克庄宦海沉浮,做到了工部尚书一职。

一天,家人来报,有人求见。刘克庄叫他进来,原来是个中年人。那人说,自己是宋慈的儿子,叫宋秉孙。刘克庄很高兴,问他:"10多年没见了,惠父(宋慈字惠父)可好?"宋秉孙哭着说:"父亲已经去世10年了。"刘克庄听到这个消息,非常悲痛。良久,他问那人:"你这么久才来找我,是有什么要帮忙的吗? 有事你尽管说。"宋秉孙说:"想求您为父亲写一篇墓志铭。父亲临终前说,他的墓志铭一定要请您来写。"

这才叫"生死相托"啊!刘克庄想起当年在建阳时的慷慨激昂,想起分别以后时不时的挂念,想起各自在人生路上的坎坎坷坷,不禁涕泗横流。他慨然应允,为宋慈写下了墓志铭,完成了老友10年前的重托。

这篇墓志铭流传范围极其狭窄,直到600多年后,才被陆心源发现。陆心源是位学者,他很明白这篇"墓志铭"的价值。他对《洗冤集录》很熟悉,对作者宋慈早已心向往之,于是他就以这篇文章为线索,又搜寻了其他一些资料,给宋慈写了一个传记。

这位法医鼻祖,在辞世600多年后,终于有了一篇传记!

刘克庄写的"墓志铭"和陆心源写的传记,都给我们透露了宋慈的哪些信息呢?

据刘克庄、陆心源的记载,宋慈是41岁才真正出仕为官,而且官职很小,仅仅是一个县的主簿。这是一种主要管理文书簿籍的官员,大概相当于现在的县政府办公室主任。然后,宋慈慢慢升迁,直到55岁,胡子都白了,才做了"大宋提刑官",跟咱们在屏幕上看到的青年才俊的形象大相径庭,绝对是"大器晚成"!

那么,宋慈的"大宋提刑官"称号是怎么来的呢?

宋慈任"提刑官"是在南宋嘉熙四年(1240年)。他最初担任的是"广东路提点刑狱公事"。这个"提点刑狱公事"是干什么的呢? 宋代,各路都有一个很特殊的机构,叫作"提点刑狱司"。这是宋代特有的官职,从宋太宗年间开始设置,俗称"宪司",这个机构的一把手就叫作"提点刑狱公事",俗称"提刑官"。

提刑的职权很大,《宋史·职官志》记载:"提点刑狱公事,掌察所部之狱讼而平其曲直,所至审问囚徒,详复案牍。凡禁系淹延而不决,盗窃逋窜而不获,皆劾以闻及刺举官吏之事。"意思是说,提刑官的主要职责是复核所属下级州县案件的判断、巡视监狱、稽查州县积压的案件,以及检举地方各级官吏的违法失职行为等,还要兼管保甲、军器、河渠等事务。不过,提刑官主要还是负责当地(本路)司法和刑狱的。因此,提刑司成为地方诉讼案件的最高审理机构,而宋慈这个"提刑官"就相当于现在的省级高级人民法院院长、人民检察院的检察长和监狱管理局的局长等。

担任"提点刑狱公事",标志着宋慈职业生涯的一个重大转折,他开始走上专业的刑事勘验之路,进而开创了古代司法鉴定的历史。

那么,中国古代的司法鉴定都有哪些了不起的手段呢?

滴血认亲究竟是怎么回事?

我们来举一个古装剧里常见的例子:滴血认亲。

古代没有DNA检测技术,如果遇见亲属血缘关系的案件应该怎么断案呢?有没有一种方法,可以直接确认人们的血缘关系,从而减少误判的可能呢?

古人很聪明,他们想到了一种方法,叫作"滴骨认亲"。

所谓滴骨认亲,就是把生者的血液滴在死者的骸骨上,观察血液是否渗入骨中,据此得出结论。如果血液能够渗入,说明生者和死者有血缘关系;反之,则说明生者和死者没有血缘关系。

这个方法有什么依据吗?迄今为止,我们还没有找到这种方法的生理学证据。因此,这个方法可能出于臆想,来源于古人的一种观念。古人认为,有血缘关系的人,他们滴出来的血会融在一起;而没有血缘关系的人,他们滴出来的血则会散开,并不聚合在一起。由这个观念引申出去,人们普遍相信:即使是已经死去的人,他们亲人的血也会渗入死者的骸骨。这大概就是"骨肉至亲"一词的来源了。进而人们也相信:即便是夫妻,因为长期共同生活,气血相通,他们的血也会交融在一起。

虽然滴骨认亲在我国出现得很早,在民间也颇为盛行,但是对其具体操作方法的介绍,则是来自于宋慈的《洗冤集录》:"检滴骨亲法,谓如某甲是父或母,有骸骨在,某乙来认亲生男或女,何以验之?试令某乙就身刺一两点血滴骸骨上,是亲生则血沁入骨内,否则不入。俗云'滴骨亲'盖谓此也。"宋慈把检验的条件、方法和判定的标准等,进行了比较详细的记述,成为用法医方法进行亲权鉴定的最早记录。

到了明朝以后,社会上流行起了"滴血认亲"法。后人在注释《洗冤集录》的时候,就把这个方法补充了进去:"亲子兄弟,自幼分离,欲相认识,难辨真伪,令各刺出血,滴一器之内,真则共凝为一,否则不凝也。"

这样,在《洗冤集录》里面,就出现了两种亲子鉴定的方法:一是宋慈的滴骨法,另一种是后补的合血法。滴骨法用来确定生者和死者之间的亲属关系,合血法则用来鉴定生者之间的血缘关系,我们总称为"滴血认亲"。这两种方法被长期沿用,成为古代司法机关确认亲属关系的重要手段,对官府断案产生了深远的影响。

后代的官员们是怎么用"滴血认亲"法来审理案件的呢?

在清朝人注释的《洗冤集录》中,收录了这样一个案子:

康熙五十年(1711年)的时候,有一次,一个牛郎和一个猪倌在河边打架。牛郎一棍抡去,一下把猪倌的脑袋打破了,鲜血直流。猪倌一翻身掉进河里,尸体顺流飘走。牛郎吓跑了,后来被抓捕归案。

按照法律,牛郎犯了杀人重罪。但是他不肯服罪,因为猪倌的尸体始终没有找到。没有尸体,怎么能定杀人罪呢?县令无奈,只好命人暂时把牛郎收监,同时派人到河边搜寻猪倌的尸体。但是不知什么原因,猪倌的尸体就是找不到。狱中的牛郎反复喊冤,猪倌的家属也不停申诉,弄得县令焦头烂额。

过了三个多月,有人来向县令报告:在河边发现一具白骨。县令很高兴,以为找到猪倌的尸体了,马上升堂断案,可是牛郎还是不服罪。他说:"大老爷,你们发现的是一具白骨,你们怎么能证明它就是猪倌的呢?"

这下,县令也有点发蒙。是呀,怎么证明呢?这时候,府衙里的一个师爷就给县令出主意:我们何不来个滴骨认亲?一句话提醒了县令。他叫人找来猪倌的妻子和女儿,按照《洗冤集录》上的方法,进行鉴定。猪倌女儿的血,很快渗入骨中;他妻子的血,虽然没有渗进去,但是却在骨头上凝成一团。这就说明,这具尸骨是猪倌的。

但是牛郎还是不服。县令恼了,他叫人割破牛郎的手指,也把血滴在白骨上。牛郎的血很快从白骨上流下去,既没有凝成一团,也没有渗进骨中。牛郎再也无话可说,只得服罪。

在这个案子中,县令就用了滴骨法来断案。猪倌女儿的血,因为血亲关系,很快渗入骨中;他妻子的血,因为"气血相通",所以会凝成一团;而牛郎和猪倌,则是没有任何关系,所以血就会流走。

我们再来说说合血法。

清朝有一个叫许仲元的,做过浙江昌化县的县官,他写了一本《三异笔谈》,书中记载了自己办的不少案子。其中一个案子是这样的:

有一个章某,家里很穷,妻子死了,没钱续弦。但是他并不安分,就和一个有夫之妇勾搭上了。妇人的丈夫因病去世,章某就立马和这个妇人成婚。两人婚后六个月,妇人产下一子,后来也没有再生育。

章某娶了妻得了子,心满意足,于是辛苦持家,家境逐渐殷实起来,有了两顷山田。这就引起了族人的垂涎,要谋夺章某的财产。他们说,这个孩子是妇人与前夫所生,不属于章氏血脉;要求章某另外在族里找一个章姓男孩,来承继"香火"。章某一家当然不干,族人也不罢休,双方因此产生纠纷,闹到县衙。

这个案子的关键是要证明孩子是不是章某的骨肉,该怎么办呢?许仲元说:"此非滴血不辨。"意思是说,只能用合血法来验证。他让人取来一只大碗,自己亲自用温水洗净,再倒满泉水。然后让章某站在左边,孩子站在右边,把袖子捋起来。许仲元用大针刺入他们的胳膊,两缕鲜血就流了出来,落进碗中。接着,人们就看到一幅奇景:"左者渐趋而右,右者渐趋而左,初甚纡徐,愈近愈速,翕然合同而化矣。"在碗中的两缕鲜血互相靠拢,最后竟然融合到了一起!

既然两人的血可以融合一处,说明他们有亲缘关系,的确是父子,族人再也无话可说。

以上案例说明,"滴血认亲"是官府常用的亲子鉴定的方法。

《洗冤集录》所记载的两个滴血认亲的方法,滴骨法和合血法,在今天看来,都不十分科学。不过,我们要注意到,滴血认亲是在特定场合、特定人群中做的,大量的案例说明,它还是有一定的准确性的。特别是合血法,它说明我国古代已经注意到父母血型对子女血型的影响,这是一大发现。它是后世血清检验法的萌芽,是现代亲权鉴定血清学的先声,这比世界各国有此记载要早得多。

《洗冤集录》是怎么影响世界的?

宋慈为什么被尊为"法医鼻祖"呢?

宋慈刊印《洗冤集录》前后,南宋曾有一段短暂的辉煌时期。

端平元年(1234年),宋蒙联军灭金。宋将孟珙还将金哀宗的遗骸带回临安,理宗命将其供奉于太庙,以告慰徽、钦二帝在天之灵。宋朝廷终于报了金灭北宋之仇。

然而随着金国的灭亡,南宋也失去了北方屏障,面临比金更强大的蒙古的威胁。端平二年(1235年),蒙军开始南侵。由于宋军奋勇作战,一再击退蒙军,甚至在开庆元年(1259年)的合州之战中,用流矢击伤了蒙古大汗蒙哥。蒙哥因伤死于军中,纵横欧亚大陆的蒙古铁骑遭遇重大挫折。

在这样一个"盛世"的气象之下,《洗冤集录》这本办案大全被推广到全国。

但是好景不长。忽必烈在建立元帝国后,大举攻宋。咸淳九年(1273年),襄阳城破,南宋再无抗击元军的力量。三年后,元军攻占临安。又过了三年,陆秀夫在崖山背负幼主赵昺跳海,南宋彻底灭亡。

因此,从《洗冤集录》刊印到南宋灭亡,前后只有三十多年,其间又战乱频仍,所以这本书虽然推广到全国,但是其应用还是有限的。

而就在南宋灭亡前后,《洗冤集录》散佚了。

《洗冤集录》是一本专业书籍，除了衙门的官员、书吏等人，一般人是不会看的，在市面上也没有流传。而在战乱年代，衙门却是最容易遭受攻击、抢掠和焚烧的地方。随着一个个城池被元军攻破，一个个衙门被洗劫，一本本《洗冤集录》散佚了。以至于最后流传到元人手上的，只是《洗冤集录》残本。这就是我们现在见到的《洗冤集录》。

那全本的《洗冤集录》是怎样的呢？我们推测，宋慈写的《洗冤集录》一共十卷。前五卷是法医检验方面的内容，后五卷可能是宋慈"集录"古籍中的法医案例。书里既有理论，又有实践，便于理解。前后五卷相互独立，而又前后关联。现在流传下来的，只是这本书的前五卷。宋慈究竟"集录"了哪些古籍，哪些案例，我们都不知道了。

这是国家的悲哀，是宋慈的悲哀，也是《洗冤集录》的悲哀。但仅仅是前五卷内容，也足以指导后世，引领法医科学的发展了。

那么，《洗冤集录》对后世有什么影响呢？

让人感到意外的是，这本在南宋难以广泛应用的书，却影响到了正在灭亡南宋的元帝国。元人得到《洗冤集录》的残本，如获至宝，立即就加以应用。至元五年（1268年），政府发布了一个"检尸体式"的法令。这个法令主要是督促官吏尽速检复，以免尸体腐烂难以检验。而它的内容，竟然就是《洗冤集录》中"四时变动"一节的全文！此时宋慈已去世19年，不知九泉之下的他，在得知此事后做何感想？

宋慈死了以后，有人以《洗冤集录》为蓝本，写了一本《平冤录》。在元朝的时候，法医学家王与又在《洗冤集录》和《平冤录》的基础上，写了一本《无冤录》。后人把这三本书合称为"宋元三录"，而在整体的法医学成就上，则是以《洗冤集录》为最高。

到了清朝，法医学界基本上都是在注释和推衍《洗冤集录》。据现在统计，当时注释和推衍《洗冤集录》的书籍，最少有40种。清朝的律例馆还把这本书编辑校正，定名为《律例馆校正洗冤录》，以国家的名义向全国推广。

由此可见《洗冤集录》影响的深远。在古代，"洗冤"就成为法医检验书的符号、代名词。

我们周边国家的法医学，也是受到了《洗冤集录》的影响。不过，这种影响是间接的。前面我们说了，"宋元三录"中有一本《无冤录》，它是以《洗冤集录》为蓝本的。这本书在明初传到高丽（朝鲜），在那里应用了500年。而且，《无冤录》在朝鲜不仅是一部法医检验用书，它还是任用司法官吏（刑曹）的考试用书，具有官方性质。之后，日本在德川幕府时代引入朝鲜版的《无冤录》，短短10年间再版了6次，影响极大。

借助《洗冤集录》的传播，以中国为核心，形成了东方的法医学体系，我们现在称之为"东洋法医学"。所以，《洗冤集录》对亚洲邻国法医学的发生、发展具有决定性的影响。

鸦片战争前后，《洗冤集录》开始传入欧洲，很快融入西方文化的氛围之中，对欧美法医学的迅速发展起到了积极的推动作用。由此可见,《洗冤集录》对世界法医学发生、发展的影响是极其深远的,这是中华民族传统科技文化对世界文明所作出的伟大贡献。

20世纪50年代,前苏联的契利法珂夫教授写了一本《法医学史及法医检验》,他把宋慈画像刻印于卷首,尊称他为"法医学奠基人"。这是西方学术界对宋慈所作贡献的至高评价,是我们的骄傲。

宋慈是怎么死的呢?

宋慈作为法医鼻祖,这么厉害的一位人物,他的死因却扑朔迷离。

关于宋慈之死,一种说法是死于头痛之症。据记载,宋慈曾经在8个月就破获了200多起案件,也就是说,差不多一天就可以破一个案子,这个劳动强度可谓相当之大。所以他经常因为断案不眠不休,熬夜工作,也就是我们现在所说的加班,这本来就是超级伤身伤神的。长时间的用脑加上熬夜,久而久之,造成气血不畅,颅内血,引发头痛之症,后来宋慈因头痛之症死亡,这就是我们现在所说的"脑溢血"。

第二种说法是死于他人谋杀。这个也不难理解,因为宋慈只认理不认人,必定会触犯一些权贵的利益。尤其是在"洗雪"案件的过程中,触及了一些势力的既得利益,遭到了他人的嫉恨和仇杀。有人为了掩盖事实真相,便下毒害死了他。

那么,宋慈究竟因何而死呢?

宋慈在嘉熙四年(1240年),他55岁的时候,任广东提点刑狱使,当上了所谓的"提刑官"的。而他在这一职位上,辗转做了广东、江西、广西、湖南四处"提点刑狱使",历时8年。

在江西任上,他开始着手写书。这本书宋慈写了三年,于淳祐七年(1247年),"刊于湖南宪治"。他没有想到的是,这本办案大全写得太好了,广受欢迎;不仅如此,当时的皇帝宋理宗还下令刊行,推广到全国。这给宋慈带来了极高的声誉,宋慈也迎来了他事业的辉煌时期。淳祐九年(1249年),宋慈升任广东经略安抚使,并兼广州知府。

经略安抚使是一个什么职务呢?

所谓"安抚使",就是由中央派出的处理地方事务的官员。这个官职在隋代开始设立,为行军主帅的兼职。宋初沿用这一官制,不过逐步转化成一种常设的官职。北宋在边境一些地区常置安抚使司,掌管一路军事和民政,组织对外的防御和战争,一般以知府兼任。由于这个职位事关国家安全,所以称为"经略安抚使","经略"是经营治理的意思。南宋初年,各路均设安抚使司,唯广东、广西两路仍于"安抚"前加"经略"二字。安抚使掌管一路兵民之政,有"便宜行事"之权,实际上成为一路的第一长官。宋慈担任的就是这样一个官职。

这一年宋慈已经64岁,年老多病,但是一切公务仍亲力亲为,一丝不苟。不久,繁杂的事务又让他患上了头晕病,他还强自支撑不肯休息。

春天的时候,官府办的学校开学,要举行开学典礼,下属就请这位"最高长官"主持典礼仪式。宋慈很重视儒学教育,勉力出席。

所谓的开学典礼,主要就是"释菜礼"。"释菜"也写作"舍菜",是祭孔的一种礼仪。古代官学一般在孔庙边上,每逢开学的时候,就会到孔子像前,摆上几盘果蔬来礼敬先圣。释菜是有一套完整礼仪的,很繁琐。宋慈本来身有重病,再经一套释菜礼的折腾,回到寓所就倒在床上,再也没有起来。

3月7日,宋慈病逝。

宋慈的死,直接原因当然是身染重病,而又勤于政事,可以说是因公殉职。不过间接原因,则可能是长期清苦生活所致。

刘克庄对宋慈说了这样一句话:"禄万石,位方伯,家无钗泽,厩无驵骏,鱼羹饭,敷温饱,萧然终身。"所谓"鱼羹",当然不会是鱼翅汤。刘克庄的意思说,宋慈律己甚严,近乎苛酷。他有那么高的地位,那么丰厚的俸禄,却没有雇佣仆人,甚至连一匹像样的马也没有。而且宋慈吃的是粗茶淡饭,仅够温饱,穿得也很寒酸。

长期清苦的生活影响了宋慈的健康,加上过度操劳,使得他过早离世。而《洗冤集录》则是宋慈生命最后的华彩篇章,它像一颗灿烂的礼花,宣告了法医科学的诞生。

宋慈去世以后,于次年归葬。不过,他没有被葬在家乡福建建阳县的童游镇,而是葬在离此不远的,他舅舅家崇雒里(今崇雒乡)昌茂村附近的凤山岭上。

这是为什么呢?

有一次,宋慈到舅舅家做客,见到村旁的凤山岭风景迤逦,很是喜爱。他死的时候,就嘱托家人把自己葬在凤山岭上。宋理宗亲自为他书写了墓碑"慈字惠父宋公之墓"。

由于后世史书上没有宋慈的记载,人们对宋慈的印象逐渐模糊。以至于后世的人捧着《洗冤集录》,虽然知道它的作者是宋慈,但是宋慈究竟为谁?就谁也不知道了。再到后来,人们甚至连宋慈的墓也找不到了。

一直到新中国成立以后,事情才有了转机。

一位澳门归侨宋大仁教授,他发现国外学者一讲法医史,一定首先说到宋慈;但是国内的学者因为研究不够,很少有人知道法医学的鼻祖居然在中国!强烈的自豪感和责任感,使他数次写信给建阳县人民政府,呼吁寻找和保护好宋慈的墓地和遗迹。

他的呼吁得到了响应。1955年5月和7月,建阳县人民政府委派专人到崇雒乡,寻找宋慈墓。那时的凤山岭,山上有几十座古墓,哪一座是宋慈墓呢?村民把工作人员领到一座墓前,说这就是宋慈墓。但是这座墓掩映在荒草之中,很普通,也很小。宋慈死的时候可是广东路经略安抚使兼广州知府,朝廷的一方诸侯,墓地怎么这么寒碜呢?这倒还是次要的,因为墓地小,可能说明宋慈节俭,不事铺张。关键的一条,墓前没有墓碑,那可是宋理宗亲自书写的!

后来,一个放牛娃过来说,墓地的附近有一块石碑,不过已经断了。工作人员赶过去一看,石碑已经断为两块,不过上面的字还是清晰可见,赫然是:慈字惠父宋公之墓。

宋慈长眠于此700年,他的墓地才重新被发现!人们对宋慈墓进行了全面的修葺,并立碑为记,碑文曰:"业绩垂千古,洗冤传五洲。"

* * *

这位生前孤独身后寂寞的"法医鼻祖",又重新出现在人们的视野中。1957年,宋慈墓原址被修复,其后又数次整修。1982年,宋慈墓改为石砌围土墓,并重立墓碑,朝向东南方。在宋慈墓园的侧面,有新建的"宋慈纪念馆",宋慈半身铜像就立于纪念馆中央,"宋慈宗师"四个大字高高悬挂在宋慈铜像后的正面墙上。

思考题

★《洗冤集录》是怎样的一本书?
★ 大宋提刑官是做什么的?
★ 滴血认亲有科学依据吗?
★《洗冤集录》对后世有什么影响?
★ 人们是怎样重新"找回"宋慈的?

艺术篇

第 11 讲

直抒胸臆的《祭侄文稿》

> **【提要】** 真挚的情感总是能最大程度地引起人们心灵上的震颤,《祭侄文稿》就是如此。颜真卿的这幅作品,被誉为"天下行书第二",除了书法上的成就,这篇祭词更是以深沉、激越的情感而闻名。颜真卿毫无保留地将自己的真情倾吐于纸上,令古今观者无不感怀。这位书法大师的一生,无论是被贬后的小小平原太守,还是 80 岁高龄充当说客的太师,都是那个一心卫国、随时准备出发的颜真卿。他是德、行、艺融为一体的典范。

有这样一个人,他的一生,一半在朝堂,一半在书斋。在朝廷错综复杂的斗争中,他把全部忠心献给了大唐王朝,做了一位忠贞清廉的大臣。在叛军大肆入寇的时候,他高举义旗,不因祸福避趋之。而在那一方宁静的天地中,他钻研艺术,他酷爱书法,走向一代书家的巅峰。他就是颜真卿,他用笔写下真情,他用行动践行大义,他在历史长河的跌宕起伏中,留下一段又一段真情。

书法家是怎么练成的?

一句"黑发不知勤学早,白首方悔读书迟",不知激励了多少人珍惜时光,发奋学习,但大家知道这首诗出自谁之手吗?他就是颜真卿。颜真卿留下的诗作并不多,而这一首《劝学》无疑是其中最出名的。这首诗是他为勉励自己而做,后来成为勉励人们珍惜时光、认真学习的经典名句。

颜真卿出生世家大族,却没有过上普通世家子弟的生活。他三岁时,父亲去世,只留下他和母亲相依为命。无奈之下,母亲只好带着他回到了外祖父家。幸运的是,外祖父是位书画家，他见颜真卿很聪明，就开始教他读书写字。颜真卿练起字来很专心，一笔一划，从不马虎，常常一写就是大半天。

可是家里穷，没有多余的钱买纸练字。颜真卿心里十分着急，他不愿意就这样放弃书法之路，就自己琢磨着该怎么办。这就有了一个"黄泥习字"的小故事。

一天，颜真卿高兴地对母亲说："母亲，您别发愁了，我有不花钱的纸笔了！"母亲只当这是玩笑话："傻孩子，纸笔哪有不花钱的呢？"颜真卿手里举着一只碗和一把刷子，欢快地说道："您瞧，这只碗是砚，这把刷子当笔，碗里的黄泥浆就是墨！"

"那……纸在哪儿呢？"母亲又问。颜真卿用手指了指墙壁，认真地说："这就是纸。不信，我写给您看！"说完，他拿起刷子，在碗里蘸满了泥浆，走到墙壁前挥笔写了起来。等到墙上写满了字，他又用清水把字迹冲洗掉，重新写了起来。

就这样，没有正规的书法用具，一把刷子、一碗黄泥、一面墙壁，就是他书法世界的全部。颜真卿用自己的办法坚持练字，一笔一划，一撇一捺，在土墙上打下牢固的习字基础。坚硬的墙壁也在小小少年的心中留下烙印，深深影响了他的书法风格。他的书法偏粗犷，而非细腻婉约。

后来，颜真卿开始临摹名家的字帖。虽然一直在不断地向前辈学习，但颜真卿并不只是简单的模仿，而是别出心裁，自成一家。初唐时期，书法风格偏向于瘦硬，但颜真卿形成了自己的特点——丰腴浑厚，也写出属于自己的范式——"颜体"。

"颜体"其实是一种楷书，结构方正茂密，笔画横轻竖重，笔力雄强圆厚，气势庄严雄浑。而有趣的是，"颜体"的形成，很大程度上得益于草书；而"颜体"又促进了另一种草书的形成。这是怎么回事呢？

在盛唐和中唐，张旭与怀素形成双峰并峙的局面，他们都是写草书的，合称"颠张狂素"。

"颠张"张旭是一个十分有个性的人。他爱喝酒，经常喝得酩酊大醉，喝醉以后也不安分，总是大叫着到处走。张旭喜欢在喝酒以后进行书法创作，有时甚至会把头发当做毛笔蘸满墨汁来写字。他的草书、李白的诗、裴旻的剑舞时称"三绝"。

颜真卿想要拜张旭这位书法前辈为师，为此曾两次辞官。

第一次，他远赴洛阳。不过，颜真卿并没有直接提出拜师的要求，而是请张旭看看自己的字。不想，张旭在看完了之后，对他说："你的字已经很不错了。现在朝廷正是用人的时候，你是未来的栋梁，哪能在写字上花那么多功夫呢？"话说得很婉转，但其中的意思却很清楚。张旭认为，颜真卿的字写得并不是很好，他也不愿意在颜真卿身上浪费时间。

颜真卿也不敢强求，只好辞官回到了长安。

但颜真卿心有不甘，不久他又一次辞官，又来到洛阳。他多次登门拜访，恳请张旭指点。

最后，张旭终于被他的诚心所感动，收下了这个徒弟。

但是拜师以后，张旭只是给颜真卿介绍了一些名家字帖，简单地指点一下字帖的特点，然后就让颜真卿勤加模仿练习，并没有透露半点关于运笔的要领。

转眼几个月过去了，颜真卿每天只是练字，书法技艺也没有怎么进步。他心里很着急，思来想去，决定直接向老师提出请求。一天，颜真卿红着脸对张旭说："老师，学生有一事相求。学生练习多日，却一直没有掌握运笔的要领，想请老师传授一二。"张旭回答说："学习书法，一要'工学'，即勤学苦练；二要'领悟'，即从自然万象中接受启发。这些，我不是多次告诉过你了吗？"

颜真卿听了这话，以为老师不愿传授，就又向前一步，恳求道："老师说的'工学''领悟'，这些道理我都知道了。但是我现在最需要的是老师运笔的绝技秘方，所以请老师指教。"张旭有些不高兴了，但还是耐着性子开导弟子："我看见公主和担夫在一条路上相遇，两个人都想让对方过去，但看上去又像两个人都在争着过去，这才明白如何操纵手中的笔；我看见公孙大娘跳《西河剑器》舞，变化多端，奇丽多姿，这才明白应该怎样下笔。所以要想学好，除了苦练就是观察自然，别的没什么诀窍。"他严肃地告诉颜真卿："学习书法要说有什么'秘诀'的话，那就是勤学苦练。要记住，不下苦功的人，不会有任何成就。"

张旭的教诲，使颜真卿大受启发，他勤奋练习，观察揣摩，最终摸索出了属于自己的风格。

现在一般认为，隋唐时期，书法家主要继承的是王羲之父子的书法体系。张旭也是这样，他虽然写的是草书，"其草字虽奇怪百出，而求其源流，无一点画不该规矩者"。他并没有跳脱出二王的体系。唐代书法的突破是颜真卿完成的。他在张旭的指导下，青出于蓝而胜于蓝，彻底摆脱了二王的风范，创造了新的时代书风。

那颜真卿领悟的笔法究竟是怎样的呢？

我们再来说说"狂素"，这是和张旭齐名的草书大家。

可能写草书的人，个性都是比较猖狂的。怀素就是这样。十岁的时候，怀素忽然说要出家。父母百般劝说，孩子却不为所动，只能任其所为。

由于抄写佛经，怀素慢慢接触到书法，他也爱上了书法。可是他买不起纸，就拿一块木板和圆盘，涂上白漆书写字。日以继夜的苦练，木板、圆盘居然都被写穿了。

后来，怀素觉得漆板太过于光滑，不便于书写，也不容易着墨。于是，他就在寺院附近的一块荒地上种植了1万多株芭蕉树。因为种了如此多的芭蕉，此地又名"绿天庵"。等芭蕉长大后，他就摘下芭蕉叶，铺在桌上当做纸张，临帖挥毫。由于他练得太勤，常常老的芭蕉叶用光了，新的树叶却还没长出来。怀素干脆直接带了笔墨，站到芭蕉树的前面，对着鲜嫩的芭蕉叶书写。有时候太阳十分毒辣,照得他如煎似熬,有时候又是寒风阵阵,吹得他手上的皮肤皴裂,但是他却依旧坚持不懈地练习着。他用坏了的笔头堆积如山,号称"笔冢"。

大历七年(772年),怀素来到洛阳,拜谒颜真卿,向他请教。

当讲到自己的书法创作时,怀素颇为自得,他说:"吾观夏云多奇峰,辄常效之,其痛快处,如飞鸟出林,惊蛇入草,又如壁坼之路,一一自然。"怀素在谈自己的用笔体会时,一连用了四个比喻:夏云奇峰、飞鸟出林、惊蛇入草、壁坼之路,应该说对用笔已经是很有研究很有体会了。其中的"壁坼之路",指墙壁自然开裂处具有天然清峭、没有人为布置之巧的"裂纹",用笔若能如此,点画一定会浑然天成。

而颜真卿却笑笑,说道:"何如屋漏痕?"相比于怀素,"屋漏痕"的比喻更为形象、贴切、准确和经典。什么是"屋漏痕"呢?雨水渗入墙壁,凝聚成滴始能徐徐流下来,其流动不是径直落下,必微微左右动荡着垂直流行,留其痕于壁上。这个"痕"的"形象"是自然的、有涩势的、有质感的,总体是垂直的。若用笔蘸墨书写,能达到这个效果,那就进入到了笔法的最高境界。

听了颜真卿的话,怀素激动地站了起来,他握住颜公的手,说:"得之矣!"(我得到书法真谛了)立马拜师。

那么,颜真卿都传给弟子哪些本事呢?由于资料匮乏,我们不得而知。我们只是知道,四年以后,怀素创作完成了《自叙帖》。这幅字帖,号称"天下第一草书"。

颜真卿是如何"为万世开太平"的?

颜真卿为官近50年,从小小的校书郎一职开始,仕途多舛。他做过吏部尚书这样的高官,也担任过礼仪使这样的虚职。不管是小小九品芝麻官,还是正二品高官,他的心里都装着百姓。

一场"御史雨"就是最好的证明。

天宝九年(750年),颜真卿去陇右巡查,发现五原县有一件案子牵连了许多人,却一直没有得到妥善的处理。虽然当事人和他们的亲属一再申诉冤情,可办案的官员一直不认真察访审理。案子拖了很久,迟迟不能平反。

说来也怪,自打五原出了这桩冤案以后,就一直干旱,没下过一点雨。水井干涸,溪水断流,庄稼颗粒无收。天灾加上人祸,五原民不聊生。

颜真卿了解到这个情况以后,决心为这起冤案平反。经过一番明查暗访,他终于查清楚案情真相,重新审理了这个案子,惩治了失职的官员。五原百姓人心大快,都说:"颜御史真是为百姓做主的好官啊!"

说来也巧,就在颜真卿为蒙冤的人平反的那天,好几个月不下雨的五原,下了一场倾盆大雨。地里快要枯死的庄稼变得一片青绿,五原百姓便把这场雨和冤狱平反联系起来,四处传扬说:"准是冤情惹怒了上天,给五原带来这场大旱,如今颜御史为受难的人伸了冤,感动了老天爷,才有这场大雨呀!"所以,当地人将这场雨称为"御史雨"。

　　这场"及时雨"也不是颜真卿为官生涯中的个例。大历三年(768年),被贬出京城的颜真卿到了抚州,担任司马一职。

　　虽然多次被贬,但颜真卿并没有心生怨恨,消极怠政。与之相反,在任期间,颜真卿为抚州的发展作出诸多贡献。除了治理抚河水患,疏浚河道,修筑堤坝这些看得见摸得着的功绩,他还为匡正当地风气作出了积极贡献。

　　这事还要从一桩离婚案说起。

　　临川有一个贫寒的读书人杨志坚,妻子嫌他没有考取功名,不愿过贫苦生活,于是向他提出离婚。杨志坚没有办法,只好写了一首诗给妻子作为同意离婚的凭证。

　　这天,颜真卿刚升堂,就有人来告状。告状人是个衣衫破烂的女子。询问后得知,这便是杨志坚的妻子。她说杨志坚只顾读书,不管家里的大小事,导致家境贫困,无法生活下去,所以要与他离婚,请官府裁定。

　　过去只听过休妻的,今天却听见要弃夫,颜真卿听完后,不免有些欣赏这个女子。他问道:"婚姻是夫妻双方的事,你要离婚,你丈夫同意吗?""他同意。这就是证据。"女子边说边把杨志坚的诗稿呈上去。

　　颜真卿接过一看,诗是这样的:

平生志业在诗琴,头上如今有二丝。
渔夫尚知溪谷暗,山妻不信出身迟。
荆钗任意撩新鬓,明镜从他别画眉。
今日别同行路客,相逢即是下山时。

诗的意思是:自己立志读书成名,现在头发都花白了。妻子还不如渔夫,人家都知道耐心等待总有机会,她却不相信我会有出息。既然她想离婚重新嫁人,就让她去找别人,我没有意见。离婚之后就各走各的路,互不相干了。

　　俗话说:宁拆十座庙,不破一桩婚。颜真卿劝她不要离婚。不想这女子态度坚决,表示自己不想再等下去,要趁着年轻可再嫁,过上好生活。劝说无效后,颜真卿做了这样的判决:杨妻杖责20下,任其改嫁;赠布绢各20匹、米10石予杨志坚,并把他留在府衙任职。他还将这件事公之于众,让百姓都知晓。

颜真卿的判决立场鲜明，对抚州良好学风及淳朴婚俗的形成，产生了很大的影响。有资料显示，颜真卿判案之后数十年，长江以北没有女子敢抛弃丈夫的。在抚州任职期间，颜真卿勤政爱民，多有建树，深得百姓爱戴。直到现在，抚州还有不少庙宇供奉着鲁公菩萨的。

算起来，颜真卿入仕较早。开元二十二年（734年），他中进士甲科；天宝元年（742年），又中博学文词秀逸科（制举考试的一种）。但直到他担任监察御史一职，他的才干开始受到重用。任命颜真卿的制词是这样写的："文学善于登科，器干彰于适用。宜先汗简之职，俾伫埋轮之效。"

制词中的"埋轮"一词引用了东汉张纲的典故。

汉顺帝时，朝政混乱，民不聊生，顺帝一面祈求上天保佑，一面派遣使者巡查地方，选拔人才。其他的使者大多是些名士，都有着显赫的地位，只有张纲年纪最轻，职位最低。使臣们受命后，纷纷出发，而张纲到洛阳都亭后，挥刀将车轮卸下，埋在地下。同行之人很不理解，问他为什么要这样做。张纲愤然说："豺狼当道，安问狐狸！"意思是有豺狼正在道路前方，为什么要折返去捕捉狐狸呢。后来，张纲不顾个人安危，上书弹劾当朝国舅、大将军梁冀的种种罪状，震动京师。

在制词中使用这样的故事，也是希望颜真卿能够不畏权贵，刚直敢言。

只是此时的朝政已经不是清明之治了。天宝六年（747年），宰相李林甫兴起大狱，害死户部侍郎杨慎矜和他的两个兄弟，牵连甚广。

其实这件事初期也很简单。杨慎矜曾经引荐过他的外甥王鉷进入御史台。王鉷这个人很有能力，进入御史台后便一路高升，到后来与杨慎矜平起平坐。可杨慎矜总是拿他当晚辈，在朝堂上也直呼其名。平时在与人交谈时，往往也表露出嫌弃王鉷出身微贱的意思，言下之意，王鉷能有今天都是他的功劳。王鉷知道以后，便怀恨在心。

杨慎矜很信任一个叫史敬忠的术士。史敬忠危言耸听，说天下将有变乱，劝杨慎矜提前在临汝山中买一个田庄避难。杨慎矜对王鉷毫无防备，把这事透露给了他。

宰相李林甫对杨慎矜心存不满，知道这件事情以后，就示意王鉷借机搞掉杨慎矜。李林甫暗示王鉷，杨慎矜是前朝（隋朝）炀帝的孙子，他可以利用这层关系做文章。王鉷便在长安散布流言，说杨慎矜与术士往来密切，家中暗藏符谶，计划复兴祖先的帝业。

李林甫见事情已经准备得差不多了，就在玄宗耳边煽风点火。玄宗知道以后，怒不可遏，把杨慎矜扔进了监狱，命刑部、大理寺和御史台进行三堂会审。李林甫为了尽快解决杨慎矜，命令手下逮捕了史敬忠，拿到了他的供词。人证虽然有了，却没有物证。官府搜遍了杨宅，也找不到谶书。

李林甫知道没有物证就不能将杨慎矜置之死地，便心生毒计，他授意侍御史卢铉再去搜一遍。卢铉是李林甫的心腹,自然知道老板的意思。他把谶书藏在袖子里走进了杨宅,片刻后就走了出来,骂骂咧咧地说:"这个叛贼原来把谶书藏在了密室里。"

杨慎矜百口莫辩。数日后,皇帝将他和两个哥哥少府少监杨慎余、洛阳令杨慎名全部赐死,还株连了数十个朝臣。

朝廷派遣颜真卿送敕令到洛阳,赐杨慎名自尽。在宣读完敕令后,杨慎名以家中有年老守寡的姐姐为由,请求颜真卿暂缓执行,让他能够写下一封书信与姐姐告别。按照当时的律例,自尽是不可以延迟的,但是却得到了颜真卿的同意。

颜真卿只是监察御史,还没有能力和李林甫等人抗衡,改变这场冤狱的结果。他唯一能做的,就是为蒙受冤屈的人完成他最后的心愿。这虽然只是一件小事,却也说明颜真卿在官场斗争中能够保持本真,与那些佞臣形成了鲜明的对比。

颜真卿的文人气质和嫉恶如仇的性格,使他在尔虞我诈的官场上显得较为另类。他一生为官,经历了玄宗、肃宗、代宗、德宗四朝,虽然官职一朝比一朝高,但往往都是新帝登基时把他召回中央,不久又因为得罪掌权者被贬。细数下来,四朝一共五个宰相,颜真卿都与他们有过正面交锋,贬职对于他来说已经是家常便饭。但贬职并不等同于"贬值",颜真卿还是颜真卿,还是那个"粉骨碎身全不怕,要留清白在人间"的颜真卿。

颜真卿是如何保家卫国的?

天宝九年(750年),颜真卿由监察御史转殿中侍御史。因为他不肯攀附,被当朝权贵视为眼中钉肉中刺。终于在天宝十二年(753年)把他调离出京,降为平原太守。

此时的大唐王朝,盛世繁华的背后,是无限隐忧。皇帝沉湎酒色,朝臣互相倾轧,以安禄山为代表的藩镇势力逐渐壮大。

那么,这安禄山是何许人也?

唐玄宗在位时,为了加强边境的力量,在重要的边境地区设立了10个军镇,又叫作藩镇,军镇的长官叫节度使。节度使带领军队,还兼管行政和财政,权力很大,地位很重要。按照惯例,节度使立了功,就可能被调到朝廷当宰相。

李林甫掌权以后,不但排挤朝廷的文官,还猜忌边境的节度使。当时,边境将领中有一些胡族人。李林甫认为胡人文化低,不会被调到朝廷当宰相,就在玄宗面前竭力主张重用胡人,理由是胡人善战,而且跟朝官没联系,靠得住。唐玄宗本来最怕边将造反,就听信李林甫的话,提拔了一些胡人当节度使。

在这些胡族的节度使中,玄宗特别看中安禄山。

安禄山年轻时在平卢军里当过将官,因为不遵守军令,打了败仗。边将把他解送到长安，请朝廷处分。当时的宰相张九龄为了严肃军纪，把安禄山判了死刑。

玄宗听说安禄山挺能干，下令把他释放。张九龄说："安禄山违反军令，损兵折将，按军法不能不杀；而且据我观察，安禄山不是个良善之人，不杀恐怕后患无穷。"玄宗不听劝谏，还是赦免了安禄山。后来，张九龄被撤了职。安禄山却靠着奉承拍马的手段，一步一步地升了官，当上了平卢节度使。不出三年，又兼任范阳节度使。

安禄山当了节度使以后，就尽力搜罗奇禽异兽、珍珠宝贝，送到宫廷。玄宗好大喜功，他就经常谎报战功。他采取阴谋手段，诱骗平卢附近的少数民族首领和将士，参加宴会。在酒席上，用药酒灌醉他们，把兵士杀了，又把他们的首领割了头，献给朝廷。

玄宗常常召安禄山到长安朝见。安禄山抓住这个机会，使出狡猾的手段，讨皇帝的欢心。

安禄山长得特别肥胖，凸肚子，矮个子，一副傻乎乎的样子。玄宗一见到他就乐了。有一次，玄宗指着他的肚子问："这么大的肚子，里面装的是什么东西？"安禄山不假思索地回答说："没有别的，只有一颗对陛下赤诚的心。"玄宗认为安禄山对他一片忠心，心里更高兴了。以后又封安禄山为郡王，还替他在长安造了一座华丽的府第。

安禄山骗取了皇帝的信任，控制了北方边境的大部地区。他秘密扩充军队，提拔了史思明等一批悍将，任用汉族士人为他出谋划策；又从边境各族的降兵中挑选了8000名壮士，组成一支精兵，只等玄宗一死，就立刻起兵叛乱。

此时的颜真卿虽然被调出京城，但他十分关注朝中局势，也比较清楚安禄山的反叛之心。调到平原以后，颜真卿就一直在思考该如何应对。他知道平原郡距离河北非常近，一旦安禄山起兵，平原必然会成为前线，所以必须提前做好准备。所以，一方面，他假借防范霖雨（连绵大雨），派人加固城墙，疏浚壕沟，登记丁壮，储备粮草；另一方面，他又装出一副若无其事的样子，经常与文人举行聚会，饮酒赋诗。

狡猾的安禄山知道，在黄河以北24个郡的太守中，只有颜真卿一人来自京师，而且颇有阅历，所以对他很不放心，怕他成为起兵路上的绊脚石。于是，安禄山派遣幕僚，以河北采访使判官的名义，巡视平原郡，刺探防务情况。颜真卿将计就计，陪同来使游览本郡名胜"厌次故城"。

厌次是东方朔的故里，有朔庙、朔墓等古迹。朔庙中有一块"东方朔画赞碑"。在游览时，颜真卿说刻碑太小，"字迹纤糜，四十年间已不可识"，于是重写了碑文。这就是流传至今的著名碑帖《东方朔画像赞碑》。通过这些举动，颜真卿营造了一种自己沉迷于游山玩水的假象，成功地蒙蔽了使者，使安禄山"果以为书生不虞也"。

天宝十四年（755年），"渔阳鼙鼓动地来，惊破霓裳羽衣曲"，安禄山挥兵南下，发动叛乱。这承平已久的天下，立时掀起了腥风血雨。

因为河北诸郡都归属安禄山管辖，所以叛军经过的地方，官员们要么大开城门迎接，要么弃城逃窜，要么束手就擒，河朔等地均被攻陷。安禄山一路南下，并未受到什么阻碍，只一个月零4天，就从范阳一直打到了洛阳。

颜真卿所在的平原，并不在安禄山的主攻方向上，加上防守严密，暂保无虞。颜真卿派司兵参军李平骑快马到长安向玄宗报告。玄宗听闻河北郡县皆望风而降，感叹道："河北24郡，难道就没有一个忠臣吗？"等到李平到京，玄宗大喜，对左右的官员说："我不了解颜真卿的为人，他做的事竟这样出色！"

当时平原郡只有3000兵丁，颜真卿又增招了1万人。在城西门，他犒劳士兵，对他们慷慨陈词："国家之恩，戮力死节，无以上报！"说罢，泪水直流，全军感奋。

安禄山攻下洛阳后，杀死洛阳留守李澄、御史中丞卢奕、判官蒋清等，然后派使者将三人的首级送到平原来耀武扬威。颜真卿怕动摇军心，哄骗众人说："我认识他们三人，这并不是他们三人的首级。"为了稳定军心，颜真卿还腰斩了使者，把三颗人头藏起来。几天后，人心稳定下来，颜真卿取出三人的首级，用蒲草当做替身，入棺安葬。据说，卢奕的脸上还有残留的血污，颜真卿没有把血污擦去，而是用舌头恭敬地舔去。

我们不清楚古人是否有这样的礼节，对受尊重的死者的血迹要以舌头舔净。但就是这样一个小小的动作，却让我们看到了颜真卿对英烈的尊重，对血腥、对死亡的蔑视，对危难的直视。这种气度被称为"杀伐气"，但它与"书卷气"并不对立。虽然颜真卿只是一个手无缚鸡之力的文人，但这位舔过死者血迹的颜真卿，从精神上讲，已经是一位浴血的将军。

后来，河北诸郡纷纷响应，杀掉安禄山任命的伪官，夺占城池，并积极与平原联络。最后，各个郡县共合兵20余万，共推颜真卿为盟主。

叛军派兵绞杀，眼看着就要到平原城下。颜真卿为了死守平原，牵制住安禄山，毅然献出自己的独生儿子——年仅10岁的小颜颇，去渔阳联络平卢将刘正臣，请他在敌后起兵，夹击叛军。当时颜真卿只有此一子，将士们极力劝阻，但为顾全大局，颜真卿还是将独子送出。后来在乱军中，颜真卿与儿子失联，后传颜颇已死，颜真卿悲痛不已。据说，20年后，颜真卿与流落中原的颜颇意外相见，父子抱头痛哭，旁人皆泪流。

颜真卿的所作所为，感动了平原郡的人民。百姓给了这位盟主以最大的支持，当地的武举、猎户纷纷自告奋勇，效命疆场。围绕守城，平原郡出现了"仁者赴仁，义者赴义，勇者不敢爱其力，智者不敢秘其谋的动人景象"。

虽然叛军依然势大，但安禄山的末日就要到来了。

《祭侄文稿》为何能够流传千古?

一天,一个年轻人风尘仆仆来找他。颜真卿叫人带来一看,原来是他的侄子颜季明。他来做什么呢?

原来,他是奉父亲颜杲卿之命,联络颜真卿,共同反抗安禄山的。

颜杲卿是颜真卿的族兄,季明是他的小儿子。与颜真卿不同,颜杲卿是土生土长的本地官吏。他富有才干,颇有政绩。安禄山听说他的名声,上表推荐他,让他代理常山太守。其实,安禄山可以说是颜杲卿的贵人,颜杲卿对他还是感恩戴德的;但是安禄山发动叛乱,成为"叛国者",颜杲卿就要对他动手了。他派季明联络颜真卿,两人相约起兵,形成犄角之势,截断叛贼的后路。

颜真卿大喜过望,他和季明详细计划,还亲自送侄子出城。没有想到的是,这是他和季明的最后一面。

颜杲卿举起义旗,斩杀安禄山派来的将领,收兵训练士卒,常山、平原二郡军威大振。此时安禄山已经攻陷洛阳,正督军西进,准备进攻长安。他听说河北有变,立即回师,派史思明率军攻打常山。

天宝十五年(756年)正月,叛军攻打常山郡。常山军民拼死抵抗数日,粮草耗尽,士兵们饥疲交困,常山最终陷落。颜杲卿被叛军抓住,拒不投降。贼将把颜季明推到他面前,把刀抵在季明的脖子上,威胁说:"现在投降,就留你儿子一命。"颜杲卿看了儿子一眼,平静地闭上眼睛。贼将见颜杲卿不为所动,一刀挥下,颜季明身首异处。

不久,颜杲卿被押到洛阳。安禄山命令兵士把颜杲卿押到他跟前,责问道:"你本来只是个芝麻小官,是我把你提拔为太守的。你为什么反叛我?"颜杲卿大义凛然,说道:"不错,是因你的奏请我才当上了太守。但你当了叛贼,难道我还应该跟着你一起反叛吗?况且你本是一个牧羊的胡人奴隶,靠皇上的恩宠才有了今天。天子又有什么事对不起你,你竟然背叛他呢?"

安禄山见没有办法说服颜杲卿投降,恼羞成怒,派兵士把他绑在天津桥的柱子上。叛兵从脚上开始,慢慢肢解,残酷折磨这位大唐义士。颜杲卿大骂不已,叛兵便钩断了他的舌头。颜杲卿满嘴是血,仍大骂不止。他的亲属部将也都被绑在柱子上,砍去手脚,虐杀而死。

数年以后,颜杲卿的长子颜泉明寻访失散的家人。他一路号泣求访,哀感路人,久乃得之。泉明向亲朋故友乞钱,筹钱赎回沦为奴仆的家人和忠良之后,共赎得50余家,300余人。他带着这支逃难队伍,躲避围截,历尽艰险,终于渡过了黄河。他把这些人托付给了叔父颜真卿。

至德三年(758年),颜泉明历经千辛万苦,只寻得父亲颜杲卿的一根腿骨和弟弟颜季明的头骨。颜真卿悲痛欲绝,准备祭奠。他在稿纸上草拟祭文,这就是后世著名的《祭侄文稿》。

我们来看看颜真卿这篇墨迹淋漓、字体错落、涂鸦处处的文稿。

《祭侄文稿》从"维乾元元年"开始,此时可以看出他的心情异常沉重。落笔冷静,字迹清晰,墨色凝重,笔墨饱满,是比较工整的行楷。此刻,颜真卿似乎还在思索文章所要表达的内容。很快,他的激愤之情渐渐增强,行笔加快,涂改之处、枯墨之笔频现纸上。

从"蒲州"二字开始,墨色渐重,笔姿放纵,心情也越来越不能平静。在"尔父竭诚,常山作郡"一处,连续涂抹三次,难以定稿。当写道"父陷子死,巢倾卵覆,天不悔祸,谁为荼毒"时,字形兀然放大,行笔加重,如高空坠石,使人感到当空霹雳,轰脑塞胸,悲壮呜咽之声由弱而强,声声入耳。

当写道"百身何赎,呜呼哀哉,抚念摧切,震悼心颜"时,更如乱石崩云,惊涛裂岸,大痛大愤之情喷涌而出。结尾处之"魂而有知,无嗟久客。呜呼哀哉!尚飨!"则直如长江之水,一泻万里,不知其止矣。此时的手稿已是满篇狼藉,无行无列,状如行草了。

这篇祭文草稿,有涂抹,有添加,信笔而就,属于不经意之作。也正是因为无心于书。所以颜真卿长期积累的书法功底能够很自然地表现出来。文稿中笔画线条时疾时徐,跌宕多姿,而空间上则疏密相生,恰到好处,密集处不显拥挤,疏朗处不显空虚。稿中还有大量的渴笔,笔迹苦涩,与润泽处形成鲜明对比,这也与书写时心境的急剧变化相一致。

后来,这篇草稿流传了出去,成为一篇传世名帖,被后世誉为"天下行书第二"。为什么是"第二"呢?这是因为"第一"的位置已经被王羲之的《兰亭集序》占去。

一幅碑帖,它所包含的不仅仅是龙飞凤舞的书法技巧,更为重要的是它背后蕴含的意义。颜真卿的《祭侄文稿》之所以能够取得如此高的成就,除了他极高的书法造诣,更为重要的是其中所蕴含的高尚的情怀。若没有忠贞正直的品格,沉郁激越的情感,字写得再好又有什么意义呢?

苟利国家以生死,岂因祸福趋避之。颜真卿祭奠自己的亲人,而他自己呢,也是那个为了国家随时准备出发的人。

建中二年(781年),淮西节度使李希烈叛变。此时颜真卿担任太子太师,在朝野上下有很高的声望。也因于此,他受到当朝宰相卢杞的忌恨。卢杞为了除掉颜真卿,便向德宗建议,派他去招抚李希烈。

消息一出,文武百官皆失色,都知道颜真卿此行等于是送死。颜真卿此时已70多岁,但他并没有以年老为理由逃避皇命,他也知道此行凶险无比,但为了国家,他仍然选择了再度出发。在出发前,颜真卿给儿子写了一封诀别信,希望他能为国尽忠、为家尽孝。

李希烈听说颜真卿来了,想给他一个下马威。在双方见面的时候,李希烈让部众一千多人聚集在厅堂外面。颜真卿刚开始宣读圣旨,那些部众就都冲了进来,个个手里都拿着明晃晃的尖刀,围着颜真卿威胁谩骂,丝毫不把他放在眼里,还摆出要杀人的架势。然而颜真卿面不改色,从容不迫。李希烈也只能驱散众人,将颜真卿暂时扣下。

在这期间,李希烈使出种种手段威逼利诱。李希烈劝说颜真卿拥他为帝,并承诺如果颜真卿效命于他,将任命颜为宰相。颜真卿听后怒骂道:"什么宰相?你可知道那因痛骂安禄山而死去的颜杲卿吗?那是我的兄弟!我今年也快80了,宁愿为忠义而死去,岂会受你们这些人的诱惑威胁!"

李希烈见颜真卿不为权力所动,又在庭院中间挖了一个大土坑,扬言要将他活埋,企图逼迫他就范。颜真卿冷笑着对李希烈说:"何必费那么多麻烦,只要给我一剑,你必睹快事!"李希烈又让人在空地上堆起一堆柴火,说:"不能屈节,当焚死!"他毫不畏惧,径自起身蹈火,倒是李希烈手下的人拉住了他。最后,直到德宗兴元元年(784年),李希烈称帝后,才将颜真卿缢杀。

消息传来,德宗为他废朝五日,追赠司徒,谥号"文忠"。需要指出的是,封建王朝给文臣的谥号有几十种,用来评定他的一生。一般排名第一的是"文正",排名第二的就是"文忠"了,用来表彰对朝廷忠心耿耿的高级大臣。——颜真卿无愧于这个谥号。

* * *

传说,李希烈被平定之后,家人准备把颜真卿的棺材抬回长安安葬。棺材朽烂了,打开一看,遗体还是像活人一样,人们都感到非常惊讶。走在路上,抬棺木的人感到越来越轻,后来到了下葬的地方,打开一看,棺材里面什么都没有。

十多年后,颜家的一个仆人路过洛阳,去到同德寺拜佛,看到颜真卿穿着白色长衫,坐在佛殿中。这个仆人急忙上前,想要参拜,没想到颜真卿却转身出门而去。仆人就在后面一步一步地跟着。

颜真卿径直来到城东北角的荒菜园中。园中有两间破屋,门上悬挂着帘子。颜真卿挑帘子走了进去。仆人隔着帘子行礼,高声问候。颜真卿问:"你是谁?"仆人说出了自己的名字。颜真卿说:"进来吧!"他大略问了问子侄的情况,从怀中掏出10两黄金交给仆人,让仆人带回去补助一下家用。

仆人回来后,一一禀告,颜家大惊。去卖那黄金,竟然是真的!颜氏子孙便买了鞍马,飞驰洛阳。来到那个菜园,却只剩下了满眼的榛芜,其余什么也没有……

人们都说,颜太师是尸解成仙了。

思考题

★ 颜体书法有什么特点?

★ 颜真卿的仕途坎坷说明了什么?

★ 颜真卿在安史之乱中为国家做了什么?

★ 《祭侄文稿》何以成为"千古绝唱"?

第 12 讲

以大观小与水墨丹青

> **【提要】** 中国画又称"国画",是我国传统绘画的主要种类。它是用毛笔为工具,水、墨、彩为原料,在绢或纸等材质上面绘制。国画以线条为其生命,散点透视,造形构图,赋物以神,在世界艺术史上有着重要的地位。国画的发展历史,也就是中国人审美表现的历史。画家运用传统美学原理,在创作过程中充分地展示对美的认识和绘画家特有的审美意识,在此基础上形成了中国画特有的艺术风格和艺术魅力。本章重点谈谈"国画之外"的趣事和沈括这样一位中国美术史上不能不提到的重量级人物。

我国的传统绘画在古代并无确定名称,一般称之为丹青。近代以来,为区别于西方输入的油画等绘画形式,才有了"国画"这一名称。国画题材丰富、手法多变、形式多样,它在思想内容和艺术创作上,反映了中华民族的社会意识和审美情趣,集中体现了古人对自然、社会及与之相关联的政治、哲学、宗教、道德、文艺等方面的独特认识。

墨是怎么制成的?

我们先从丹青说起。

丹青原指丹砂和青䨼,这是两种矿石,可以制成朱红、青蓝颜色。它们曾经是古人最常用的绘画颜料。后来,水墨取代了丹青,但人们还是保留了这段文化记忆,仍然用丹青来指代绘画。古人把画家称为丹青手,把优秀画家称为丹青妙手,民间则称画工为丹青师傅。

大约在唐代,水墨画开始盛行,并最终成为国画的主要形式。

我国制墨的历史非常古老,远在战国以前就开始了。据赵希鹄的《洞天清录》中记载:

"上古以竹挺点漆而书,中古有石墨,可磨石以书,至魏晋间,始有墨丸,以漆烟和松煤为之。"意思是说,在远古时代,人们用竹子蘸墨书写。这说明在毛笔还没被发明之前,就已经出现了墨。最初,人们用"烟"制墨。使用的烟,大概都是用各种杂木和草烧结的(即炊灶中产生的锅烟)。这种烟被本草家称为百草霜,不仅可以用来制墨,也可以入药。《西游记》里面就有孙悟空用百草霜为人治病的故事。后来为了提高质量,人们改用松柴烧结。

那么,古人是怎么烧烟制墨的呢?

首先,要上山找到松树。将松树的根部凿出一个小孔,然后点燃一盏灯放进小孔里徐徐燃烧。这样一来,整棵树都会变热,松脂由于受热就会顺着树干流出来。待松脂流尽之后,需要把松树砍断,再将松树砍成一节一节的小段放着备用。

然后就是搭建竹棚了。先用竹条在地上搭出圆顶棚子,然后用纸和草席将棚子的内外接口处密封起来。每隔一段距离,要在棚顶留一个出烟的小孔。

接着,将备好的松树放进棚子里燃烧。要燃个几天几夜才能燃尽,等冷却后进去刮扫就可以得到黑色的松烟了。

最后,将取得的松烟放入水中浸泡,一段时间后将松烟和胶调和在一起,待凝固后用槌敲打。至此,墨才算做好了。

这种墨因为是用松烟制成,因此被称为松烟墨。

需要指出的是,在扫烟的过程中从不同的位置会得到不同品质的制墨原料。《天工开物》说:"靠尾一二节者为清烟,取入佳墨为料。中节者为混烟,取为时墨料。若近头一二节,只刮取为烟子,货卖刷印书文家,仍取研细用之。其余则供漆工、垩工之涂玄者。"在靠近棚子尾端取得的烟名叫清烟,也就是纯度比较高,可以制作上等墨。在中间段取得的烟纯度低一些,用来做次等墨。在最前面取得的名叫混烟,是含杂质最多的,一般不用来书写,是拿来当作黑色颜料涂染在器具上的。

墨是怎么用的呢?

在古代,文人的书房里必定少不了"笔墨纸砚"文房四宝。其中,墨和砚的关系是相辅相成的,二者缺一不可。墨锭需要放进砚台中研磨,这样才能使用。

那么古人是怎么研墨的呢?

首先,磨墨的人要端坐在砚台旁,向砚台中加入少许清水。然后用食指放在墨块的顶端,拇指和中指夹住墨块两侧,将墨块垂直放进水中,轻轻地打圈磨。磨墨要慢,用力要匀。最后当墨汁发黑亮时,用毛笔蘸墨书写。若触感较涩,则说明水少了,要再加入一些水,若颜色太淡,则要再磨一会儿。磨墨只能用清水,不能用开水或者有杂质的水,否则会影响墨的质量。另外,墨汁不可放置一日以上,宿墨写字容易褪色,因此用墨必须新磨。

砚台是怎样出现的呢？

它是由原始社会的研磨器演变而来的。最初的形态是一块一面被磨平的石头，使用时，用一小块研石在上面按压墨丸，研磨成墨汁。到了汉代，砚台开始发展起来，出现了铜砚、陶砚、银砚等不同材质的砚台。到了唐宋年间，砚台的造型更加多样化。各地也相继发现了适合制砚的石料，其中最著名的是端砚、歙砚、澄泥砚和洮河石砚，称为"四大名砚"。"四大名砚"又以端砚最佳，通体漆黑发亮，温润如玉，磨墨毫无声响，极负盛名。

关于端砚，还有这样一段故事。

北宋年间，端砚被列为皇家贡品，价格昂贵。一些地方官员为了获得升迁的机会，便用端砚来巴结权贵。前任知州深谙此道，致使当地贪污贿赂之风盛行。后来包拯出任端州太守，三年内不仅整治了贪污腐败的风气，还为当地百姓做了很多实事好事，深受百姓爱戴。

相传，包拯离开端州的那天，一块砚也没有带走，连自己在衙门里用的砚都上交了。可当他乘船离开时，突然风浪大作，船不能够行驶。包拯心想，这是不是为官不廉所致？于是便命人在船上搜寻，果然找到了一块百姓私底下送的端砚。包拯将此砚抛至江中，风浪立刻停止了。

墨除了写字绘画，还有更大的用途，就是广泛用于印刷。印刷术和墨的结合，使中华文明向前推进了一大步，也深刻影响了世界历史的进程。

古代有句成语"近朱者赤，近墨者黑"，意思是"靠近朱砂的会变红，靠近墨的会变黑"，用来说明接近好人会使人变好，接近坏人会使人变坏的道理。这个成语也从侧面反映出朱砂和墨的颜色很绚丽，并且保存的时间很持久。于是，充满智慧的古人在印刷的时候不止用黑色的墨，还会加入朱砂等颜色鲜艳的颜料，印制出漂亮的图画。

明代崇祯年间，有一位善于雕刻的艺人来到天津的杨柳青避难。逢年过节的时候，他就雕刻一些门神、灶王出卖。后来，他用木版雕刻出图案，在版上用各种颜色的水彩进行拓印，逐渐形成了独具特色的木版年画。

杨柳青年画的一大种类是娃娃年画。这些娃娃体态丰腴、活泼可爱，他们或手持莲花或怀抱鲤鱼，象征着吉祥美好，十分惹人喜爱。每逢过年的时候，家家户户张贴年画，成为了古代年俗一道亮丽的风景。一直到现在，我国的很多地方仍然保留张贴年画的传统习俗。

真的会"大行于世"吗？

除了松烟墨，中国古代还有各种各样的墨。宋代的晁贯之专门写了一本名叫《墨经》的书，里面记载了许多不同的制墨方法，其中就记载了一种很奇特的墨，名叫"延川石液"，而他的制作者是大名鼎鼎的沈括。延川石液是一种油墨，是"石油烟"烧结的。

沈括怎么会想到用石油呢？这要从沈括的一次野外考察说起。

在担任鄜延路经略安抚使的时候，沈括做了一次野外科考。他考察的，是当时名叫"脂水"的一种东西。

他为什么去考察这种东西呢？这次野外考察，不纯粹是为了科学，他还带有别的目的。什么目的：为了战备。

延州是北宋同西夏军事斗争的最前线。沈括当时担任鄜延路经略安抚使，这个职务主要是个军职，需要对西夏进行战争准备。他所考察的"脂水"，就是当时北宋军队的重要军事物资。

我们来说说"脂水"。脂水这种东西是可以燃烧的，而且很早就用于军事。宋军把脂水加工制作成"猛火油"，然后放到一个个铁罐子里面。两军交战的时候，士兵们就把铁罐子投掷到敌军阵营，脂水燃烧、爆炸，可以烧毁敌军的城楼、帐幕、船只或辎重装备。这种脂水燃烧起来，用水不仅不能扑灭，它还会浮在水面上，更加猛烈地燃烧。这种装备，有点像抗美援朝战争期间，美军所使用的凝固汽油弹，在冷兵器时代，这是一种极为可怕的先进武器。宋朝的军器监就是专造武器的机构，下设十一作（坊），其中即有猛火油一作，大批生产这种"先进性武器"。

沈括作为军事主官，附近又有脂水的产地，他当然要去看看。

沈括都考察了哪些情况呢？我们来看看《梦溪笔谈》里的一段："（脂水）生于水际沙石，与泉水相杂，惘惘而出，土人以雉尾裹之，乃采入缶中，颇似淳漆，燃之如麻，但烟甚浓，所沾帷幕皆黑。"他考察了脂水的矿藏。这种东西，出产在水边，是在沙石与泉水相杂的地方慢慢溢出来的。那么，这种油水混合物怎么去采集（生产）呢？当地人很有办法，他们用野鸡尾部的羽毛把油沾起来，然后收集到瓦罐里，看上去像油漆一样。沈括还考察了一下脂水的储量，认为是"至多"，"生于地中无穷"，这让他非常满意——这下打仗可就不怕了。

脂水采集以后，怎么储运，又怎么去制作猛火油呢？这些，在《梦溪笔谈》里面并没有记载。这是为什么呢？这是为了保守军事机密。北宋一直受到辽和西夏的军事威胁，在两军对峙中，宋军在武器上占有很大的优势。为了确保这种优势，朝廷对武器制造严格保密。用脂水制造武器，这在当时属于高度机密，沈括不可能把它记下来。泄露这个秘密，那可真是要杀头的。

不过，《梦溪笔谈》里面还是记了一点这方面的材料。那他就不怕泄密了吗？沈括有两点思考，他觉得这不是军事秘密，就把它们写了下来。

第一点思考，就是他对"脂水"这个名字有异议。他觉得，这不是"水"，而是一种油；它又"生于水际沙石"，不如叫"石油"更合适。

这是一个伟大的创意！这个命名，既有科学性，又容易被人们所接受。"石油"一词被提出来以后，立刻被人们广泛采用，900多年来一直沿用至今。现在，世界各国都把地下开采的油类物叫石油了。

第二点思考，这么多脂水，只有军事用途吗，是不是太浪费了？沈括是一个具有民本思想的科学家和政治家，他在考虑，能不能搞个西部大开发项目，造福当地民众呢？

石油燃烧起来像麻秆，是可以用来照明的；但它冒出来的烟很浓，把帐篷都熏黑了，很污染环境。沈括的眼睛就盯在了"烟"上，这个东西能不能变废为宝呢？沈括想到了制墨，这种"石油烟"能不能用来制墨呢？

沈括试着扫了一些烟灰来做墨，一试之下，效果非常好。用这种油墨写出来的字又黑又亮，像漆一般，是松墨比不上的。这是好东西！"遂大为之"，也就是进行批量生产。沈括还给这种墨起了一个很好听的名字：延川石液。这个"西部大开发项目"终于给他弄出来了。

沈括写了一首诗，是这样的："二郎山下雪纷纷，旋卓穹庐学塞人。化尽素衣冬未老，石烟多似洛阳尘。"这首诗，大概是沈括完成延川石液制作以后的即兴之作。它在科技史上很有名，描写的是史上第一次对石油进行有规模的民用开发的情景。它清楚地显示出沈括在当时塞上艰苦的环境下，努力从事科学研究，及取得成绩之后难以掩饰的欢愉心态。

宋代是我国古代书法和绘画都达到高度发展的时期，当时的知识分子都十分关心墨的问题。延川石液一问世，就得到人们的认可，备受称誉。苏轼用过之后，称赞它"坚重而黑，在松烟之上"，评价很高。苏轼是当时文坛领袖，也是制墨的行家，他的赞誉无疑就是当时的公论。这种好墨，苏轼很羡慕，就想仿制。他说："予近取油烟，才积便扫，以为墨皆黑，殆过于松煤。但调不得法，不为佳墨，然则非烟之罪也。"苏轼没有成功，他很沮丧。看来，延川石液在技术上也是有一手的，沈括搞了点技术保密，没有对外公布。这项技术秘密一直保守着，直到沈括写《梦溪笔谈》的时候，也没有公布出来。

沈括自己呢，他非常得意，说："此物后必大行于世，自予始为之。"好好夸耀了一番。那他为什么如此肯定呢？因为当时主要是用松烟制墨，但是由于大量砍伐松树，导致"齐鲁间松林尽矣，渐至太行、京西、江南松山太半皆童矣"，森林资源枯竭。但是石油就不同了，它"生于地中无穷，不若松木有时而竭"，是理想的松木的替代品。而且石油烟制作出来的墨，又好于松墨。它能不"大行于世"吗？

延川石液后来怎么样了呢？现在可以肯定的是，沈括在著述《梦溪笔谈》的时候，用的就是这种延川石液。但是，这种墨也没能"大行于世"。由于永乐兵败，沈括被贬，离开了延州。这个"西部大开发项目"也没有继续下去，石油烟制墨的技术也没有流传下来，终于湮没在历史的长河之中了。以至于后来，人们产生了很多离奇的猜想。南宋的赵希鹄，在评论古墨的时候,特别提到延川石液。可是他已经不知道这是一种什么墨了,居然说,这可能是一种能磨出墨汁的特殊的黑石头!沈括如果地下有知,不知作何感想!

这个文化史上有名的"延川石液"失传了,实在可惜!在我国古代,由于各种原因导致的技术失传,那是非常多的。

沈括提出了怎样的画论?

讲完"延川石液",我们还要说说沈括的画论。

我们知道,中国画与西洋画迥乎不同,一眼可分。这不仅仅是因为两种绘画的工具材料不同,它们的表现方法也有很大不同。中国画强调"外师造化,中得心源",要求"意存笔先,画尽意在",强调融化物我,创制意境,达到以形写神,形神兼备,气韵生动,这和西洋画的艺术追求也大相径庭。也就是说,中国画和西洋画的基本理论是有极大差别的。

而沈括的画论在文化史上可是有着鼎鼎大名的,甚至影响了中国画的发展,这是怎么回事呢?

我们从沈括的藏画说起。因为一位书画专家,要看很多的画,然后才有发言权。要成为一个书画专家可不容易,因为那东西很贵,特别是名家书画,那可是天价。然而沈括却有这个条件。

五代十国时期,中原战乱频仍,很多书画就流传到相对平静的吴越国。沈括的家族是吴越国的望族,十分富有,借机搜罗了一大批书画。沈括说,"予家所有将盈车",很得意。据他的好友,书画大家米芾说,他曾亲自到沈括家中去观赏,被这些藏品的魅力深深吸引、折服,他连做梦也想到这些珍品。

有了广博的收藏,沈括才能一辨真伪。

元丰七年(1084年)5月,朝廷决定以孟子配食孔子,荀子、杨雄、韩愈从享孔子。命令一下,州县文庙都在孔子像旁画上了唐朝大文豪韩愈的像。韩愈谥"文",世人尊称为"韩文公"。地方州县政府不知韩愈容貌,竟把所能见到的、靠近宋代的另一个"韩文靖公"韩熙载的画像,误认作韩愈像加以描绘,并供奉于庙堂,配享孔子。韩愈、韩熙载两个人的形象截然不同,韩熙载自后唐以来,江南人多呼为"韩文公",其形象是个子小且胡须飘拂,有"美髯"之名。沈括见过世传韩愈画像,他的最显著的特征就是身躯肥胖而胡须稀少。

沈括因此在《梦溪笔谈》中对地方州县的做法提出批评,从而使真相大白于天下,不至于一误再误,贻误后世。

当然,沈括并非专业型的书画收藏家和评论家,他在收藏和鉴赏中也有失当和失误之处,曾遭到米芾的批评。例如他收藏有周昉的《五星》画。周昉是继吴道子之后的大家,在中国绘画史上有重要影响。但在裱褙成画轴时,将原画有残破处的四条边幅都剪掉,造成了对原画的破坏。米芾见状,只得"太息"。

有了收藏和鉴赏的基础,沈括对中国画提出了自己的一些看法,这就是他的画论。那么,他都有哪些看法呢。我们总结了一下,大概有如下几点:

第一,要追求细节的真实。

这个观点很容易理解,因为艺术是源于生活的,画家虽然可以进行再创造,但是不能脱离现实。只有真实地反映客观现实,这样的画作才是好的作品。

《梦溪笔谈》记载了这么一则故事。欧阳修曾经得到一幅古画,画中是一丛牡丹,下面有一只猫。丞相吴育与欧阳修是亲家,一见此画,便说画中的是正午时分的牡丹。为什么呢?花朵涣散无力,绵绵下垂,而且颜色干燥,这是正午时候的花;猫眼眯成一条线,这也是正午时候的猫。早上的花,常常带着露水,花房敛而不放,花色润泽鲜艳。而猫早晚常圆睁双睛,到白天眼睛渐渐变得狭长,到正午时分就眯成一条线了。沈括十分佩服吴育的见解,觉得他真正探求到了古人绘画的本意。

沈括自己也做过类似的辨析。

沈括游览相国寺,看到了著名画师高益所做的壁画。一群人正在那里讨论墙上众多乐工奏乐的画面。有人责怪说,画上弹琵琶的人拨错了下弦,那众多的乐管都发出"四"字的音,而琵琶的"四"字应在上弦,这一拨却是掩着下弦,是错误的。沈括看了半晌说,没错。管弦乐器是放开指头发出声音,琵琶是手指拨过琴弦发出音响,这一拨尽管按住下弦,但是声音却是发自于上弦。他不由得感叹:"太妙了!"

还有一个故事。

"画圣"吴道子精于佛道、人物,长于壁画创作。据说他画佛像时,会留下头顶的佛光到最后再画。在众人聚集过来的时候,他当着成千上万人的面,举起手来一挥而就,佛光圆得就像用圆规所画一般,众人无不惊叹。

有人向沈括提起此事。沈括摇摇头说,这并不难。画家画圆自有办法,只要将肩头靠着墙壁,尽量伸长臂膀挥手画圆,那么他所画的圆自然像用圆规画出的一样。画家控制笔画粗细的方法,就是由握笔之手的一个手指抵住墙壁作为保持距离的标准,画出的线条自然粗细均匀。这些都不足为奇。吴道子绘画的高妙之处并不在于这些地方,他只是想用这种方法博取眼球罢了。

沈括认为,绘画不仅要符合生活中的实际形象,也要符合人们理想中的形象。他以画佛为例进行说明。人们画佛时,非常注意表现佛光,这些佛光有的像扇子一样呈扁圆状,当佛侧身时,佛光也侧过来。沈括认为这是非常错误的。因为佛光永远是圆的,不管从哪个角度看都应该是圆的。还有的人画佛行走时的形象,佛光的末尾向后,说是"顺光佛"。沈括认为这又是错的。因为佛光是佛修行成果的外在表现,和烛光不一样,又怎会随风摇晃呢?世上本无所谓佛,也无所谓佛光。所谓佛光本不是生活中实有的形象,但由于佛光在人们的理想世界里或信仰生活中是真实存在的,画家在画这些物体时,同样应该注意理想世界里事物的"真实性"。

当然,仅仅追求细节的真实对画家来说还是远远不够的。一幅好的画作,还应该有更高的要求。什么要求呢?

怎样才能"有趣味"?

这就是沈括画论的第二点,要有趣味。

什么叫"有趣味"呢?沈括说:"书画之妙,当以神会,难可以形器求也。"一幅好画,应该给人以画作之外的东西,让人去品味,去领略。画作之外的东西,这就有点玄了。

沈括举了一个例子。

他的家中珍藏了王维画的一幅画《袁安卧雪图》,里面画了"雪中芭蕉"。为什么这么画呢?袁安宁可在冰雪严冬中饿死,也不愿乞求官府的救济,王维赞美的就是这种壮士不可夺其志的不屈精神。画中的冰雪之景是用来衬托袁安不怕饥寒之苦的,而画面上夏天的芭蕉则是象征着一种热烈的精神。这幅画的寓意在于:袁安虽卧于冰雪之中,但他的内心世界却犹如芭蕉置身的炎炎夏日般热血澎湃,丝毫没有寒意。这样以物言志、"不问四时"的画境,传达了作品以外的东西,所以更能打动人心。

《梦溪笔谈》记载了这样一件事。

北宋立国之初,南唐的平民画家徐熙、后蜀的翰林待诏黄筌,都以善画闻名,尤其擅长画花竹。后蜀平定后,黄筌来到汴京(今河南开封),进入翰林图画院,一时声名显赫。此后南唐被灭,徐熙被征至京师,也送到图画院供职。

从他们的绘画风格来讲,黄筌画花,妙在着色,用笔极为鲜艳细致,几乎看不到墨迹,只以淡淡的色彩点染而成,称为"写生"。徐熙画花,则是用墨笔画的,特别潦草,然后在水墨上略施彩色,神气便迥然而出,别有一番生动的韵味。

黄筌妒忌徐熙超过自己,就说他的画粗俗低劣、不入流。因此,徐熙被罢去图画院待诏的职事。徐熙之子于是仿效黄筌的风格,不用墨笔,而直接用彩色来画,称所画为"没骨图",工巧与黄筌不相上下。这下黄筌也无话可说,只能把他的画作列入图画院藏品。

不过,沈括指出,所谓"没骨图"的气韵,已远不及徐熙的作品。

沈括对徐熙与黄筌的画风做了客观评述:黄派擅长写生,用笔新细,"不见墨迹";徐派则专写意,"殊草草"而"神气迥出"。为什么"黄体"会成为北宋前期画院的主流画派呢？沈括认为,这主要是因为黄筌对徐熙的排挤,"筌恶其轧己",将他赶出了翰林图画院。

从沈括的言辞中可以感觉到,他在记录"徐黄之争"时,寓有抨击黄筌排斥徐熙的深意。沈括所爱,正是徐熙这种下笔草草而"神气迥出"的写意画风。因此,他对宫廷画家排斥来自民间的徐熙十分不满,故而对"黄体"入主翰林画院的公正性提出疑问。

米芾十分赞同沈括的观点,他说:"黄筌画不足收,易摹;徐熙画不可摹。"米芾称得上是一流的书画家,他的赏评更具专业性。从他与沈括相类似的评价来看,沈括的审美意识和评判能力确非一般。

不过,要使自己的画"有趣味",可不是一件简单的事,它需要画家有修养,也要有技巧。至于修养嘛,要靠画家自己去慢慢濡养。不过,对于如何表达,沈括倒是给出了一套训练方法。

《梦溪笔谈》记载了一个叫宋迪的人,擅长绘画。他的得意之作有《平沙雁落》《浦帆归》《山市暗岚》《江天暮雪》《洞庭秋月》《潇湘夜雨》《烟寺晚钟》《渔村落照》,人称"八景",流传很广。有个叫陈用之的人,也很会作画。有一次,宋迪看到他正在画山水画,就对他说:你的确画得很工整,但画中缺少一种"天趣"。陈用之非常佩服宋迪的鉴赏力,说自己的作品不及古人,最担心的就是这一点。

宋迪告诉他,要画成"天趣"也不是一件难事。可以找一堵破墙,墙上贴一张素绢,朝夕观看。看得久了,就会见到破墙之上,高高低低,曲曲折折,都成了山水的形象。这时心中留下了破墙高低曲折的映像,想象它们近似于山水之处:高者为山,下者为水;坎者为谷,缺者为涧;显者为近,晦者为远。这时心领神会,甚至可以看到山水之间有人走禽飞、草木摇动的形象。所有这一切仿佛都了然在目,就随意命笔。那么所作的山水境界,就仿佛自然天就,简直不是人有意所绘的,这就叫作"活笔"。陈用之听了这一番话,用心去做,从此画艺大进。

如果大家有兴趣,不妨按照沈括所记述的去试一下。

这种"天趣"实际上是指一种自然的形式美。宋迪教导陈用之面对败墙素绢,朝夕观看,实际上是要他调动自己的生活积累,展开丰富的想象。以一些偶然形象来触发心中的灵感,创造出种种的形象和构图,从而提高绘画品格,增加艺术意蕴。一旦灵感触动,这时再命笔作画,即使用笔极不工整,草草挥就,也往往别有生动的"天趣"。需要指出的是,败墙素绢之上本身并没有真正的山水形象,它不过是作者灵感的一个触发点而已。

沈括所强调的"有趣味",在绘画的表现形式上,就是写意。由于沈括等人的极力推崇,促进了北宋水墨写意山水画的繁荣,以及在其后几百年的发展,而其发轫之功当推沈括。

什么是"以大观小"?

我们再来说说沈括画论的第三点,要以大观小。

这是沈括最有名,也是影响最大的观点。

他的"以大观小",是从对画师李成作品的点评中得来的。

北宋初年有一位名叫李成的人,他胸有大志,却怀才不遇,遂寄情于绘画,终成一代名家。他对北宋山水画的发展有重大影响,当时被誉为"古今第一"。

有一次,有一个姓孙的权贵写了一封信,叫李成到家中为他作画。李成读完信,悲叹到:"我本儒生,画画只是爱好而已,怎能委屈自己做一个卖画之人!"断然拒绝。孙氏没有办法,又仰慕李成的画,于是就买通李成的朋友。那人果然为孙氏弄到几幅画,孙氏如获至宝,拿回去挂在家里。

后来李成路过孙氏家乡。孙氏就写了一封言辞恳切的信,派人带着重金去请李成,但是李成依旧没给他面子。孙氏没有办法,就自己亲自跑去请李成。李成抹不开面子,就随着他到了孙宅,却看到孙家已经挂了他的几幅画——这实在是贪心不足!李成很生气,拂袖而去。

这件事传开来,李成的名声更大了。因为名声大,摹仿李成作画的就人很多,有的还写上李成的名字以假乱真,欺世盗名。导致市面上流传的李成作品不少是伪作。

这也曾难为坏了神宗的母亲高太后。

这是怎么回事呢?原来神宗就特别喜欢李成的画。高太后爱儿心切,找人搜罗了不少李成的画,但是这些画真假难辨。那怎么办呢?太后得知李成有个孙女,嫁给了当朝宰相吴充,很懂绘画。太后就派人宣召她入宫,让人把买来的画挂在屏风上,请她来鉴定真伪。然而有些画,李氏也辨别不清。

沈括知道了这事,淡然说道:其实也不难。李成的画有很多独到之处,细细品味,还是能辨别真假的。例如,李成在画山上的亭馆和楼塔这些建筑的时候,都用仰视的角度来画飞檐,这就是一个典型的特点。按照李成的说法,从下向上望,就如同人在平地望到塔檐,只看见屋椽——这种说法倒也符合人们日常的生活常识。

不过,这虽然是李成作画的一个特点,沈括倒是不怎么认同。

为什么呢?我们以被誉为"中国十大传世名画"之一的《富春山居图》来进行说明。《富春山居图》是元朝画家黄公望的作品,画的是富春江两岸初秋景色。由于内容丰富,黄公望画了三四年才完成。

这样一幅鸿篇巨制,有一重重山,一道道水,还有亭台楼阁。如果按照李成的构图法,从山下往上看,只应该看见一重山,怎么能一重一重全都看到,更不应该看到溪谷中的情景了。又如看屋舍,也不应看得见中庭、后巷中的东西。如果人站在东边,那么山的西边就应该是远境;人站在西边,那么山的东这就应该是远境。像这样怎么能画成画呢?所以沈括说,李成这叫"掀屋角",他是不懂得怎么处理高低远近这些道理的。

那该怎么办呢?

沈括说,一般画山水的方法,都是将大的景物当作小的景物,就如同人看假山一样,这样才能把握全局。画家所画的对象,无论如何深远高大,与广阔的空间相比毕竟是小的,而画家的视线却可以在广阔的空间游移挪换,自由驰骋,以广阔的视点观察有限的事物,即是以大观小。他可以放眼远眺,可以登高鸟瞰,可以近看详察,也可以俯仰自如,就像电影摄影机的镜头可以推拉摇移一样,从多种角度反映事物的全貌。沈括总结出类似俯视的,视点自由运动,视域广阔的观察方法,科学地阐明了我国山水画"以大观小"的章法构图理论。

黄公望就是按照"以大观小"的方法来构图的。他的创作获得了极大的成功,《富春山居图》也因此成为中国水墨山水的扛鼎之作。明朝末年,《富春山居图》传到收藏家吴洪裕手中。吴洪裕极为喜爱此画,每天不思茶饭的观赏临摹,甚至在临死前下令将此画焚烧殉葬。幸被他的侄子及时从火中抢救出,但画已被烧成一大一小两段,前段较小,称"剩山图",后段画幅较长,称"无用师卷"。"剩山图"今天收藏于浙江省博物馆,而"无用师卷"则藏于台北故宫博物院。2011年的6月1日,两幅分割了361年的作品首次"团圆",在台北展出,轰动海内外。

我们还可以看到"以大观小"在清朝的影响。画家石涛有一幅代表作《山水清音图》,描绘的是黄山的景色。不过,他没有像黄公望那样,画出一幅长卷,而是用他发明的"截取法",用纵1米横半米的篇幅,给黄山画了一张"特写"。

在这张"特写"中,峭壁大岭,飞泉湍急,新松夭矫,丛篁滴翠。水阁凉亭间,两位高士正对坐桥亭,默参造化的神机。涓涓清流,潺潺流淌,时而出于山涧,时而避入灌木石崖。石涛运用"以大观小"之法,使整个画面虽内容丰富,紧密复杂,但又毫不紊乱,极有章法。

石涛作画富有创新精神。他提出"笔墨当随时代",不仅影响了"扬州八怪",对后世吴昌硕、齐白石、张大千等很多国画大家都有着深刻的启迪。——我们由此可以看到沈括总结的"以大观小"法,对后世中国画的影响。

* * *

国画是中华传统文化重要的内容之一,无论是绘画工具、绘画题材、表现形式、艺术追求和绘画理论(画论),都有着自己的鲜明特色。其中,我们不能不提到沈括的贡献。客观地说,沈括的学术活动是多方面多学科的,与其他领域的贡献相比,书画并非他的强项,而只是他的一个关注点。但就是在这个点上，沈括所做、所思、所言都显示出他的用心睿智与超群见识。在当今介绍中国美术发展史的著作中，很少有不提及沈括特别是他的画论的。

思考题

- ★ 古人是如何烧烟制墨的？
- ★ 沈括是怎样想到用石油制墨的？
- ★ 沈括为什么能在书画领域作出杰出贡献？
- ★ 作画要怎样才能"有趣味"？
- ★ 什么是中国画的"以大观小"？

第 13 讲

宋画双璧：《千里江山图》与《清明上河图》

> **【提要】** 当我们深入探寻中华传统文化内在之美时，必须关注国画。国画主要使用毛笔、烟墨、宣纸、绢素、砚瓦和颜料等工具、材料，通过一整套以线条为主的独特的表现手法，描绘物象的形体、气韵、质感，并与诗文、书法、篆刻结合起来，以中国特有的装裱工艺装潢，具有鲜明的艺术特色、强烈的民族风格。画家可以描摹自然，并将自己的情感付诸创作之中，用艺术语言体现人与自然的和谐关系，也可以描绘现实，记录人们的生活状况，展现天工开物后的繁荣景象。《千里江山图》与《清明上河图》就是国画中颇具代表性的作品。

国画是我国传统的绘画形式，是用毛笔蘸水、墨、彩作画于绢或纸上。工具和材料有毛笔、墨、颜料、宣纸、绢等，题材可分人物、山水、花鸟等。不过，国画在古代无确定名称，一般称之为丹青，在世界美术领域中自成体系。中国画在内容和艺术创作上，体现了古人对自然、社会及与之相关联的政治、哲学、宗教、道德、文艺及自然等方面的认识，是琴棋书画"四艺"之一，成为文人雅士修身养性必备的技能。

中国的传世名画极多，《千里江山图》与《清明上河图》无疑是其中的佼佼者，它们都作于北宋徽宗年间。那么，这"宋画双璧"都有怎样的故事呢？

宋徽宗是怎样一个皇帝？

说起宋徽宗，他的一生可谓传奇。有人曾经说过，一千个读者眼中就有一千个哈姆雷特，那么一千个人眼中，就有一千个宋徽宗。宋徽宗赵佶是宋神宗第十一子，宋哲宗的弟弟。他颇受争议，历史上也是毁誉参半。

他是一位极具文人情怀和文人气质的皇帝，是中国历史上一位杰出的、全能型的艺术家。

徽宗创造了一种叫"瘦金体"的字体，这是中国书法史上的一朵奇葩，至今无人能超越。"瘦金体"本叫"瘦筋体"，因为是皇帝书写，人们用"金"表示尊重，所以将"瘦筋体"称为"瘦金体"。"瘦金体"字体瘦削，风格独特，现代中国美术字体中的"仿宋体"就是模仿瘦金体的神韵而创制的。赵佶22岁时，写过一卷瘦金体版的《千字文》赐给宦官童贯，而这幅《千字文》因2012年在北京拍出了1.4亿元的天价，也被称为天价《千字文》。

徽宗的画也为人称道，名垂青史。他的绘画重视写生，尤善花鸟画，极强调细节，以精工逼真著称。

哲宗徽宗兄弟俩相差不到六岁。本来，哥哥做了皇帝，作为弟弟的赵佶是怎么也不会有"有朝一日君临天下"的指望了。但是，哥哥哲宗在生活上纵情享乐，纵欲无度，落下了毛病，因此没有子嗣，加之又去世得早，这才给了赵佶新的希望。

上位之后的赵佶，后来成了一位有名的昏君。他任用蔡京、高俅、童贯等奸臣，造成吏治腐败；过分追求奢侈生活，大肆搜刮民财，穷奢极欲，挥霍无度，导致了宋江、方腊等农民起义。而他在外交上的短视，则导致了北宋的灭亡。

成为亡国之君后，他在金国度过了11年铁窗生涯，受尽了凌辱和折磨。54岁时，他在北方边陲小镇——五国城走完了自己的生命历程。

徽宗在政治上昏庸无能，但在艺术上却是颇有作为，称得上是一位"不爱江山爱丹青"的皇帝。他对于宋代画院的建设有突出贡献，是中国书画史上无可代替的重要人物。

画院，是古代掌管绘画的官署的名称，最初由后蜀王孟昶建立，名为翰林书画院。画院不仅为皇家绘制各种图画，还承担皇家藏画的鉴定和整理工作，后来也负责绘画生的培养。画院里的画师们，以"翰林""侍诏"的身份享受与文官相近的待遇，并穿戴官服，领取国家发放的"俸值"，社会地位很高。

对于画师的选拔，徽宗别出心裁。他借鉴科举的方式，进行考试，并且多次亲自出题，留下许多脍炙人口的考题。这些考题分为佛道、人物、山水、鸟兽、花竹、屋木六科，摘古人诗句为题，看考生谁的构思巧妙，能出奇制胜，更有创造性。例如，对于"野水无人渡，孤舟尽日横"的考题，一般人都会想到"在船上停一只鹭鸶"的画面。但一位优胜者却不落俗套，画了一个人在船尾入睡，旁边横置一根笛子的景象，表现出画中人因终日等待渡者而疲倦的情景。还有一个"深山藏古寺"的题目。一位优胜者独出机杼，画中并不画古刹一角，而只画了一个小和尚在溪边担水，旁观者通过联想，不难领会"藏"的妙处。

这样，徽宗就把全国最优秀、最有创意的丹青妙手都汇聚起来了。很多画师在画院的氛围里成长,最后都取得了很大成就,并对后世产生了较大的影响。其中就有作出《千里江山图》的画师王希孟和《清明上河图》的画师张择端。

我们先来说说王希孟。

王希孟可以说是中国历史上唯一一位仅以一幅画作就名垂千古的人。然而在众多历史文献中,有关他的记载却寥寥无几。只知绍圣三年(1096年),王希孟出生,河北武原(今河南原阳)人。我们目前可以确定的一点是,王希孟画《千里江山图》的时候只有18岁。

据《千里江山图》图上一角蔡京跋文所叙:"……希孟年十八岁,昔在画学为生徒,召入禁中文书库,数以画献,未甚工。上知其性可教,遂诲谕之,亲授其法。不逾半岁,乃以此图进。上嘉之,因以赐臣京,谓天下士在作之而已。"据此,我们能够看出王希孟进献画作前后的经历。

画学是专门为画院培养人才的地方,后来成为了画院的一部分。王希孟曾经在画学当学生,后来被调进了禁中文书库。

一般画学毕业之后,要进行考试,考得好的去画院,不好的,就分配给其他的工作。这王希孟就是没考好的那一批,不但没去画院,还被分配了一个和作画没什么关系的工作,估计他心里也是委屈极了。他很不甘心,一直想着能再干回老本行,于是给徽宗献了几次画。虽然这些画都画得不太好,但徽宗也是个惜才之人,王希孟的勤奋引起了他的注意;又一看,这小伙子天资聪颖,就亲自教他技巧手法。

这就是王希孟仅有的一点材料。

那么张择端呢?

同王希孟一样,关于张择端的身世,史书上也没有任何资料的记载。我们只知道他是琅琊东武(今山东诸城)人,自幼好学,早年游学汴京,后习绘画。张择端画画很好,因为有才华,后来进了画院。

关于张择端被纳进画院,民间有个传说。

有一天,徽宗驾临相国寺降香,跟主持闲谈。主持说:"陛下,最近我们相国寺新来了一个年轻人,这个年轻人画功真好,他可以把我们整个汴梁都画下来。""哦?"徽宗一听,顿时生了兴趣,"有这样的人?"他回过头对蔡京说道:"爱卿,你跟着主持去看看怎么回事,把这个年轻人找来。"

于是这个年轻人就来到了徽宗面前。徽宗上下打量了一眼,问:"你叫什么名字?""草民张择端。"徽宗说:"听闻你很会画画,不如今天就画给我们看看吧。"又想了一下,说道:"'踏花归去马蹄香',你就按照这句诗来作幅画吧。"

只见张择端低头思索了一会,提笔在白纸上画了起来。画好后,呈给了徽宗。

徽宗一看,这幅画上没有画一朵花,只画了一个人在骑马,周围还有很多蝴蝶飞绕在马蹄间。他连连称赞:"恩,你匠心独运,画得很好,赏!"

这样,张择端就得到了徽宗的赏识,进了画院。

在画院里,两个年轻人技艺大进,很快便取得了惊人的成就。

《千里江山图》为什么能名垂千古?

在皇帝的亲自指导下,王希孟勤学苦练。不过半年,他就作了一幅长卷,献给了自己的伯乐——这就是名垂千古的《千里江山图》。

那么,古人所作之画数不胜数,《千里江山图》究竟有何魅力,可以名垂千古呢?

当你来到《千里江山图》之前,必会因其篇幅宏大而震惊。

有多宏大呢?此画横 1191.5 厘米,纵 51.5 厘米,全部展开大约是三层楼的高度,简直就是一个大型的山水静态投影。这是我们迄今能见到的最大的青绿山水画卷,堪称中国古代绘画第一长卷。

整幅图从内容上看,大致可分为三部分。

《千里江山图》图始,是巍峨青山,连绵起伏;山坳间是长势正好的植物,山脚下散落着几座村落。与山脉相连的是一片湖泊,湖面如镜,清澈见底,又倒映着山中与天空之景,映带不绝,水天相接。湖中间,散布着岛屿乱岗,星星点点。紧接着湖泊的又是一片高耸入云的群山,层峦叠嶂,莽莽苍苍,壮阔巍峨;群山与一片波光粼粼的湖相连,湖中星星点点停靠着几艘打鱼的船只,舟船中的人们或许正清点着一天的收获,静谧安然。图末,山峰愈加陡峭,浩浩无垠,树木也愈加繁茂,山水相连,连绵不断。水中一座长桥,将高山与湖水岛屿连接;空中飞鸟成群结队;湖中渔人勤劳的捕鱼,一片繁茂昌盛之景。

除去山水,画中所表现的大量事物,如住宅、园林、寺观、酒店、桥梁、水磨以及舟船等,都描绘得非常细致。尤其是画中的住宅,数量很多、类型丰富,对于了解宋代建筑,特别是建筑布局,有一定的参考价值。

总体来说,整幅图自然开阔,上方留白,青山连绵其中,湖水清潭点缀其里,美不胜收。全画以全景观的角度作画,开阔得非常具体;构图分为几个局部,每个局部拿出来又是一个整体,可单独为画,这是在中国绘画历史上的一项创举。

虽然王希孟年岁小,阅历不足,在些许地方处理有失误,又因身体羸弱,画中线条稍欠刚劲,行笔游刃不足;但画中景物细腻形象,气象万千。一幅图中囊括众多山水湖泊、飞鸟游鱼、舟船渔人,各个部分又有机的结合起来,让人看图后不禁有壮游山河之感。

《千里江山图》从类别上看，属青绿山水画。青绿山水是山水画的一种，在魏晋时候就已出现，但多作为人物画的背景。隋唐时候，青绿山水画开始繁荣，并且逐步形成了一种程式化的表现方法。

要画好青绿山水是很难的，据清代著名画家王翚回忆说："余于青绿法静悟三十年始尽其妙。"可见其难！而王希孟在18岁前，居然就已完全掌握。他的《千里江山图》，代表了当时青绿山水画艺术的最高成就，对后世影响很大，甚至远及日本，促进了日本画的发展。当代人熟悉的画家张大千，他的画作也是受到了王希孟的影响。

更妙的是，这幅画虽然描绘的是千里江山，但是画中山水的情貌状态却不知是何处山水。恰恰就是这"不知何处"，打动了宋徽宗。就似那陶渊明笔下的桃花源，寻不得，到不了，只能一遍一遍细细揣摩其中的趣味。王希孟将自己心中梦中所想所思的"桃花源"画了出来，那醉人的美景，让人神往，但身体却不能亲至。

得不到的，永远是最好的。这一点，正是徽宗最欣赏的。

献画之前，这位少年画家还抑郁不得志，他在画学里兢兢业业地学了几年，考试没考好，还干着不喜欢的工作，没人赏识，屡次作画进献给皇上也没有任何回应。但这天之后，他却从一个普通得不能再普通的画匠，一跃成为皇帝亲自教导的红人，多年抑郁，一朝扬眉。幸福砸中这个年轻人的时候，他恰好只有18岁。陈丹青曾评价道："在《千里江山图》中我分明看见一个美少年，他正好十八岁，他不会老，长几岁，晚几岁，都不可能有《千里江山图》，他好像知道，他过几年就要死了。"

18岁，花一样的年纪，那个时候的我们在做什么？忙着考学？出去旅游感受大千世界？亦或是忙里偷闲，谈场恋爱？这个少年却在18岁创造了一个奇迹。但他在青春年少遇见徽宗这位伯乐，是好事，也是坏事。好事是知音难遇，更何况是当时的皇上，对他青眼有加。坏事是少年心性，有这般待遇，怎能不拼尽全力来报答这天大的恩赏。

此后的历史文献中再也没有提到王希孟。到了清代，收藏家宋荦写了一首论画的诗，他为自己的诗做了注："希孟天资高妙，得徽宗秘传，经年设色山水一卷进御。未几死，年二十余。"原来，这位天才少年在完成了这幅巨作之后，没过几年就撒手人寰了。王希孟之所以去世如此之早，想必也是因为他把全部的心血都投入到画中，以至于积劳成疾。《千里江山图》成就了他，也过早地剥夺了他的生命。

这位早熟的画家，这位在中国山水画史上，有大成就的年轻俊彦，就这样去世了，不能不说是中国美术史上的一大损失。

宋徽宗有着怎样的梦里江山？

收到王希孟献上的《千里江山图》，宋徽宗唤来蔡京等大臣，共同观赏。当侍者缓缓打开画卷时，徽宗是喜悦的、激动的，因为这正是他梦中的千里江山啊！

这位浪漫又颇负才情的皇帝，不是一开始就想做亡国之君的。他继位之初，也曾大刀阔斧，整顿朝政，想让危机四伏的江山恢复为太平盛世。他任用贤臣，察纳忠言，废除了许多不合理的规章制度。这些都不是说给别人看，而是认认真真想做好的。而后来他的转变，又是另一番事情了。

当看到这幅磅礴大气的《千里江山图》时，这位有过强国梦的皇帝，应当也忆起了自己的"千里江山梦"。然而此时的他，却再也没有当初的豪情壮志。徽宗不由得意兴阑珊起来，他让人把图卷收起，然后将《千里江山图》赐给了蔡京。

在历史上，蔡京可谓臭名昭著。他阴险狡诈，心狠手辣，爱权如命，打击政敌更是不择手段；他卖官鬻爵，败坏世风，导致官僚统治阶层歪风邪气更甚。蔡京牢牢掌握朝政20多年，把宋朝变成一个政治极度腐败、小人猖獗横行的朝代，是历史上少有的一代巨奸。

不过，虽然蔡京的政治人品和为官操德为人所不齿，其书法水平却极佳。就连当时恃才傲物的大书法家米芾都曾表示，他的书法赶不上蔡京。有一次蔡京问米芾："当今书法谁最厉害？"米芾答道："从唐代以后，就得算你和你弟弟蔡卞了。"蔡京问："其次呢？"米芾说："当然是我了"。

这位书法大家，得了《千里江山图》，也是珍重异常。按照古人习惯，他提笔在画上写下了一段跋文——这是我们了解《千里江山图》和它的作者王希孟的珍贵资料。

在以后的岁月中，很多人都对这幅画赏识有加。这幅画在历史车轮的滚动中，留下了各朝各代装裱的痕迹与文人墨客、帝王将相的题跋。几经沧桑，《千里江山图》最终珍藏于北京故宫博物院。因用料问题，加上时间久远，这幅画不能经常展出。但一旦展出，珍品前必定人流如潮，摩肩接踵。

也就在宋徽宗赐画给蔡京的时候，有人又进献了一幅画。

徽宗令画师觐见，来人是张择端。

原来，徽宗曾让张择端把整个汴梁都画出来。皇帝指派的任务，张择端不敢耽误。他向皇帝请求要一处安静的农舍，徽宗答应了。

在农舍里，张择端闭上眼睛，汴梁繁华的景象，一幕一幕都呈现在他的脑海中，呼之欲出。从此，张择端披星戴月，默默地画了好几年，终于画好了一幅"汴京图"。

张择端带着画去求见皇帝。

这个时候,徽宗或许早已忘记了这回事。等侍者把这幅画呈上来的时候,他还在疑惑,这个张择端是何许人也?

等侍者打开画,徽宗和群臣们都震惊了。

长长的画卷慢慢打开,汴梁的繁华景象、市井民情、人生百态全都被张择端捕捉,画到画卷上了。车、马、人、桥、店铺等等纷繁复杂的景象都逼真传神地出现在眼前,大家看得是目不暇接,都不知道该从哪开始看起了。

徽宗向张择端招招手,待他走到近前,对他说:"张卿,你给诸位大人介绍一下你画里的内容吧。"

"是,陛下。"张择端毕恭毕敬地答道。转过身来,他对众大臣说道:"各位大人,草民在画里,画出了汴梁百姓的衣食住行。"

"衣在何处?"一位大臣问道。

"大人请看,"张择端指着画说:"这里有一牌匾,写着'王家锦帛疋铺',这是一家卖丝绸布匹的店。"

宋朝女装的特点是对襟、瘦长、窄袖,类似现在的高领子;男装一般多交领或圆领的长袍,袖口短窄,腰部扎有腰带,做事的时候就把衣服往上塞在腰带上。"汴京图"里,张择端描画了当时人们丰富多彩的衣着形式。

"那么'食'呢?"另一位大臣问道。

"陛下请看,"张择端指着画说:"草民在汴河沿岸画了鳞次栉比的房屋,这些房屋有很多是经营餐饮的店面。您看,这几家是'正店'。"

所谓"正店",相当于现在的五星级酒店,它在北宋是名副其实的酒店。北宋控制民间造酒,因为粮食要满足百姓的温饱,酒造得太多,粮食就会不够吃,政府怕影响社会安定。朝廷只允许部分酒店店主造酒,这些酒店就称为"正店"。汴梁城像这样的"正店"共有72家。

蔡京捻须颔首道:"是呀。汴京繁华,饮食南北皆有,寻常百姓人家平时都是在市集小店里吃东西,家里连蔬菜都不存放。"

当时汴梁城里,吃食小店很多,什么煎鱼饭店、馄饨店,可以说应有尽有。除了主食,还有专门卖各种点心的粉食店、馒头店、胡饼店、冷饮店等。

竞争使宋代的烹调技艺也有很大提高,人们对原料、调味品、刀工、火候等都十分讲究。许多今天流行的烹饪方法,在宋代已经十分盛行了,比如烧烤、火锅等。宋朝统治区域内饮食差异很大,但随着经济的发展,在饮食方面也渐渐融合。在汴梁城,各种饮食花样繁多、应有尽有。当时人们和现在的上班族差不多,自己不在家做饭,经常去外面吃。许多餐饮店只休息两个时辰（4个小时），有的甚至通宵营业。

"这些房舍画得很逼真。"一位大臣说道。

"嗯，"徽宗说，"绘形绘状，繁复多变，张卿很用了一番心思。"

中国古代都城的营造和管理，在唐都长安时形成了一个高峰。按照惯例，都城设计将住宅区（坊）和交易区（市）严格分开，并用法律和制度对交易的时间和地点严加控制。长安的住宅区有114个坊，坊与坊之间、坊与市之间都用高墙隔开。长安对居民生活实行严格的晨钟暮鼓制度。每天早起鸣钟，各坊坊门随着城门同时开启，百姓可以上街活动；每天日落鼓响，各坊坊门随着城门同时关闭，实行宵禁，禁止行人上街。

到了北宋，情况发生了很大的变化。在汴梁城，"坊墙"或"市墙"都没有了，住宅区（坊）和交易区（市）交叉存在。汴梁也没有什么晨钟暮鼓制度，大大便利了百姓生活。

张择端向徽宗解释说："草民观察过汴京的各种住宅。对一般百姓来讲，他们不会建造豪华的宅第，因此乡村中几乎全是茅草搭建的屋舍。城市的住宅条件好点，一般是瓦房和茅草房结合。相比之下，贵族和官僚的宅第就豪华多了。"

"那你是怎么表现的呢？"徽宗问道。

"陛下请看，"张择端指着画说道："这些房舍建筑高大，大门上有三排门钉，门口还有人看守，说明什么呢？说明主人很有地位。另外，围墙上还有短杈子，这是为了防翻越，是防盗的措施。这样的房舍，一看就知道不是一般的民居。"

众人纷纷点头称赞。

一个大臣顺势问道："不知这画的结尾处，这片住房又作何解？"

画的结尾，有一片高尚住宅区，有一个很特殊的名字叫"久住王员外家"。什么叫"久住"呢？张择端解释道："'久住'说明这家旅店声誉好，可以住得很长久。'王员外'是旅店主人的身份。"

这个名称和我们现在经常看到的一些旅店的牌子不太一样。但是像这样的旅馆，在当时的东京城有2万多间。我们现在一个省会城市，可能都没有这么多，由此可见当时汴梁的繁华。这不仅是在宋朝，甚至当时的整个世界，都是首屈一指的超级大城市。

"这就是你的'行'吧？"蔡京指着画中汴河里的船问道。

张择端躬身称是。

画里画了大概20多只船，船上有桅杆，正在汴河上航行。汴河西接黄河，东连江淮，是京城最重要的河道。不过，汴河航运也有很大缺陷。冬天结冰，汴河便不能运输，夏天水大时，水又太急；加上泥沙淤塞，需要定期疏浚。但是总的来说，汴河漕运对汴梁的繁荣还是功不可没的。

徽宗和大臣们的目光紧紧地盯着这幅画，每个人的脸上都是一副兴奋的表情。看到繁华的都城和富足的生活，他们心里自然是欣慰的。

忽然，蔡京指着画里一处说书处，疑惑道："围观的怎么可能只有这么点人呢，还不到20人吧？谁不知道街口那些听书的，平常排队都排到了路面？"

徽宗粲然一笑，他明白这是绘画的一种艺术表达方式。所谓以少胜多，画上的20个人代表的是一大群观众。他笑着说道："你不会作画，自然不明白这里的妙处。"听罢，许多人抿着嘴偷笑起来。

蔡京所指的地方，是张择端画的一处瓦肆。瓦肆是艺人们表现自己技能的场所，有点像老北京的天桥、护国寺和旧上海的城隍庙、大世界。艺人们聚在这里，献技斗艺，各呈其采。因路数各异，流派不同，他们在瓦肆里分别拉起不同的场子，围成一个个小圈子，用栏杆、绳索、布幔相互隔离开，一个圈子就是一个勾栏。据史料记载，当时汴梁城有很多瓦肆，有的瓦肆有大小勾栏50余座，有些勾栏很大，可容数千人。

徽宗看着画中的人们在瓦肆中踢球耍乐，不由想到，自己已经很久没有和高俅一起踢球了，真该找个时间再同他好好较量较量。他对蔡京说："明日宣高爱卿觐见，朕许久未与他蹴鞠了，明日就来活动活动。"

蔡京忙道："是，陛下。"

徽宗当然不知道，这件事被写进了后代小说《水浒传》中，变成了家喻户晓的故事。

看到此处，徽宗特别高兴，低头思索了一下，大笔一挥，用他著名的"瘦金体"给画题了"清明上河图"五个大字——这就是我们今天看到的《清明上河图》。

宋徽宗当然成了这幅画的第一个收藏者。

《清明上河图》有哪些疑点呢？

然而，《清明上河图》流传至今，却出现了越来越多的谜题，等着我们去解答。都有什么谜团呢？

首先是题名。

关于题名，有好几种说法。有人觉得，"清明"就是清明节；也有人猜测可难是地名，是画中一处叫"清明坊"的地方；还有的人认为，"清明"是政治清明的意思，是颂词。众说纷纭，莫衷一是。

其次，《清明上河图》画的是什么季节呢？

《清明上河图》里有很多人物都是赤膊的装扮，同时也有穿厚衣服的人物。那么，这幅画描绘的到底是"春景"还是"秋景"呢？这个争议至今没有定论。

不过我们应该考虑到，这幅画很有可能是艺术加工的作品，而不是对现实的完全照搬。画中人物装束上的差异，表明《清明上河图》不是一件摄影式的作品，张择端可能是把他印象中记忆深刻的东西画到了画里，而不是对现实刻板的描摹。

第三，《清明上河图》是否存在缺失？

现存的《清明上河图》长 528.7 厘米。《清明上河图》流传至今，从皇宫到民间，历经战乱动荡，到今天仍能基本保存完整实属不易。但明朝人李东阳经过考证，认为《清明上河图》开卷有一处缺失，应该还有一段绘远郊山水，并有宋徽宗瘦金体字签题和他收藏用的双龙小印印记，这些在画上都已不见。

他猜测，这有两种可能。一是因为此图流传年代太久，又经无数人之手欣赏把玩，开头部分便坏掉了，于是后人装裱时便将其裁掉。还有一种可能，宋徽宗题记及双龙小印非常值钱，于是有人将其与前一段画一起裁去，然后装裱成另一幅画卖掉了。

还有一些人认为，《清明上河图》后半部缺失了一大部分，它应该更长一些才对。现存的《清明上河图》可以分成三个部分，每个部分都是一个独立的故事，三个故事相互独立、又自然连贯，到结尾处戛然而止，非常完整。不过，多数人认为，张择端要说的故事已经讲完，因此这幅画是完整的，不存在缺失。

最后，《清明上河图》在流传期间，出现许多临摹的版本。那么哪一幅是真的？哪一幅是假的？

清朝雍正年间，皇子弘历得到了一幅《清明上河图》。这个弘历就是后来的乾隆皇帝。弘历的文物鉴赏造诣很深。他仔细观察画卷，觉得图画气势很大，但细节上却感觉不够连贯，未免美中不足。他认为真迹可能已经丢失了。为防止名画失传，就组织了一批宫廷画师，让他们合力临摹了一幅。

这幅清院本《清明上河图》，现存台北故宫博物院。全画篇幅较长，结构比较复杂，色彩也比较艳丽，是一幅不可多得的珍品。

可是到了他儿子嘉庆帝的时候，一次，朝廷查抄罪臣府邸，却又发现另一幅《清明上河图》。经过勘验，人们认为这才是真本。然而乾隆皇帝金口玉言，下了定论，说真本已经失传。大臣们不敢翻皇帝的案，把画卷收入库房了事。

今天我们仔细分析两个版本的《清明上河图》，可以发现许多不同。专家认为，后发现的《清明上河图》最接近史实，这个版本应是真本。可是，前一个版本是谁临摹的呢？这又是一个谜。

以上这些谜团，都是在流传过程中产生的。那么，《清明上河图》究竟是怎么流传下来的呢？

《清明上河图》是怎么流传的呢？

坊间有首小诗名为《一座城叫汴京》，诗是这么写的：

    大宋的乡与城

    大宋的静与嚣

    清明时节，骑马或坐轿

    滔滔河水定格

    没有伤感

    还是那柳树枝条

    青翠鸟鸣

    我们相逢，只一面

    花就凋零了

    树就飘落了

    清明上河图

    你是张择端的大宋汴梁

    一群人聚会时

    衣冠楚楚

    进场退场

所谓聚散无常，在这样一派繁荣的背后，北宋王朝危机四伏。

靖康元年（1126年），金军大举进犯中原，一路势如破竹，很快占领了北宋都城汴京，这个昔日繁华的都城，此时也只能任由金军的铁骑践踏。这便是中国历史上著名的"靖康之变"。

北宋灭亡后，《清明上河图》被金兵掠走，流落到北方。

今天的《清明上河图》之所以那么出名，和它经历了800多年的层叠积累是有很大关系的。古时候，收藏家和鉴赏者有时会在画上留下题跋，这么做的目的，一方面为了留下自己的印记，另一方面也是为了后人能更好地了解这件作品。从金代以来，《清明上河图》上先后有13人书写了14段题跋。

让我们跟随题跋，来了解《清明上河图》所经历的沧桑岁月。

金人张著在画上有一段跋文，这是已知最早的《清明上河图》上的文字记录。

张著是何许人呢？张著是金代一位颇有名声的风流才子。虽为"布衣"，却诗名远扬，写过一些非常雅致也很有情调的诗句。金章宗很喜欢他,"特恩授监御府书画"(让他做了皇宫图书馆的鉴定人)。不过,在写这段跋语时,张著应该还是布衣的身份,他应该是在别的收藏家手中看到《清明上河图》并写下了题跋的。那时候,《清明上河图》并没有被收到金国的图书馆里,它是在民间流传。

12世纪末,蒙古崛起,攻灭金国。后来忽必烈建立了元朝,定都大都,也就是今天的北京。《清明上河图》被收进了元朝的皇宫,这是这件作品第二次进入皇宫。

有一天,内务府的一位装裱匠在书库里发现了《清明上河图》。他欣喜若狂:"早就听说过这幅宝画,没想到让我有幸发现了!"他起了贪心,反复琢磨怎么才能把画偷出去。最后,他搞了个仿本,用调包计把真品用仿品给替换了,然后把画偷出皇宫。很快,他就把画卖给一个叫杨准的人,从中发了一笔大财。

就这样,《清明上河图》又流落到民间。

杨准拿到画,立即赶回老家江西。他在《清明上河图》上也写下了跋文。

明朝的时候,这幅画到了陆完手中。陆完死时,交代夫人一定要把画保存好。他的夫人将《清明上河图》看作身家性命,她把画缝进枕头里,不离身半步,连亲生儿子也不得一见。

陆夫人有一个娘家外甥王某,很会说话,非常讨夫人的欢心。王某擅长绘画,更喜欢名人书画。他得知消息,便向夫人求着想看《清明上河图》。经不住外甥多次请求,夫人就同意了。但她不许外甥带笔砚,只许他在自己的阁楼上欣赏,而且不许他说给别人知道。不过这个王某实在太聪明,他看了几次,回家居然凭记忆临摹出一幅。

有个叫王忬的人听闻此事,他知道当朝权贵严嵩正搜罗这幅画,便花了800两纹银,从王某手中买下赝品,献给严嵩。

严嵩把画交给装裱匠裱糊。这个装裱匠很厉害,一看就知道画是假的。他找到王忬说:这画是假的。您给我40两银子,我就不说;否则,您后果自负。可王忬根本没有把他放在眼里,没有答应。

装裱匠恼羞成怒,就把这件事抖露了出来。严嵩很生气,把王忬关进了牢里,又把王某也抓了来,严刑拷问。后来二人都饿死在牢房里。

严嵩顺藤摸瓜,终于把真迹《清明上河图》弄到了手。不过,这幅画在手中还没焐热,严嵩就被罢官抄家。这样,《清明上河图》再次被收入了皇宫。

然而,这幅画很快又从皇宫中消失了。这是怎么回事呢?

当时流传着这样一个故事。说是画到了皇帝手中,有个大臣叫朱希忠,太喜欢这幅画了,就要跟皇帝买,皇帝居然也同意了他的要求。这个时候,有个小太监把《清明上河图》偷出来了,偷偷藏到阴沟的石头缝里。没想到突然下了大雨,小太监再去取画时,画已经被雨水泡烂了。后来东窗事发,小太监被杀了。

可是真迹《清明上河图》到现在还保存完好,根本没有水渍的痕迹。这说明是有心人杜撰了这个故事,又把画从皇宫里偷了出来。这个人应该是太监冯保。他用瞒天过海之计偷出《清明上河图》,又嫁祸给那个小太监。

不过冯保倒是真心喜欢这幅画,他在跋文中写道:"余侍御之暇,尝阅图籍,见宋时张择端《清明上河图》,观其人物界画之精,树木舟车之妙,市桥村郭,迥出神品,俨真景之在目。"这段话的意思是说:冯保在闲时阅览图书,看到了张择端的《清明上河图》。看到他画的人物、树木、船只、车马都格外生动;看他画的街市买卖、村庄木桥,更觉得妙不可言。这幅画真的是稀世珍宝,应该好好收藏。于是,他就把画偷了出来。

后来,《清明上河图》几易其主。到了清代,再次被查抄入宫。

此时乾隆皇帝已死,嘉庆皇帝在位。乾隆皇帝酷爱在书画作品上写字和盖印章,清宫收藏的书画名作大多流下了他的墨迹和印记。而《清明上河图》中唯独没有乾隆皇帝的字、印,不得不说是一件憾事。

虽然乾隆皇帝与《清明上河图》失之交臂,但清王朝最后一位皇帝溥仪却看上了这件作品。辛亥革命后,《清明上河图》连同其他珍贵书画一起,被溥仪带出皇宫。《清明上河图》跟着溥仪避走天津,又辗转来到长春。

1946年长春解放,在经过一段不为人知的转手与追讨后,当地干部终于找到《清明上河图》。

从北宋时开始,历经元、明、清三朝,《清明上河图》四次进入皇宫,又四次被盗出皇宫。新中国成立后,《清明上河图》又一次回到北京,进入北京故宫博物院。至此,这卷稀世名画结束了它曲折的命运,找到了最终的归宿。

* * *

如果说《千里江山图》是一幅浪漫主义作品,那《清明上河图》则是一幅现实主义作品。同为北宋末期的绘画,也具有一定相似的时代特点。而今看来,无论是徽宗门生的"千古绝唱",还是艺术与民俗价值兼具的"盛世危图",两幅画皆战胜了时间,证明了中国传统历史文化的不朽。作为国宝级文物,它们也为我们了解研究宋徽宗治国措施和宋朝城市社会生活提供了重要的、生动的历史画卷。

思考题

- ★ 如何评价宋徽宗?
- ★ 宋徽宗最欣赏《千里江山图》的哪一点?
- ★ 《清明上河图》描绘了怎样的繁荣城市生活情景?
- ★ 《清明上河图》存在哪些疑点呢?
- ★ 宋画双璧是怎么流传后世的?

第 14 讲

西楚霸王的悲歌

> **【提要】** 当早期的人类开始制造原始的工具和进行集体劳作的时候,原始的音乐便在他们劳动的节奏和呼喝声中萌发出幼芽。到了战国时期,出现了宫商角徵羽五声音阶,中国音乐开始沿着独特的方向,划出绚烂的轨迹,成为世界文化动人的篇章之一。古人留下了数不清的乐曲,《十面埋伏》《霸王卸甲》就是其中极具特色的两首。这两首古曲均取材于垓下之战,却立意相反:《十面埋伏》着重描绘汉军威武的雄姿,决战的胜利以及凯旋的英雄气慨,《霸王卸甲》则着重渲染了霸王交战失利,一蹶不振而至别姬自刎的英雄悲剧。让我们跟随乐曲,回到战乱纷繁的年代,重读历史经典,重温英雄豪情。

秦朝灭亡以后,项羽与刘邦展开了长达五年的争夺天下的战争。楚汉战争时期,世事沧桑,风云变幻,江山易主,英雄千古。两千多年前那刀光剑影血雨腥风的战争,其中不乏有厮杀场面,有人心叛变,有欢喜雀跃,有战败落寞。在这场战争中,刘邦最终取胜称帝,而项羽战败,因无颜面见江东父老,选择在乌江之畔自刎,结束他辉煌而短暂的一生。

后人创作了《十面埋伏》与《霸王卸甲》两支琵琶曲,生动地描写了楚汉战争中垓下决战的情景。汉军用"十面埋伏"的阵法击败楚军,项羽自刎于乌江,刘邦取得胜利。乐曲激烈,震撼人心,清楚地表现出了项羽被大军包围时走投无路的场景。而《霸王卸甲》乐曲沉雄悲壮,又凄楚宛转,描述项羽在四面楚歌声中与虞姬诀别的场面。前者是赞歌,后者则是挽歌。但不管主角是谁,悲喜也罢,它们都在文化长河中留下了浓墨重彩的一笔。

就让我们跟随这两首乐曲,回到那战乱纷繁的年代,品一品当时发生的故事。

霸王是怎样名震天下的？

前210年，秦始皇在他的最后一次巡行中突然病重。他还没来得及给这个自己一手缔造的新生国家做更多的谋划，便在沙丘（今河北邢台）带着遗憾撒手人寰了。嬴政的突然病亡，给了小儿子胡亥可乘之机。在赵高、李斯的协助下，胡亥一面封锁始皇驾崩的消息，一面假借始皇的名义掀起了一场血雨腥风的政治清洗，铲除了公子扶苏、将军蒙恬等异己。一年后，胡亥终于在咸阳登上了帝位，自立为秦二世。

始皇虽死，但他遗留下的一系列苛政不仅没有得到缓解，反而在秦二世手上变本加厉。秦二世大肆征发民力，建阿房宫、骊山陵，修长城，并不断进行大规模军事调动与物资征用，使得百姓的赋税劳役沉重到了无以复加的地步。

前209年，陈胜、吴广率九百民夫在大泽乡（今安徽宿州）诛杀了押送他们的秦朝军官，揭竿而起。起义军打着"王侯将相，宁有种乎"的口号，所到之处，积怨已久的各地百姓无不响应，被秦始皇攻灭的六国遗老们也蠢蠢欲动。整个帝国在短短几个月内便被反抗的风暴所席卷，这便是"仁义不施而攻守之势异也"。也正是在这样的动荡年代，那个曾经对始皇仪仗说出"彼可取而代也"的西楚少年项羽，开始朝着他的梦想进发。

前209年9月，出身楚国贵族世家的项羽，跟随叔父项梁袭杀会稽（今浙江绍兴）郡守，召集楚国旧部与各路豪杰起兵反秦。此时的项羽只是项梁麾下一员裨将，在起事的过程中也大多担任一些策应的任务。但是，他却凭借着非凡的军事才能和过人的勇气，迅速在起义军中崭露头角。

面对已成燎原之势的义军，秦二世紧急起用少府章邯为将。后者献出奇谋，赦免了几十万在骊山修建陵墓的刑徒，把他们编入军队。章邯带领这只大军向义军发动突袭，一举就击溃了陈胜的先锋周文所率领的军队。

前208年，在秦帝国强大军力的反攻之下，各路义军先后遭遇重大挫折，陈胜、吴广、项梁等义军重要人物先后被杀，反秦事业陷入了岌岌可危的境地。挽救这一大业的重担此时便落在了项羽的肩头。

此时，章邯率领军队北渡黄河，大破赵国的军队，然后用40万大军将赵王重重围困在巨鹿（今河北邢台）。赵王派使者四处求救，救援的各国军队纷纷赶来，却畏惧秦军势大，只是坚守营垒，不敢出击。

同年12月，楚怀王令上将军项羽率数万楚军去解巨鹿之围。

楚军刚刚渡过黄河，项羽便下令全军砸掉做饭的炊具，凿沉渡河的船只，只带上足够三天的口粮，便向巨鹿进发。项羽此举，对楚军将士们起到了很大的鼓舞作用。楚军势如破竹,很快就遭遇了秦将王离的部队。在项羽的沉着指挥下,楚军与秦军激战9次,一举切断了王离部运送粮草的甬道。远远望见楚军以一当十,喊杀声惊天动地,此前作壁上观的各国军队也加入进来。最终楚军大败秦军,俘虏了王离,巨鹿之围彻底瓦解。

项羽率军马不停蹄追击章邯,连战连捷。章邯因作战失利,受到来自朝臣的诽谤和秦二世的猜忌,只得派遣秘使向项羽表达投降的意愿。本来他是绝不愿投降的,因为项梁就是死在他的手上,谁知道这位少将军记不记仇呢?哪知项羽一口答应,双方约定在洹水南岸的殷墟会晤。会晤时,项羽对叔父之死只字不提,章邯不禁流下了眼泪。项羽当场封章邯为雍王,安置在自己军中。

章邯率军来降后,由于各国军队与秦军多有前嫌,因此都像对待奴隶一样驱使降卒。秦军降卒非常不满,私底下议论纷纷。项羽召集属下商议如何处理。他对黥布等人说:"来投降的秦军官兵人数众多,而且大多内心不服。进入关中后,如果他们不听从指挥,那形势就危急了。不如把他们都杀掉。"当晚,楚军乘着夜色将20万秦军降卒全部处死,坑埋在新安城南(今河南洛阳)。秦帝国最后一支可堪一战的主力部队,就这样被项羽彻底消灭了。

巨鹿一战,项羽率楚军破釜沉舟,以数万兵力歼灭章邯几十万大军,使天下闻项羽名无不为之震动。项羽此战,不仅消灭了秦帝国最后一支有生力量,也在各国诸侯心中为自己树立起了空前的威望,奠定了他日后自立为"西楚霸王"的人心基础。后世传颂"有志者,事竟成,破釜沉舟,百二秦关终属楚",便是对巨鹿之战中项羽霸王风范的真实写照。

楚汉战争是如何爆发的?

项羽在巨鹿一战成名,庞大的秦帝国最终在各路义军的围攻下轰然倒塌,留下一个无主的天下供群雄逐鹿。在这场英雄的角逐中,项羽一生的宿敌刘邦开始崭露头角,项、刘二人就在兵戎相见、尔虞我诈中,向着垓下这个命运的最终战场走去。而在垓下决战之前,项羽不断复制自己以少胜多的军事奇迹,将刘邦打得一败涂地。

前205年,也就是秦亡后两年,彼时项羽虽然已经自立为西楚霸王,但是由于天下未定,各国人心思变,使得项羽一直未能巩固对各诸侯国的控制。这年4月,齐国叛乱,项羽领大军前去镇压。刘邦乘此机会笼络各诸侯国,号召天下共击项羽,并拉起一支56万人的大军,浩浩荡荡向着项羽的老巢彭城(今江苏徐州)杀来。

面对齐国叛兵在前,刘邦汉军在后的不利处境,项羽异常冷静。汉军虽人多势众,但是他自恃勇冠天下,并不将其放在眼里。因此,项羽作出了一个惊人的决定:自己率3万精锐骑兵驰援彭城,其余将领则继续与齐国作战。

此时的刘邦,正日日与麾下将士大摆筵席,欢庆畅饮。他确实有庆祝的资本,原因有三。

其一,楚军两线作战,分兵救援彭城必然腹背受敌;其二,楚军回援兵力仅3万人,与汉军相比可以说是天壤之别;其三,楚军长途奔袭必然是舟车劳顿,而汉军则可以依托有利地形与防御工事以逸待劳。可以说,无论从哪个方面来看,楚军都处在极大的劣势之中,项羽的惨败,似乎已经是板上钉钉了。

彭城地处齐国西方,项羽援军必然从东方而来,于是刘邦便在彭城以东布下重兵,专等项羽自投罗网。而项羽却早已料到,他率领骑兵利用夜色掩护进行迂回机动。等到拂晓鸡鸣时,睡眼惺忪的汉军士兵发现楚军早已潜伏到了身后。惊恐万分的汉军还没来得及改变部署,楚军的骑兵便冲杀过来。双方激战到中午,汉军抵挡不住,四散而逃。楚军追上了溃逃的汉军,斩杀了10万人。

刘邦收拢汉军,打算利用山地为依托,来抵挡楚军骑兵。但此时汉军精疲力竭,全无斗志,一经楚军骑兵冲击,就再次溃散,于是又被斩杀10万人。汉军逃到睢水边上,被楚军追上,汉军士卒或被斩杀,或被挤下睢水溺死。项羽指挥楚军慢慢收紧包围圈,誓要将刘邦一举歼灭。

就在这个生死存亡的危急关头,神奇的一幕出现了。也许是天命注定要归于刘邦,据《史记》记载,"大风从西北而起",战场上飞沙走石、天昏地暗,阻断了楚军的进攻,而刘邦则乘此机会带着数十名亲信逃出了包围圈。

彭城一战,刘邦遭到了自起兵以来最大的惨败,他的父亲太公和妻子吕后都被楚军俘获。军中伤亡惨重,他自己也受到重伤。但是在他养病期间,韩信领兵大破楚军,夺下了齐地。同时,北方的燕人也派遣骑兵南下来为刘邦助阵。汉军既得韩信来辅,又得燕人相助,军心大振,这使得项羽有些踌躇。他虽然取得大胜,但兵力使用已达极限。各路诸侯要么反叛、要么作壁上观,项羽实际上已是众叛亲离,他不得不考虑妥协让步。

刘邦乘机派遣使者去与项羽说和,还想将父亲、妻子接回。项羽几次都不同意,心想,若是就这样归还他们岂不是有损我霸王形象,以后又怎在军中立威?这时,一位叫侯生的儒士请命,刘邦想着死马当成活马医吧,就派他去与项羽谈判。

待到项羽见到侯生,便说道:"刘邦又使你来议和吧?你来说没用,你叫刘邦自己来说。"侯生说:"臣不是来议和,只是臣有一事不明,特来向您问明。"项羽说:"什么事,请讲。"侯生说:"臣闻大王不许议和,却不知大王不想议和的理由,故特来请教。"项羽说:"刘邦背信弃义,屡次侵占他人土地,荼毒天下,我要灭掉他。"

侯生说:"恐怕这是大王一厢情愿吧?想当初,大王英武盖世,振臂一呼,天下响应,是何等轰轰烈烈。但自从汉王暗度陈仓,来到中原,没过几年,大王就只能眼睁睁看着汉王将大半江山收归囊中,却无能为力。现在各路诸侯,还有谁能听从大王命令?就目前情况来看,反倒是和汉王交好的几路诸侯，不久就会抵达，到时大王就会陷于危难之中吧。"在晓之以理后，侯生又不无威胁地补充道："大王如果执意要战，汉王必倾其所有奉陪到底，到时候还不知鹿死谁手呢。请大王三思。"

这一段话说得项羽无言以对，于是就问："汉王果有诚意议和吗？"侯生说："汉王议和意决，故使臣来说。"项羽思度良久，自知孤立无援，且军士疲敝，只得同意讲和。侯生说："既两相讲和，不如送个人情，放还太公、吕后，也可使汉王知恩感报。如果扣押老人和女子在军中，也没什么用处。"项羽答应了。

最后，项羽和刘邦议定两分天下：以鸿沟为界，以西为汉，以东为楚。两人互誓盟约。项羽归还太公、吕后，带兵回彭城。放回人质，项羽也就失去了挟制刘邦的手段。

"鸿沟"原是一条运河，楚汉以其作为边界，就使它有了文化的意义，用来比喻事物间明显的界线。在中国象棋的棋盘中间，横亘着一条大河，"河中"一般都会写有"楚河汉界"四个字。这个"楚河汉界"也是来源于此。

鸿沟协议签订后，世人皆以为天下将重归太平，但项羽、刘邦两大集团都心知肚明，这一和平只不过是短暂的，更大的交锋即将到来。因此双方都枕戈待旦，为那场命中注定的决战准备着。

《十面埋伏》展现了哪些精彩瞬间？

彭城之战，项羽复刻了他的军事神话，用3万骑兵大破刘邦几十万大军，斩敌20多万，还俘虏了刘邦的父亲与妻子，一举扭转了此战前腹背受敌的战略颓势。然而那场突如其来的西北风，不仅从乱军之中救走了刘邦，似乎也吹散了项羽头上的好运。在彭城之战后，侥幸捡回一条命的刘邦收拾残部，继续与项羽进行对抗。凭借着关中、汉中两地丰饶的资源，刘邦集团逐渐克服了危机，积极调整战略方针，加强对骑兵部队的组建，最终掌握了楚汉战争的主动权。千百年后，毛泽东用一句"宜将剩勇追穷寇，不可沽名学霸王"，对项羽未能歼灭死敌导致最终失败，表示了惋惜与警示。

前203年9月，鸿沟之约仅一月之后，刚刚缓过劲来的刘邦就撕毁协定，向项羽发动突袭。楚汉决战随之开始。在这场决战中，名将韩信作出"十面埋伏"的天才部署，使得汉军如一张罗网一样徐徐落下，最终切断了项羽全部的退路，迫使其困守垓下。

明朝末年，著名琵琶演奏家汤应曾，依据史实，创作了《楚汉》一曲，描述了这场著名的"垓下之战"。这就是后世的《十面埋伏》。汤应曾早年随军，熟悉军旅生涯，所以对战争场面表现非常深刻。据他的朋友王猷定回忆，汤应曾弹奏乐曲时，"当其两军决斗时，声动天地，瓦屋若飞坠。徐而察之，有金声、鼓声、剑弩声、人马辟易声；俄而无声，久之，有怨而难明者为楚歌声;至乌江有像项王自刎声;余骑蹂践争项王声,使闻者始而奋,既而悲,终而涕泪之无从也",非常感人。

接下来,就让我们通过这首千古名曲,一窥垓下之战中的精彩瞬间。

《十面埋伏》全曲包括十三个段落,分别为:第一段,列营;第二段,吹打;第三段,点将;第四段,排阵;第五段,走队;第六段,埋伏;第七段,鸡鸣山小战;第八段,九里山大战;第九段,项王败阵;第十段,乌江自刎;第十一段,众军奏凯;第十二段,诸将争功;第十三段,得胜回营。

全曲第一至第六段重点展现汉军的战前部署,使我们直观地感受到汉军的策略、士气、阵容等情况。第一段"列营"为全曲序引,表现汉军出征前金鼓战号齐鸣、众人呐喊的激励场面。第三段"点将"为主题呈式,展现汉王阅兵,战将出列,士卒挺立的威武场面。第六段"埋伏"表现决战前夕夜晚,汉军伏兵垓下,气氛宁静而又紧张。第六段结束后,垓下之战拉开了序幕。

"鸡鸣山小战"与"九里山大战"两段落重点描绘了两军激战的场面。马蹄声、刀戈相击声、呐喊声交织起伏,震撼人心,音乐走向高潮。

战斗开始时,韩信率大军先行向楚军发动进攻。项羽立刻率10万楚军发动中央突破作战,矛头直指韩信本部。项羽亲自率军出击,冲锋在前,楚军以骑兵在前、步兵在后随其冲锋。汉军接战,前阵立刻被击溃。韩信命令大军后撤,并以30万大军为掩护,逐次抵抗。汉军且战且退,项羽则一马当先,冲锋在前,甚至将楚军将士统统甩在了身后。

经过半日厮杀,楚军破敌无数,汉军损失惨重。但项羽依然没能突入汉军指挥中枢,韩信不断向后退却,始终没有出现在项羽面前。而项羽过于猛烈的冲锋,明显拉开了骑兵、步兵的前后距离。汉军两翼迅速袭来,将楚军步兵、骑兵两部截断,楚军攻势随之被牵制。双方陷入胶着状态,项羽不得已,只好率骑兵回师救援步兵。

韩信随即组织反击,并将全部军力投入进攻。楚军步兵大败,残部冲开包围,退回营中。项羽率骑兵反扑而来,数十万汉军前后夹击。项羽见势不妙,只得指挥部队突围而去。汉军以十几万人的代价,终于击败楚军。

随后,韩信率领全军压上,包围了楚军大营,形成"垓下合围"。此时,汉军已是胜利在望。

《十面埋伏》开场便是匆促的音调,使得毫无准备的听众恍若置身于伸手不见五指的黑屋之中,只能听见自己急促的呼吸与心跳。而随着曲调愈发焦灼,黑暗中似乎有一股不可名状的危险,正在向项羽逼来。千百年来,即便听众没能亲身经历那一场楚汉决战,也能从急促的旋律中体会到两个宿敌即将上阵搏杀的紧张与恐怖。

曲中偶尔出现短暂的舒缓,恍若战斗的间隙,听众历经生死大劫,心神稍缓又不敢全然放松。在短暂的舒缓后,曲调在顷刻间又渐趋匆促,琵琶铮铮有力,跳跃声连续增大、变急,似乎四周的墙壁都在向身处黑屋中的项羽不断收拢,要将其彻底束缚。此时,音调却在最高处戛然而止,偶尔有低音传出,就如同暴风雨前的喑哑,细小微弱,却预示着危险的来临。少顷,曲调愈加急促,声调愈加宏大,电闪雷鸣般席卷而来。仿佛在天地之间,项羽承受着来自四方的压力,他身处于风暴中心,无处可逃,只有决一死战,奋力一搏。

一曲终了,听众却迟迟未醒,仿佛仍处于杀声阵阵的战场之上。

与《高山流水》《二泉映月》等传统名曲不同,《十面埋伏》描绘的不是知音难觅或阳春白雪,而是宿敌间的残酷对决,是危机四伏的险恶战场,是一代霸王的英雄末路。韩信在垓下为项羽罗织的这张"十面埋伏"大网,最终化入一代名曲之中,为千百年后的听众带来了无比宏大的视听盛宴。

《霸王卸甲》蕴藏着怎样的悲情故事?

《霸王卸甲》是著名的琵琶套曲,和《十面埋伏》同样取材于垓下之战。与后者主要描绘战争场面不同,《霸王卸甲》侧重于以沉闷悲壮的曲调,展现垓下战败后霸王项羽在四面楚歌中与虞姬生离死别的无奈和痛苦。

既然提到"霸王别姬",自然绕不开虞姬这位项羽一生中最为珍视的女性。

项羽小的时候,相依为命的叔父项梁误杀了人。为了躲避官兵,两人只好逃往吴中。幸运的是,他们在这儿结识了很多江东子弟。其中有一户姓虞的贵族,家中女儿生得是国色天姿、倾国倾城,又偏偏对项羽动了芳心。

一次酒会上,当酒过三巡,大家兴致正高涨的时候,虞姬穿着一身火红的长裙上场了。那可真是惊艳四座!她和着乐曲,缓缓开口,歌声婉转而悲伤;翩然起舞,舞姿曼妙动人,令人如痴如醉,恍若身在梦中。舞罢,项羽潸然泪下,席间众人也都是泣不成声。此后,两人便互诉衷情,彼此交付终生。

由于相关史料较少,人们对虞姬身世的了解并不太多,这也更增添了虞姬的神秘感,驱使着人们去探寻她面纱后的真容。可以肯定的是,虞姬是项羽毕生唯一挚爱的女子,也是陪伴项羽一直走到生命尽头,始终忠贞不渝的人。虞姬绝不是豢养在项羽帐中的"金丝雀",她常年随项羽出征,不畏战火纷飞。虞姬的陪伴,赋予了西楚霸王更为柔情与人性的一面,也使得项羽和虞姬的结局更具悲情色彩。

古曲《霸王卸甲》共分为十六段,分别为:第一段,营鼓;第二段,开帐;第三段,点将一;第四段,整队;第五段,点将二;第六段,出阵一;第七段,出阵二;第八段,接战;第九段,垓下酣战;第十段,楚歌;第十一段,别姬;第十二段,鼓角甲声;第十三段,出围;第十四段,追兵;第十五段,逐骑;第十六段,众军归里。自第十段起,全曲基调开始变得极为哀痛,着重渲染了"力拔山兮气盖世"的西楚霸王在四面楚歌声中,面对爱妃发出"虞兮虞兮奈若何"的感叹时绝望的心境。

垓下之战失利后,项羽率残余的楚军退回营垒,闭门不战,汉军则将楚军大营团团围困。铩羽而归的霸王走进营帐,脸色铁青,虞姬从没见过项羽打败仗,心中十分难受。但她竭力克制情绪,安慰项羽说:"从此我们定要坚决守住营地,不再出击,等到汉军弹尽粮绝之时自会主动退兵。"项羽也默然同意。

可他们没有料到,楚军的粮库早已被汉军烧毁,连粮道都被截断。三军没有粮草,军心动摇,怨声载道。项羽在营帐里喝着闷酒。刚喝上几杯酒,就听到营账外面阵阵西风吹起,树枝刷刷作响,就好像有无数冤魂在哭泣,项羽悲叹:"这是天要亡我楚国啊。"虞姬常随项羽征战,深知为将者在任何时刻都不能失去信心。她听项羽这话之后感到心有不安,早早伺候项羽休息。

夜深人静,虞姬在帐外巡视,忽闻夜风中传来阵阵熟悉的歌声,唱的都是楚歌,但歌声却是从汉军军营中传来的。她心想,难道霸王的楚地已经被刘邦占领了么?否则汉军营中怎么会有人唱楚歌,该不是刘邦征集楚国人充实汉军?

其实这也是韩信的一个计谋,一个动摇楚军军心的计谋。他叫汉军士卒唱楚国家乡的歌曲,那些熟悉的乡音鼓动起离乡多年的儿郎们思念家乡、思念父母、思念妻儿的伤感之情,也使他们误以为刘邦已经全面占领楚地。想到困守垓下,内无粮草,外无救兵,坐着等死,楚军士兵们三三两两地开了小差,到后来竟是整批溜走。

虞姬立刻返回营帐唤醒项羽。项羽仔细一听,这是楚歌啊,不由惊呼:"敌军中已有众多楚人,一定是刘邦全面占领了楚地,我现在已经大势已去,没有退路可走!唉!以前我项羽能够取胜,都是因为他们各据一方,待得我消灭一处又再战一处。可是如今各路人马聚集一起攻我一人,你我困在垓下,兵少粮尽,不可再守了。我意已决,要与那些贼人死战到底。然而这次交战胜败难定,虞姬啊,看这情形,今夜就是你我的分别之时了。"

虞姬早已经泣不成声。营帐外,乌骓马也发出声声哀鸣。项羽出帐,轻抚着伴随自己出生入死的爱马,而乌骓也眼含热泪,静静地看着主人。虞姬强颜劝慰项羽:"这垓下是高岗绝岩之地,易守难攻,只要我们按兵不动,找准时机再行谋划,也不迟呀。"这又把项羽劝回营帐。

虞姬自知与项羽已时日无多,便穿起华贵漂亮的衣服,手持宝剑,边舞边歌:"劝君王饮酒听虞歌,解君忧闷舞婆娑。嬴秦无道把江山破,英雄四路起干戈。自古常言不欺我,成败兴亡一刹那,宽心饮酒宝帐坐!"

项羽正待饮酒,忽然探马飞报:"敌军压境,汉军分四路围攻。"后又有探报:"现已四面楚歌,八千子弟兵也都相继逃亡了。"项羽一听便知大势已去。他催促着爱妃穿上战袍,与他杀出重围。他悲声吟道:"力拔山兮气盖世,时不利兮骓不逝。骓不逝兮可奈何,虞兮虞兮奈若何。"吟罢,已是热泪滚滚,虞姬掩面啜泣。在一旁的人也非常难过,低着头一同哭泣。

但虞姬不愿拖累项羽,她镇静地叮嘱道:"此番出兵,如果霸王有不利,可以退往江东,在谋划东山再起,希望霸王今后可以好好照顾自己。"突然间,她抽出项羽身上佩剑,自刎而死。这也正是《霸王卸甲》第十一段"别姬"响起之处。这一部分的乐曲虽然不长,但是音调悲切缠绵,旋律悠扬,好像是虞姬的哭泣声,感人肺腑,催人泪下。

项羽为何不渡乌江?

《十面埋伏》与《霸王卸甲》这两首曲目都以项羽的英雄末路作为尾声。

项羽乌江自刎,不仅代表着西楚霸王从历史舞台上的谢幕,也标志着秦末以来那个英雄时代的终结。作为胜利者的刘邦,带领着他创立的汉朝,走入了一个统一而稳定的时期,他铲除了韩信等异姓王,将国祚交到了刘氏子孙手中。而作为失败者的项羽,尽管兵败身死,却在千百年来不断被世人重提,成为了一种符号与寄托。其中,也像李清照"至今思项羽,不肯过江东"一样赞叹项羽绝不苟活,坦然赴死的气节的,也有如同杜牧"江东子弟多才俊,卷土重来未可知"一样畅想项羽渡江后东山再起的。即便虞姬自刎前,也曾劝项羽退往江东。由此可见,乌江自刎所带来的悲壮与遗憾,长久以来一直萦绕在人们心中,挥之不去。

这一切,都要从乌江边,霸王项羽的最后一刻说起。

当夜,项羽埋葬好虞姬,带着仅剩的800余骑兵突围。他们走得迅疾,汉军直到天蒙蒙亮,才发现楚军已经突围,连忙派了5000骑兵紧紧追赶。项羽一路狂奔,渡过淮河,这时跟着他的只剩下100多人了。

又跑了一程,一行人来到一个三岔路口,他们瞧见一个庄稼人。项羽就问他,哪条道儿可以到彭城。那个庄稼人知道他是霸王,不愿给他指路,就哄骗他说:"往左边走。"一百多骑往左跑了下去,跑到后来,只见前面是一片沼泽地,连道儿都没有了。他们这才知道是受了骗,赶快拨转马,绕出沼泽地,此时汉兵已经追了上来。

汉军紧紧跟随,项羽的兵卒死的死,伤的伤,最后只剩28骑。到了东山下,追兵密密麻麻围了上来,没给楚军留下一点空隙。项羽把28骑分成三队,猛冲汉军阵营。汉军被杀了一名都尉和几百名兵士,但总算稳住了阵脚,牢牢围住项羽。项羽把三处人马会合在一起,点了一下人数,28骑竟然只损失了两人。

项羽对兵士们说："我起兵到现在已经八年，经历过 70 多次战斗，从来没打过一次败仗，这才当上了天下霸王。今天被围困在这里，是天叫我灭亡，并不是我打不过他们啊！"然后他把 26 人分为四队，对他们说："看我先斩他们一员大将，你们可以分四路跑开去，大家在东山脚下集合。"说罢，他大喝一声，向汉军的薄弱环节冲去。一名汉将迎来，被他当场斩杀，余者抵挡不住，纷纷散开。他们在数千人的围困中，杀出一条血路，冲了出来。

《十面埋伏》第十段和《霸王卸甲》第十六段，描绘了西楚霸王的最后时刻。

杀出包围圈后，项羽带着 26 骑往南跑去，很快到了乌江口。此时，只有一条小船停泊在江边。乌江亭长劝项羽渡江，说："江东虽然小，可还有一千多里土地，几十万人口，大王过了江，还可以在那边称王。"那 26 人也齐声劝项羽过江，由他们来掩护。

项羽苦笑了一下，说："我在会稽起兵后，带了八千子弟渡江。到今天他们没有一人能活着回去，只有我回到江东。即使江东父老同情我，愿意立我为王，可我还有什么脸再见他们呢。即使他们不说什么，我也是过意不去啊？"接着，他又对亭长说："我知道您是位忠厚长者。这匹马日行千里，已随我征战五年，所向无敌。我不忍心杀掉它，就把它送给您吧。"他将乌骓马的缰绳递给亭长，转身带着他的 26 个兵士，冲向追上来的汉军。

项羽提着剑左劈右砍，在汉军之中浴血搏杀，身边到处都是刀剑碰撞的声音，四周都是汉军的尸体。他们杀了几百名汉卒，楚兵也一个个倒下。项羽也受了十几处创伤。突然，他看到了汉军将领吕马童，此人曾是他的部下，他长声道："你不是我的旧相识么？"吕马童心中有愧，不敢直视昔日的主帅，他转过头，对汉军将士们喊道："他就是项王。"

项羽笑了："我听说汉王用黄金千金，封邑万户悬赏我项上人头，虽然你不愿与我相认，我却愿意把这好处赠与你。"说完，他便挥剑自刎而死。《霸王卸甲》曲至此结束。

而《十面埋伏》还描述了这样的场面。眼见项羽已死，吕马童等立刻涌了上来，抢夺他的尸体。项羽的尸体被砍成五块，吕马童等人各得其一，作为自己邀功的资本。后来，这五个汉将都被封侯，吕马童被封为中水侯，食邑 1500 百户。

一代霸王项羽，以这样血腥而悲凉的方式融入了历史的长河。我们顺便说一下那匹乌骓马。亭长将它带到了对岸。眼见主人自刎而亡，乌骓长嘶不已，翻滚自戕。马鞍落地，化为一山。据说，这就是安徽境内的马鞍山。项羽失去了天下，而他的女人和乌骓，却永远跟随着他。

其实我们可以作出假设：如果项羽选择回到江东并重组军队，那会怎样？如果他卷土重来，结局是否会不一样？但项羽并没有听人劝说，渡江自保，而是兵败自杀。可能项羽认为当时社会长期战乱，如果再起战端，只会让百姓疲敝不堪。可能因为项羽知耻重义，无颜面对江东父老，不愿再让他们失去亲人子弟。也有可能是因为虞姬之死让他感到绝望。虞姬是项羽最爱的女人,就算再次过江,击溃了刘邦,但没有心爱之人守在身旁,他也就没有了灵魂所在和精神支撑。或许原因有很多,但真正的原因也只有项羽一人知晓。

＊ ＊ ＊

《十面埋伏》与《霸王卸甲》虽然立意不同,但都是霸王的挽歌。人们在怀念项羽的同时,也在祭奠那个风云际会的时代,张良雇力士刺杀嬴政、陈胜吴广揭竿而起、高祖斩白蛇起义、章邯用刑徒为战兵、韩信起于微末之中……那是一个贵族与平民共舞的时代,一个奇谋频出、典故无数的时代,一个由鲜血与反抗铸就的时代。而项羽的自刎,恰恰昭示着这个时代的落幕。我们有足够的理由去畅想,如若项羽选择了东渡归乡,是否就真的能够如后人所说的那样卷土重来呢?这个传奇的时代是否能够得以延续,从而产生更多值得回味的故事呢?

思考题

★ 项羽在巨鹿之战中是怎样以弱胜强的?
★ 项羽为何同意与刘邦鸿沟为界?
★《十面埋伏》是如何描绘战争场面的?
★《霸王卸甲》蕴藏着怎样的悲情故事?
★ 请设想一下项羽自江东"卷土重来"。

第15讲

远播域外的《秦王破阵乐》

> **【提要】** 唐朝的音乐是广袤而开放的,它超越了国界,成为中华文化的重要组成部分。《秦王破阵乐》是一部集歌曲、舞蹈和音乐于一体的大型综合性歌舞剧,作品从一首军歌发展而来,既有汉族的众多乐器的加入,又融入了龟兹的少数民族的曲调。《秦王破阵曲》展现了唐太宗创造贞观之治的壮丽画卷,风格宽广、豪放、雄浑,充盈着壮美的气息。千百年后,人们依然可以从中窥见大唐盛世光耀夺目的雍容气度。

我们来说一首唐代的乐曲,这首曲子名为《秦王破阵乐》。

这里的"秦王",指的是唐太宗李世民。这位伟大的帝王在登基前,曾被封为秦王。他四处征战,为大唐王朝的建立和巩固立下了汗马功劳。《秦王破阵乐》就是颂扬李世民"武功"的乐曲。

这首乐曲自唐初出现,就广受欢迎,在大唐和周边国家流行了300年之久。该曲一度失传,后被音乐家何昌林先生复原。

1983年,在"华夏之声·古谱寻声音乐会"上,复原的《秦王破阵乐》引起了大家的广泛关注。乐曲气势恢宏,将秦王李世民的雄才大略和赫赫战功表现得淋漓尽致,给听众带来了强烈的震撼。

那么,李世民到底有怎样的雄心壮志,他做过哪些留名千古的事情,《秦王破阵乐》为何历经千年,至今仍然有如此大的魅力呢?

李世民是怎样鼓动父亲反隋的?

大业十三年(617年)2月的一天,晋阳(今山西太原)刚刚下过一场大雪,天气极冷,城中的乞丐聚集到城外的土地庙里，勉强依偎着取暖。

傍晚时分，雪小了一些。两顶轿子行至一座府邸前，从轿子上分别下来两个衣着华丽、器宇不凡的人，他们一位是晋阳令刘文静，另一位是晋阳宫副监裴寂。

"文静兄，这事我还是有些顾虑。"说话的是裴寂。

只见刘文静微微一笑，抬手轻轻拍了拍他的肩膀，说："这冬日真是冷极了，我越发地想看见春暖花开的景色了。"

听了这话，裴寂立刻心领神会。

刘文静说的春冬景色是什么意思呢？

其实，"冬日真是冷极了"隐射的是当时的政局。隋炀帝杨广即位后，营建东都、迁都洛阳、修建大运河，致使百万计的民工伤亡，他又派兵三征高丽，赋税沉重，百姓苦不堪言。

我们重点说一说大运河。一直以来，兴建大运河被认为是隋炀帝治下一项毁誉参半的"壮举"。在《隋唐演义》里，记载了这样一件神奇的事：

相传，炀帝有一天在梦中见到一种奇美无比的花朵，醒来后却不知这花究竟叫什么名字，于是命人把他梦中所见绘制成图，四下寻找。有官员看到图画后，就向炀帝进言说，图上所绘之花产自扬州，名为琼花。炀帝听后，便很想去扬州亲眼一睹琼花的风采。于是，他下令开凿运河、兴建龙舟，准备携皇室、后宫一同乘船南下赏花。当耗费大量人力、物力的大运河终于修到扬州时，炀帝便带着一大帮子人兴致勃勃地来到赏花之处，却发现满树琼花凋零，终究没能领略它的花姿。

琼花有情，它同情苦役与重赋之下艰难求生的黎民百姓，不愿沦为供昏君赏玩的亡国之物，因此用自己的凋亡向隋炀帝发起"死谏"。这便是"看琼花乐尽隋终，殉死节香销烈见"。

隋炀帝下江南赏琼花的典故在民间广为流传，从侧面反映了千百年来劳动人民对于封建统治阶级横征暴敛的极度不满。"琼花凋敝"暗喻隋朝的衰亡，而这一切的矛头都指向隋炀帝不知爱惜民力，最终致使天下大乱的胡乱作为。

从大业七年（611年）起，全国各地农民起义频发，渐成燎原之势；而统治集团内部也逐渐离心离德。可以说，此时的大隋政权已成土崩瓦解之势。

在这样严酷的局势下，怎样才能看见刘文静和裴寂口中"春暖花开的景色"呢？这就和他们今天拜访的人有关了，此人就是府邸的主人，晋阳留守李渊。李渊出身贵族，七岁袭封唐国公。大业十三年（617年），李渊上任晋阳留守，他励精图治、广纳贤才，上任后不久便击败各路义军，稳定了山西局势，可谓政绩斐然，广受拥戴。

裴寂与李渊有旧交，因而在李渊上任后深受礼遇，二人常常通宵对饮，互诉衷肠。而极善谋略的刘文静,也隐隐察觉出李渊有谋图四方的志向,尤其是见到李渊次子李世民后,他更是惊叹不已,心生归附之意。他曾对裴寂感叹道,"李世民绝不是寻常人啊,论心胸大度可比汉高祖刘邦,论英明武勇好似魏太祖曹操,年纪轻轻却有天纵之才。"由此可见,在当时大动荡的格局中,李渊势力非常有希望能称雄一方。于是,刘文静和裴寂就准备投资李氏这支潜力股了。

今天他们来李府的目的,是请李渊去裴寂所管理的晋阳宫饮酒。晋阳宫虽是皇家行宫,但喝酒还是没事的,李渊爽快地答应了。

三人来到晋阳宫,刘、裴二人频频举杯,李渊是来者不拒,很快就喝醉了。

第二天,李渊醒来,发现身边还躺着两个陌生的女子。仔细一看,她们放在床边的衣服竟然是宫装!秽乱宫人,这可是要杀头的!李渊顿时一个激灵,清醒过来。

他也是一个极为精明的人,一问之下,发现陷害他的刘文静和裴寂只是马前卒,而背后的主事人竟然是他的二儿子李世民!李渊大怒,让人去找来李世民。

李世民刚刚跪下,李渊就顺手抄起一件物什砸在他身上,怒骂道:"安排宫女侍奉,事情暴露后是要杀头的,你安得什么心?"

跪在地上的李世民镇静地说:"请爹爹听儿子解释。"

同一时刻,裴、刘二人都在裴寂的府里等消息。

裴寂坐立不安,来回走动。刘文静拽住他说:"我说贤弟啊,你就别再走了,晃得我眼睛都晕了。这事情反正也做了,现在就安心等着二公子的消息吧!"

裴寂问刘文静:"这事二公子能办得妥帖吗?"

刘文静意味深长地说:"别看他年纪轻轻,却非池中之物。"

此时的李世民虽然只有20岁,但已然头角峥嵘。他侃侃而谈,向父亲纵论天下形势,并且陈述了自己拟好的起兵计划。最后,他说:"儿子这么做,不仅为了爹,也是为了天下苍生。天降大任于爹爹,望您仔细思量!而且宫女侍奉,被发现了是要杀头的,爹这回是做也得做,不做也得做了。"

李渊吁了一口气,吩咐左右将李世民带下去严加看管。他在座中仔细思量,儿子所说他又何尝不知?而且在宦海沉浮多年,他对时局的了解可能比儿子更加深刻。只是为官日久,羁绊就多,顾虑也多,现在儿子这么做,倒是把他推到绝路,让他不得不斩断羁绊,抛开顾虑,举兵反隋。其实这些年,李渊也是多有布置,实力倒也不容小觑;现在加上儿子的计划,不愁大事不成。

几天后,李渊将李世民放了出来。

5月,李渊在晋阳杀死朝廷派来监督他的副留守,正式起事。史称"太原起兵"。

有些史学家对李世民通过这么香艳的手段逼自己父亲造反表示怀疑。虽然囿于史料，有些细节已经无法查实清楚，但是李世民是李渊反隋行动最主要的鼓动者，反隋方针的最主要策划者，都是可以肯定的。

李世民立了哪些开国功劳？

起兵之后，李渊集团的战略方针是什么呢？

总体来说有两条：一条是"乘虚入关，号令天下"，一条是"废皇帝而立代王"。

我们来解说一下。

"乘虚入关，号令天下"是刘文静提出来的。隋朝建立的时候，都城是长安（今陕西西安），后来隋炀帝迁往洛阳（今河南洛阳）。不过，这个曾经的首都在当时仍旧有巨大的政治影响力。长安据山河之利，外有潼关等关隘拱卫，易守难攻。习惯上，人们把穿过潼关等关口进入长安称为"入关"。当时天下虽然群雄并起，但多数人并没有大的志向，只图据地自保，或是瞻前顾后，犹豫不决。李渊集团以入关夺取长安为军事目标，就是为了今后开创帝业，并最终取代隋朝。

"废皇帝而立代王"则是裴寂提出来的。这里的"皇帝"指的是隋炀帝杨广，"代王"指的是在长安的杨广之孙杨侑，当时被封为代王。三国时期，毛玠建议曹操"奉天子以令不臣"，以取得对各路诸侯政治上的压制和来自普通民众的民意支持。曹操因此成就大业。李渊集团此举和曹操类似，意在向那些还忠于隋朝的官员表示自己起兵旨在铲除暴君，并无改朝换代之异心——这就大大减少了对立面。

大业十三年（617年）7月，李渊自号大将军，令长子李建成和次子李世民分别做左右领军大都督，率3万人马离开晋阳，向长安进军。

李渊军抵达霍邑（今山西霍县）。这是进攻长安的必经之处，隋朝名将宋老生带领2万精兵在此驻守。

李渊军做好周密的装备，然后开始攻城。

李建成、李世民分别带着几十名骑兵来到霍邑城下。李建成在城东，李世民在城南，他俩装模作样，举着鞭子好像指挥围城的样子。手下兵卒更是放肆，对着城墙里的隋兵隋将指指点点、乱嚷乱骂，一点也不把对方放在眼里。

宋老生大怒，立刻领兵倾巢而出。他见对手兵分两路，自己也把兵力分开，一路去战城南的李世民，自己则亲领一路，来战李建成。

这宋老生果然骁勇，李建成不敌，只得且战且退。

李世民很快杀退隋兵，赶来增援，事先埋伏好的一路伏兵也从高坡上冲下来，两路人马从侧后冲击宋老生的军阵。李世民亲手杀了几十个隋兵,两把刀都砍出了缺口,衣服袖子上也流满了鲜血,他擦了擦刀继续战斗。宋老生的军阵逐渐动摇起来。

这时候,有人呼喊:"已经活捉宋老生了!"隋军立时大乱。宋老生急忙回头,想逃回城去,不想守城的兵卒见城下混乱,已经关上了城门。宋老生走投无路,被斩杀于阵前。

当晚,李渊军乘势发动强攻,拿下霍邑。

霍邑大捷后,由于隋军主力正在河南与瓦岗军大战,李渊乘此机会沿汾河向南挺进,连续攻克临汾、绛郡等地,率军抵达龙门(今山西河津东南),准备渡过黄河。此时才反应过来的隋军,急忙派遣大将屈突通率数万军队驻守河东(今山西永济西南),以阻击李渊军。

李渊围困河东,但隋军殊死抵抗。久攻不下,他便萌生了放弃河东直打长安的念头,于是召集将领、谋士商议对策。

在会上,裴寂极力主张继续围攻河东,他向李渊进言道:"现在敌将屈突通把守着险要之地,若不能攻克河东,那么向西要面临守备坚固的长安,向东则有屈突通的数万援军,我军夹在中间,那可是腹背受敌啊!"

李世民却看出不妥之处。他反驳道:"这话说得不对!兵贵神速,我军直取长安,正好可以震慑敌军的作战意志。如果在此地逗留,反而给了对方从容应对的机会。"

听到这话,李渊虽不言语,却觉得十分合自己的心意。于是他微微点点,示意李世民继续说下去。

李世民见状,又赶紧补充道:"现在关中地区义军遍地,却缺少一个可以领导他们的人,正好可以招抚他们,为我军所用。到那时我军兵强马壮,何愁长安不克?如果错失这个进军长安的良机,那么事态的发展就将超出我们的控制了!"

最终,李渊综合二人的策略,决定留下少数部队继续围困河东,以牵制隋军。而自己则率主力部队向西挺进。关中地区的形势果然如李世民所说,李渊军所到之处无不望风归降。同时,李渊留在关中的女儿李氏(后被封为平阳公主)也散尽家财,招揽军队,来策应父亲的行动。李渊便命令李世民率数万人配合主力部队包抄长安。李世民一路上招降各路军队,并与妹妹的部队会合,等攻到泾阳(今陕西咸阳)时,他麾下已有近10万人了。

10月,李渊军抵达长安,此时已有20余万。长安守备十分空虚,李渊军顺利攻克。

入城之后,李渊遥尊隋炀帝为太上皇,立杨侑为皇帝。第二年(618年)夏天,传来炀帝在江都(今江苏扬州)被杀的消息。杨侑不得不让出帝位,李渊就做了皇帝,国号唐,他就是唐高祖。李渊封李世民为秦王。

自太原起兵到建立唐朝,只有短短的一年时间。在起兵前的谋划、起兵后的战斗以及起兵关键时期的决策中,李世民都发挥了重要作用,为唐朝开国立下汗马功劳,而他在军中的威望也一日大过一日。

秦王是如何平定四方的?

唐朝虽然建立,但当时的"国土"也只有长安、晋阳等地。各路军阀割据一方,有的实力还很强大,对唐王朝构成威胁,例如刘武周。

大业十三年(617年),在李渊太原起兵的同时,刘武周在马邑(今山西朔州)杀死当地太守,据郡起兵。不久,刘武周就自称皇帝,称孤道寡起来。他采用部下宋金刚"入图晋阳,南向以争天下"之策,向唐军发动进攻。

很快,山西大部尽归刘武周,唐在黄河东岸只剩晋西南一隅之地。唐高祖惊慌失措,颁发了"贼势如此,难与争锋,宜弃大河以东谨守关西而已"的手敕,准备放弃晋西南之地,退守到黄河西岸。

有人站出来反对,他是谁呢?是秦王李世民。

李世民上书皇帝,说:"晋阳是我们王业的基础,乃国家根本;黄河东岸殷实富足,是京师赋税之地。如果一旦舍弃,实在令人惋惜。"他请求皇帝拨给他3万精兵,发誓"必能平殄武周"(消灭刘武周),收复失地。

此时的秦王,刚刚消灭薛举所部,解除了唐政权西部的威胁,正是意气风发之时。现在,李世民又主动请缨,要消灭刘武周,解除唐政权北方的威胁。李渊答应了他的要求,征发全部兵力,调归李世民统一指挥。

武德二年(619年)11月,李世民率军出征。唐军迅速渡过黄河,进抵柏壁(今山西新绛西南)。

李世民屯兵于柏壁,与刘武周手下悍将宋金刚的部队相持,并不急于交战。这是为什么呢?秦王说:"宋金刚孤军深入,精兵猛将都聚集在这里,他的军队并没有补给,只能速战速决。我们闭门不战,就可以挫败他们的兵锋,自己反而能养精蓄锐。等他们粮尽计穷,自己就会逃跑。——这就是我们要等的作战时机。"他只命非主力部队找空子袭扰对方,大军则坚壁不战。

这个办法非常有效,宋金刚的将士逐渐疲敝。后来,唐军又切断对方粮道,宋金刚粮尽兵困,被迫北撤。

李世民见时机已经成熟,遂挥军乘势追击。唐军一昼夜走了200多里,打了几十仗,吃掉宋金刚的后卫军。

此时,唐军士卒饥饿疲劳已经到了极点。李世民还要追击,一位将领拉住李世民的马辔进谏道:"大王您打败敌人,追击逃敌到了这里,功劳也足够了。您还要不断深入,难道就不爱惜自己吗?况且士卒们饥饿疲惫,应当在此停留扎营。等到兵马粮草都齐备了,然后再进击也不晚。"

李世民说:"宋金刚是无计可施才逃跑的,此刻已是军心涣散。功难成而易败,机难得而易失,我们一定要趁此机会消灭他。如果我们滞留不前,让宋金刚有时间考虑对策加强防备,就不可能轻易打败他了。我尽心竭力效忠国家,怎么能只顾惜自己的身体呢?"

他打马前行,将士们也不敢再提饥饿,勉力追赶。唐军终于追上宋金刚的主力,双方一天之内交锋八次,唐军连战连捷,斩敌俘敌数万。

当晚宿营的时候,李世民已经两天没有吃东西,三天没有脱下盔甲了。全军只有一只羊,李世民就和将士们分吃了这只羊。

此时宋金刚仅剩2万余人,又被李世民一战击溃。见大势已去,刘武周与宋金刚先后逃亡,部属星散。帝国北方的威胁,被秦王解除。

唐王朝由是开始经略中原,此时的主要对手是王世充和窦建德。武德三年(620年)7月,李渊下诏秦王征讨王世充。李世民兵围在洛阳的王世充,窦建德亲帅主力十余万人前来支援。李世民仅用3500名玄甲兵,就在虎牢关(在今河南荥阳)大破窦建德军。他生擒窦建德,然后迫降王世充。这两大集团的消灭,使唐帝国取得了华北的统治权。

这四次征战,使李世民声望日隆。尤其是在虎牢之战后班师返京时,秦王受到长安军民的隆重欢迎。

此时,朝廷对军功赫赫的秦王已无法再行封赏。那怎么办呢?李渊只得特设一个"天策上将"的称号封给儿子。

《秦王破阵乐》是怎么流传开来的?

武德九年(626年)6月,李世民被立为皇太子。不久,李渊退位称太上皇,禅位于李世民。李世民登基为帝,次年改元贞观。中国历史上"振古以来,未之有也"的贞观之治开始了。

贞观元年(627年)正月初三,李世民为庆祝自己的全面胜利,宴请文武百官。

有宴会就要有乐曲,演奏什么乐曲呢?

有人建议,演奏"秦王破阵"之曲。唐武德三年(620年),当时还是秦王的李世民击破刘武周,解除朝廷北方的威胁并凯旋。百姓夹道欢迎,军人利用军中旧曲填唱新词,欢庆胜利,于是就有了"秦王破阵"之曲流传于世。

在盛宴上演奏这首乐曲,倒也应景,李世民同意了。

宴会开始,乐工齐奏,鼓乐之声回荡在大殿。在场的大臣,大多没有听过这样雄壮的军歌,不由得被深深震撼。

一曲奏毕,李世民叹息说:"我还是秦王的时候,四处征战,世间遂有此曲。这曲子慷慨激昂,虽然不比那些宫廷雅乐,却象征了大唐创业的艰辛,所以现在让乐坊演奏。"

大臣封德彝上前一步,躬身一揖说:"陛下英明神武,消弭祸乱,安定天下,这是百姓之福呀!这乐曲宏大雄浑,岂是那些宫廷雅乐所能比拟的?"

李世民微微一笑:"马上打天下,岂能再马上治天下呢?文武之道,各随其时。现在四海晏宁,当施以'文治'。所以还纪念'武功',不过是告诉子孙不要忘本罢了。"

不过他实在非常喜欢这首曲子,总琢磨着加以改进。

不久,有人向他推荐了一个音乐奇才吕才。太宗召见了他,一谈之下,大为欣赏,遂擢任其为起居郎(皇帝近臣)。

李世民根据战场情况,亲自设计了舞图,又让大臣魏徵等人更改了歌词,然后让吕才来排演。其时吕才也才30多岁,和太宗年纪相仿,所以更容易理解李世民的创作意图。吕才依照舞图,将舞蹈分为三大段,并变换出12种队形,将全部乐曲完善到52首。编排完毕,他以乐工120人"披甲执戟而习之",不几天即演习成功。

贞观七年(633年)正月十五日,新排演的《秦王破阵乐》首演。

这已经是一部集歌、舞、乐于一体的大型综合性歌舞剧。舞台上,将士们披甲执戟,不断变换战阵,极富气势。乐队的伴奏婉转激昂,雄浑跌宕。众多乐工齐唱:

> 受律辞元首,相将讨叛臣。咸歌《破阵乐》,共赏太平人。
>
> 四海皇风被,千年德水清;戎衣更不著,今日告功成。
>
> 主圣开昌历,臣忠奉大猷;君看偃革后,便是太平秋。

歌词极富感染力。那些跟随过秦王征战的人都激动不已,赞叹说:"这舞就是陛下百战百胜的象征啊!"现场观众无不"懔然震悚",震惊之余,拜服于地,山呼万岁。

后来,每逢朝廷大宴三品以上的官员或外邦贵宾时,都会在玄武门外隆重演出。表演前,以两千士兵引导舞队入场,队前队后都是旌旗招展。演出时,鼓乐喧天,声震四野,振奋人心,其气势、阵容十分壮观。围观者更是人山人海。

太宗很满意,下令改曲名为《七德之舞》。这是什么意思呢?春秋时期,诸侯征战,楚庄王却说"武有七德",不能穷兵黩武。他因为谨慎用兵,获得了民众的支持,终于称霸诸侯。太宗改名,是为了向臣民宣示他"虽武功定天下,终当以文德绥海内"的主张,同时也有告诫子孙的意思。

这个曲名的更改,使《秦王破阵乐》有了更深刻的内涵。后来在演出的时候,皇帝要避位(不能坐在主位),以示谦逊之意;所有参加宴会的人都要离位肃立,以示恭听"圣训"。

《秦王破阵乐》随着唐朝的声势唐太宗李世民的威望扬名海外。

贞观元年,就在"秦王破阵"之曲演奏后不久,李世民收到一个名叫玄奘的年轻和尚的奏表,请求朝廷允许他西行求法。当时边境形势异常紧张,李世民没有批准。但是这个和尚决心已定,居然违抗朝廷禁令,私自越过国境,前往天竺。

远在异国他乡,玄奘却能时刻感受到祖国的巨大声威。

他到了迦摩缕波国,这是当时印度的一个小国。国王拘摩罗问他:"现在好多地方都在传唱大唐的《秦王破阵乐》,这是眼下印度最为流行的一首外国乐曲。我听了以后,也觉得这个音乐很棒。请问师傅,那就是您的故乡吗?"

玄奘自豪地回答:"是,这支曲子的故乡就是我的祖国。这曲子是赞美我的君主,他那伟大的道德和功勋的。"

拘摩罗王听后大为赞叹:"没想到师傅您正是这个国家的人。我时常仰慕大唐的风采啊,只是因为山川阻隔,没有办法前去。"他当即表达了希望能够前往大唐朝贡的心愿。

这是一千多年前的一段对话。一位印度的国王,正是通过一个宫廷乐舞,来感受和来赞美大唐这个国家的。据后来中国的资料记载,拘摩罗王的确达成了自己的心愿。

在大唐,《秦王破阵乐》成为朝廷的保留曲目,盛演不衰。190年之后,大诗人白居易还曾看过,还用他的诗歌记载了演出时的盛况。此后不久,唐与吐蕃结盟,唐使者到达吐蕃时,吐蕃人也"乐奏《秦王破阵乐》"相迎,以示隆重。一直到五代十国时期,此曲才随着唐帝国的灭亡而消失,流行了近300年时间。

在武则天执政时期,一位名叫粟田道磨的遣唐使将《秦王破阵乐》带到了日本。此后,《秦王破阵乐》便在日本生根开花结果,至今已有9种传谱。

20世纪七八十年代,音乐家何昌林先生将日本所存的一本唐谱进行解译,再结合一些唐代的音乐资料,终于将这首千年的古曲复原!

* * *

唐太宗李世民是大唐盛世的奠基人。他年少有为,带兵出战,军功加身;中年为政勤勉,善于纳谏,形成了良好的政治风气,史称"贞观之治";老年而不惑,眼光敏锐,安邦定国。他传下的《秦王破阵乐》,既是他筚路蓝缕,开创大唐的记录,也是他"王业艰难示子孙"的训诫。

一曲千年颂歌,传颂他的文治与武功,传颂大唐的豪迈与辉煌!

- ★ 李世民的"军工"体现在哪些方面?
- ★ 李世民为什么能够得到唐军的拥戴?
- ★《秦王破阵乐》的创作来源是什么?
- ★《秦王破阵乐》能够引起世人广泛认同的原因是什么?
- ★《秦王破阵乐》在产生了怎样的世界影响?

第 16 讲

君子文化与花中君子

> **【提要】** 作为中华民族的优秀文化遗产,"君子"彰显了中华文化塑造的理想人格,展示了中华文化所崇尚的优秀道德品格。它倡导的人生价值,是以关爱社会、推进文明为其理想追求;它倡导的人生态度,是以循德守法作为自身行为的取舍标准;它倡导的行为方式,是将自身道德完善与社会责任实现紧密结合在一起。古人将这种追求寄情于物,于是有了"比德如玉""花中君子",形成了蔚为大观的君子文化,深刻影响了中国社会。君子文化是涵养社会主义道德文明的重要源泉,在培育和践行社会主义核心价值观中具有重要作用。

如果说圣徒、绅士、骑士、牛仔是西方文化人格的表征,那么中华文化人格则体现为"君子"。君子文化,无疑是联系中国人的血脉之根,渗透在中国人的日常生活中。任何文化都是前人对后代的遗嘱。后代应该成为怎样的人?中国文化则由儒家作了理想性的回答:做个君子,也就是做个最合格最理想的中国人。近代以来的中国,民族危机空前严重,而中国文化没有沦丧的最终原因,是君子未死,人格未溃。

孔子为何钟爱兰花?

那么,究竟何谓君子?

据考证,"君子"一词最早见于《尚书》,流行于西周。"君,尊也。""君"本指奴隶社会中的国君,"子"是对男性的尊称。"君子"最初是对统治者的泛称,常常与被统治的百姓相对立。后泛指有德行有修养的人,敦厚、儒雅、端庄、从容,具有道德隐喻性。

春秋时期,诸子百家思想异常活跃,儒道法墨等各家相互争鸣、交流、融合,共同推动了君子文化的形成和发展；其中贡献最大的无疑是孔子。

孔子从形式和内容两个方面对前人的"君子"文化加以继承和改造，创立了新的君子学说，实现了传统君子文化的重大变革。一方面，孔子沿用前人的"君子"称谓，利用"君子"这个"题"铸就了中华传统君子文化稳固的"外壳"和思想库，使"君子"成为中华民族传统文化延绵不断的鲜明标记。另一方面，孔子利用"君子"与"有德者"之间的逻辑联系，在逻辑上进行从"君子是有德者"到"有德者是君子"的命题转换，由此获得论述君子思想的广阔空间。经过孔子在《论语》中的充分发挥，君子被赋予深刻丰富的内涵，以至于如晚清思想家辜鸿铭所言："孔子全部的哲学体系和道德教诲可以归纳为一句，即'君子之道'。"

孔子自己也在践行这一理想人格。

公元前495年，孔子听说鲁哀公病重，将要不久于人世，立马命令弟子驾马车从卫国赶回鲁国。他马不停蹄地赶了好几天，才回到鲁国的土地。一到鲁国，就听说哀公已经去世了，孔子带着弟子想参加葬礼。

可刚走到都城的城门就被季桓子拦住了。季桓子何许人也？他是鲁国的大夫，却一心想打压其他的大臣，成为鲁国实际权力的掌控者。当初孔子被逼周游列国，也全都是这个季桓子暗中使计。

季桓子"大义凛然"地说："你个孔丘，为了自己的政治利益，背离鲁国，跑到别的国家去出些阴谋诡计。现在君王离世了，又急急忙忙跑回来，也不知道是打的什么主意。想从我这里捞点好处，没门！来人，把城门给我守好了，不能让孔丘一行人踏入都城一步。"在这颠倒黑白的说辞下，孔子只好无奈地返回故乡陬邑。

马车来的时候是奔得飞快，可现在却缓缓地行进在荒无人烟的山谷里。弟子们都感到愤愤不平，大骂季恒子卑鄙无耻，孔子却是一言不发。忽然，他闻到了一阵淡淡清香，那香味十分舒缓宜人。

孔子问道："这是什么花的香味，如此淡雅？"

"夫子等着，弟子前去看看。"弟子仲由跑了过去。过了一会，传来他惊喜的喊声，"夫子，是兰花！"

"没想到在这罕无人至的地方居然有兰花！本来是应当开在君王前的君子之花，在这杂草丛生的地方竟也不减它香味的幽清。"孔子慢慢走下马车，来到深谷之中，看到一片素洁的白兰盛开在草丛之中，丝毫不因地点的偏僻而有所萎靡。

孔子忽然心有感触，急切地要抒发出来。他朝兰花走去，一边对着仲由说："子贡，快把我的琴拿来。"

子贡连忙跑回马车上取琴。孔子看着兰花喟然长叹，弟子们看夫子面色凝重，都走过来静静地站立着,看着孔子。只见孔子静气凝神,坐在树根上,把子贡取来的琴轻轻地放在双腿上,然后慢慢地闭上眼,深深吸了一口气,手缓缓弹奏起来,口里也轻轻吟唱:

> 习习谷风,以阴以雨。之子于归,远送于野。
> 何彼苍天,不得其所。逍遥九州,无有定处。
> 世人暗蔽,不知贤者。年纪逝迈,一身将老。

孔子唱的是什么意思呢?大体内容是:从深谷里吹出寒冷的风,天色灰暗阴沉,天空飘下雨丝,我的君王啊,他逝去了。我想来送他一程却不能相见,只能在这荒野里远远地送他离去。这是什么天理呢?天下土地广阔无边,却没有我施展才能抱负的地方。世道昏庸,贤能的人才不为人们所知道。转眼我就要满头白发了,也只能把我的志向寄托于兰花。

孔子喟然长叹。仲由问道:"记得夫子一直喜爱兰花,这是为什么呢?"孔子答道:"芝兰生于深谷,不以无人而不芳;君子修道立德,不为困穷而改节。"——这不正是他对君子品格的追求吗!

后人将孔子唱的歌曲称为《猗兰操》,它流传至今已有两千多年的历史。猗兰操的意思便是对兰的礼赞,它还有另一个名字——《幽兰操》。

有趣的是,在几百年后,唐代大诗人韩愈应和孔子,同样做了一首《猗兰操》:

> 兰之猗猗,扬扬其香。不采而佩,于兰何伤。
> 今天之旋,其曷为然。我行四方,以日以年。
> 雪霜贸贸,荠麦之茂。子如不伤,我不尔觏。
> 荠麦之茂,荠麦之有。君子之伤,君子之守。

韩愈在诗里说:兰花开时,在远处仍能闻到它的幽幽清香。如果人们不去采摘,兰花却好像佩戴在身上,对兰花本身有什么损伤呢?今日的变故,并非我的过错。我常年行走四方,看到隆冬严寒时,荠麦却正开始茂盛地生长,一派生机盎然。既然荠麦能无畏寒冬,那么不利的环境对我又有什么影响呢?荠麦在寒冬生长茂盛的特性,是它所特有的;君子在世间所遇到的困难,也是他所可以克服的。一位君子,是能处于不利的环境而保持他的志向和德行操守的啊!

韩愈做这首诗,既是对兰花生于幽谷杂草依旧芬芳的赞赏,也是对孔子生不逢时的感慨,是对君子志向高洁的赞美。"生在幽谷,不以无人而不芳。"两千多年来,兰花以其质朴纯真的品质、俊秀多姿的风姿、素雅幽静的品格、无私奉献的幽香、不畏风雨霜雪的斗争精神,赢得了无数人的喜爱,也渐渐开始被人们称为"花中君子""空谷佳人"。而这也使得历代文人志士常以兰喻志、以兰抒情。

屈原为何以兰自比?

屈原作品中常常选取香花异草来比喻自己高洁的品质,而在众多香花异草中,屈原和孔子一样,也是特别选取了兰花。在《离骚》《九歌》《九章》许多诗篇中,屈原都写到自己如何种植兰花、采摘兰花,不仅仅只是为了简单的起兴、渲染烘托某种气氛,它更是一种精神的象征,一种情感的寄寓,一种品格的追求。

公元前278年,汨罗江畔。屈原披散着头发,自言自语地走着,他面容憔悴、脚步踉跄。一个渔夫盯着他看了一会儿,开口问道:"你不是三闾大夫屈原吗?怎么到这里来了?"

屈原停下脚步,叹了口气回答道:"我被放逐了。天地茫茫一片混沌,只有我是清白的;天下的人都喝醉了,只有我还清醒着,我因此被放逐了。"

"大夫,你这样就太呆板了。有能力的人应该灵活一点,既然大家都喝醉了,你也喝点酒醉一醉不就好了吗?为什么要保持自己的品格,到最后落到了被放逐的下场?"渔夫摇摇头,表示不能理解屈原的做法。

"洗过头的人戴帽子之前,要弹去帽子上的灰;洗过澡的人再穿衣服之前,要把衣服抖一抖,就是为了干净的身体不受脏东西的玷污啊!"屈原同样摇摇头,说完之后,转身离开了。他在汨罗江边徘徊了很久,脑子里一幕幕闪过的是自己经历的事情。

身为楚国贵族的屈原满腹豪情,立志要改变天下大势,使楚国强盛起来。他与苏秦两人共同促成了除秦国以外其他六国的同盟,并使楚怀王成为同盟的领袖。屈原也因此得到重用,很多内政、外交大事,楚怀王都听凭屈原作主。

以怀王的儿子——子兰为首的一班贵族,对屈原非常嫉妒和忌恨。他们常在楚怀王面前说屈原的坏话:"每一令出,平伐其功,曰以为'非我莫能为也。'"就是诋毁屈原,说他经常夸耀自己的功劳。一开始楚怀王没有听信他们的话,但是三人成虎,挑拨的人多了,怀王渐渐对屈原产生了疑心,并疏远了他。

屈原被放逐后,痛心楚怀王被谗言所迷惑,不能明辨是非,让小人左右朝政,君子不为朝廷所容。他十分忧愁苦闷,于是写下了《离骚》来抒发自己的忧愁忧思,并表明了自己的高洁志向。其中有一句"扈江离与辟芷兮,纫秋兰以为佩"。意思是:我把江离芷草披在肩上,把秋兰结成索佩挂身旁。当然这都是表象,实际的意思是说:他不与恶人同流合污,坚信只要坚持自己的品行,一定会重新获得君王的重用。

而命运却又给了他一个打击。

楚怀王听信小人的谗言,结果被秦国设计囚禁起来,落得了客死异乡的下场。他的儿子顷襄王即位后,并没有举贤任能,积极想办法对抗强大的秦国,反而是一次又一次地妥协让步,楚国国力日益衰减。

屈原把这一切都看在眼里,他几次上书,哀叹民生疾苦,劝顷襄王清明为政,可得到的结果却是被放逐到更远的地方。

昏聩政治导致国力衰弱。楚国受到秦国的猛烈攻击。顷襄王跟执政的贵族们一起,已经狼狈不堪地外出逃难,楚国已是名存实亡,恐怕再难有翻身的余地了。

屈原想到了渔夫的话:"为什么要保持自己的品格,到最后落到了被放逐的下场?"他笑着低头看了看自己身上佩戴的兰花,作了一首《怀沙赋》,然后抱着石头,义无反顾地纵身跳入汨罗江。

像孔子、屈原那样品行高尚却少有人赏识的兰花自然令人遗憾,但因为美而要被尘世所束缚的兰花,不免让人无限痛心。那怎么办呢?

这几日,郑板桥常常拿起画笔,却犹豫良久后又放下,然后绕着屋内的一盆兰花来来回回转悠,愁眉不展、频频叹气。终于有一天,郑板桥将花盆高高举起来,狠狠地朝地下扔去。

夫人听到声音赶过来,看到装兰花的陶盆在地上被摔成了碎片,泥土撒了一地,郑板桥坐在地上,手里捧着心爱的兰花。她大吃一惊,赶忙问是怎么回事。郑板桥抬起头来,眼里含着泪水说:"以后我再也不画盆兰了,家里再也不种盆兰了!"

夫人问他:"你以前说过盆兰便于携带,可以时刻让兰香环绕在人的周围,喜欢得不得了。现在为什么又打碎了花盆,还说什么再也不画盆兰、不种盆兰的话呢?"

这的确让人吃惊,因为郑板桥喜爱盆兰是广为人知的事情。

一次,友人辞官回乡,他画一幅盆兰相送。朋友问:"作画送人必有寓意,为何画兰花送我?"郑板桥回答说:"兰花幽香淡然,颇有君子的气质。自相识以来,我便觉得你是一位君子,因此画兰花相送。"朋友哈哈一笑,问道:"那为何画上题诗:'兰花不合到山东,谁识幽芳动远空?画个盆儿载回去,栽他南北两高峰。'"郑板桥笑着指指自己手里的盆花,又指指送给朋友的画:"纸上孤零零的兰花,看起来不好携带,我就再给你画个盆子,让你装着。而且我怀里有一盆花,你带画里的一盆花回杭州,一南一北遥相呼应不是刚刚好吗?"

赠友人一幅盆兰画,可见郑板桥对于盆兰的喜爱。也正是如此,夫人才十分疑惑,不知发生了什么事情,让他居然把花盆摔碎。

"以前我只想到自己爱它,可是从来都没想过兰花被束缚在小小的花盆里,该有多么不舒服啊!"原来他这是在为盆兰抱不平,为盆兰叫屈呢,"你说,盆兰离开深山巨谷,落于狭小的花盆之中,还要被人评点,受人管束,它难道自在吗?古人都叹息兰花开在荒郊野外,没有人能欣赏到它的香和美,于是把他们挪到了室内,供人赏玩。因为美而丧失自由,兰花不该如此。"

于是，在内心挣扎许久之后，郑板桥终于决定放它们自由。他挑来选去，挑到了山阴的一块地方，然后亲自把所有盆子里的兰花都移植到这里。

第二年，郑板桥特地来看这些兰花。发现一株株兰花身姿挺拔直立，香味醇厚而悠远，他十分惊喜。其后的每一年，他都来这里观察兰花的生长情况，发现他们一年比一年更加茂盛。郑板桥知道了，花鸟鱼虫自然万物，各有各的本性，应该让他们顺其自然地生长。兰花本来就是山中的草，还是留在山中开花最好，与其移栽到盆里，还不如把它们留在山中与烟霞为伴。

陆树声是如何以菊抒志的？

我们再来看看菊。

自古以来，在这片华夏大地上，菊花以它美丽的姿态活跃在人们的视野中。人们爱它那不慕荣华、淡泊名利的洒脱，爱她那不畏强暴、舍生忘死的坚毅。菊花不仅有绽放时陈酒般的醇厚香气，是那样令人陶醉，也有落瓣时如女子般的美好，是那样惹人怜惜。采菊、食菊、赏菊、咏菊成为爱菊人士的专利。

菊花仿佛是为了那些爱它的人而存在的，是一位花中的"隐士"。菊花的这种"君子特质"是陶渊明赋予的。

陶渊明是东晋时期著名诗人，是一位品性高洁、不与世俗同流合污之人。他曾多次出仕，但都因不满于士族统治，厌恶于黑暗官场，眷恋田园的他最终辞官退隐，留下了"不为五斗米折腰"的佳话。

归隐后，劳作之余，酒酣之际，写下了大量的田园诗，成为了我国第一位田园诗人。他在诗中写道：

> 结庐在人境，而无车马喧。
> 问君何能尔？心远地自偏。
> 采菊东篱下，悠然见南山。
> 山气日夕佳，飞鸟相与还。
> 此中有真意，欲辨已忘言。

其中"采菊东篱下，悠然见南山"这一诗句早已千古流传。

由于陶渊明的影响，菊花被赋予了高雅坚贞、淡泊名利的君子品格。凡是不慕荣华、高风亮节的后人皆以陶渊明为老师。在众多的后学中，陆树声绝对算得上是一位好学生。

陆树声，家中世代为农，从小种田，闲暇时苦读。嘉靖二十年（1541年）会试第一，得中进士,进入仕途后屡次辞官。因其才华横溢,做事尽心尽责,朝廷多次欲将其召回,树声皆以有病推辞。树声一生淡泊名利,两袖清风,不攀权富贵,他的高风亮节为人称道。

嘉靖年间,陆树声刚刚做官。一日,他因事与同僚前往宰相严嵩住处。刚刚进入相府,目光便被一盆盆摆放整齐的菊花所吸引。只见那些菊花开得正盛,红的似云霞般瑰丽,黄的似麦田般绚烂,绿的如翠玉般精美,白的似冰霜般高洁,可谓美不胜收。

此时整个相府院子熙熙攘攘。原来这一天恰巧是严嵩诞辰,朝廷大小官员好不容易才盼来了和权相"互通感情"的好机会,便争先恐后地前来献上寿礼,想在寿星严嵩面前好好表现一番。那严嵩本就是一个贪财之人,怎能拂了他人的好意?自然是忙得不亦乐乎。

看到了此番景象,陆树声连连摇头,叹了口气,自觉地从人群中退了出去,独自赏花去了。就在这时,有人问他:"别人都往前抢,为何你不上前反而往后退呢?"

陆树声扫视相府大院,瞥一眼那开得正盛的菊花,想起了陶渊明一生酷爱菊花,将其冠以"花中隐士"的美名,从此菊花便成为了高雅坚贞、淡泊名利之气节的代名词。然而这样美好的花境下,却出现了这般蝇营狗苟、阿谀奉承的滑稽景象,实在令人瞠目结舌。

于是,陆树声不紧不慢地回答:"诸君且从容一些,千万不要挤坏了陶渊明啊!"他的话语并不洪亮,却掷地有声。众人听了皆面带愧色,无地自容。

陆树声为人正直,不攀附权贵,不与奸佞同流合污的君子品格,将陶渊明的高风亮节展现得淋漓尽致。倘若陶渊明知道一千多年以后,会有一位陆树声这样的好学生,想必会很高兴吧。

也有人将兰花、菊花这两种君子之花合在一起,于是有了"兰菊丛生"之说。

晋人罗含是著名的学者,他自幼丧母,由叔母朱氏抚养。也许是苦难的人生给了他力量,年纪轻轻的罗含便怀有远大的志向。

相传有一天,罗含在休息的时候,忽然梦到一只彩色的飞鸟落入口中。叔母朱氏知道后说:"鸟有文彩,汝后必有文章。"意思是说,梦见有异鸟,你以后必定有出息。可能是叔母的激励,此后罗含才思敏锐,下笔成文,学业进步很快。

东晋的政坛,权贵争权夺势,各不相让。罗含却保持了淡泊平静的心态和清正廉洁的节操,不恋权,不贪钱,重友情,是一个道德高尚的君子。

20岁后,州里三次授予官职,罗含都没有接受。后来,杨羨到桂阳做州将,邀请罗含出任主簿,可罗含"傲然不顾",不予理睬。随后,杨羨不停地去聘请,实在不好推脱,罗含才勉强上任。罗含年老后,正是最为看重罗含、视他为腹心的桓温如日中天的时候,罗含却主动请求退休,不贪恋权势,一时传为佳话。

杨羨卸任后,罗含把他送回家乡。当地人送来许多礼物,罗含盛情难却,只得收下。但在离开时,他却把礼品封置起来,并未带走。于是,远近百姓都非常推崇罗含的品德。罗含做官时,生活特别简朴。他任荆州别驾时,嫌官衙内太吵闹,就在城西郊的小洲上盖了一所茅屋,伐木做床,编苇为席,穿着平常的衣服,吃着自己种的蔬菜。罗含不以为苦,生活得有滋有味,深得后人钦佩。

桓温想弹劾他的政治对手谢尚,就派罗含去江夏郡搜集太守谢尚的过错。罗含到了谢尚那里,也不过问郡中事,好像是来做客的,每天只是与谢尚饮酒谈天。谢尚也是名士,气质秉性与罗含投合,两人相谈甚欢。这样,罗含喝了几天酒,就回来了。桓温问罗含都搜集到了什么材料。罗含却反问桓温说:"您觉得谢尚这人怎么样?"桓温说:"比我强。"罗含于是说:"怎么会有胜过您的人却做了不好的事呢?所以我在那里一无所问。"他巧妙地保护了谢尚,缓和了两大势力的矛盾,稳定了东晋的政坛。

后来,桓温权力越来越大,越来越专横跋扈,连皇帝都废掉,可谓权倾朝野。罗含虽然是桓温一手提拔上来的,但耳闻目睹桓温的所作所为,他审势度势,就以年老有病为由辞官,回到家乡。

传说,罗含做官的时候,有一天,一群白雀栖集堂宇不停地鸣叫。到他辞官还家时,那官舍的阶庭上忽然兰菊丛生,芳香远播,馥郁满院。因此人们便认为兰菊异质而齐芳,为硕德人之瑞兆,是罗含一生高尚的德行感动了兰菊的缘故。从此,便以"兰菊丛生"来称赞他人品德高雅、令人敬仰。

由此可见,君子文化不是乌托邦迷梦,而是一直渗透在我们的日常生活中。"兰菊丛生"不仅仅是一种符号化的仪式,并非附庸风雅,而体现的往往是对"美好之质"的喜好、神往和崇敬。是比照、是赏识、是鞭策、是督导、是警醒,心性相近而心有灵犀。设若一个人对美好高洁的事物无感,又怎能奢求他有一颗高洁的心?

《梅花三弄》表达了什么内容?

我们继续来说东晋的君子故事。这是一个花与曲的故事。

桓伊是一名武将。虽说是一位武将,但桓伊却没有我们所想象的粗野莽撞,相反,他为人谦虚朴素,个性不张扬。桓伊居然还是一位音乐家,他善于吹笛,素有"笛圣"之称。桓伊唱的挽歌与羊昙唱的乐歌、袁山松唱的《行路难》辞,时人称为"三绝"。

淝水之战后,丞相谢安因为立下存晋之功而封官太保。当时晋孝武帝对政事几乎不闻不问,整日沉迷于酒色,常常和弟弟司马道子一起喝酒。司马道子因为受到皇兄倚重身兼数职,权倾天下。谢安见此,急在心里。

一日,谢安就跑到孝武帝面前说了:"主公,您既然为一国之王,应以国事为要务,莫让小人钻了空,扰乱朝廷纲纪,败坏风气啊!"孝武帝听了这话,心中微恼,就问了:"你说小人钻空,那这小人是为谁啊?"谢安双手微拱,答道:"臣身为太保,有监辅帝王之职,小人为谁臣不知,只愿陛下能勤于政务,多加警惕。"

没曾想这段对话不知怎么就流传了出去,被司马道子知道了。本来谢安在朝堂之上就和司马道子有些争执,这回谢安居然还到皇帝跟前说有小人混乱朝纲,这不明摆着是在说自己是那个小人吗?他记恨在心。

一日,司马道子像往常一样,到宫中陪孝武帝喝酒听曲。喝着喝着,司马道子若有所思地对皇帝说:"皇兄,如此美酒和美乐却只有你我两人,有些冷清,不如再请上太保与我们同乐如何?"

孝武帝听这话皱了皱眉头:"弟弟怎么突然想要请太保来?往常可都是你我兄弟二人啊。"司马道子微微一笑,说道:"那还不是因为今日在路上撞见太保的管家。弟弟见那管家行色匆匆,好奇之下便让人上前打听了一番。原来近日太保在家,闲来无事便召些舞姬,整日纵酒高歌。弟弟想着既然太保也有如此雅致,不如与我们共享此乐!"

啪!孝武帝摔下酒杯,面色不悦,恼道:"太保有监国之任,职责重大,这个谢安怎能如此儿戏!"司马道子连忙起身道:"王兄息怒,太保也不过是在闲时才有那些雅趣。弟弟看太保府中平日里官员竞相拜访,估计也是在商讨着国家大事。百官皆以太保为榜样,朝野上下无不颂扬太保的贤德英明!不过说到这里,弟弟有句话不知道当讲不当讲?"

孝武帝拂了拂袖:"你说!"司马道子挪了挪身子说到:"太保立下护国大功,在群臣之中声望极高,再加上太保行事高调,如此下去……"说到这,他便停了下来。

"哼,好个谢安!立下护国之功就不知收敛,难道还想要取我王位吗?"孝武帝怒不可遏。他心里在想,若是再让谢安这么下去,迟早朝堂之上皆以他为准,再加上其有护国之功,那我这个皇帝又算是什么呢?君不君,臣不臣,国将不国!

自此之后,孝武帝对谢安处处防备,逐渐冷落。

桓伊虽是一名武将,但是对朝廷之事还是有些了解的。他在心里为谢安愤愤不平。一次宴会上,君臣举杯同乐。有人就向孝武帝说:"听闻桓将军善音乐,尤擅笛,尽一时之妙,为江左第一!不知今日可否有幸听上一曲?"

话音落下,桓伊便主动说道:"臣正想为陛下献曲一首。"他持笛而歌:

> 为君既不易,为臣良独难。
>
> 忠信事不显,乃有见疑患。
>
> 周旦佐文武,《金縢》功不刊。
>
> 推心辅王政,二叔反流言。

歌曲大意是说，做个好的君王不容易，而做个忠臣良将就更不容易了，鞠躬尽瘁死而后已不说，到头来还会被人说是要谋反。

孝武帝听桓伊这般慷慨激昂的唱着，再联想到自己对谢安的冷落，顿时心生悔意，面露愧色。桓伊用一支曲来劝谏帝王，足以表明了他的聪慧，以及风雅敦和的个性。他以曲劝谏的事情也传扬开来。

一次，他碰到了素未谋面的王徽之，大书法家王羲之的儿子。

王徽之奉诏进京，他坐的船停在码头。一个客人突然指着岸边马车旁的人说道："快看！那是桓伊啊，听闻其笛曲为江左第一！"

王徽之听到是桓伊，心中一动，自己虽然与这位"笛圣"不相识，但是他谦虚敦和的品行一直流传在外，于是立刻叫来随从："听说那岸边马车旁边的人笛曲吹得极好，你去请他来为我吹奏一曲！"

众船客们见他如此口气，一幅狂傲自大的模样，都是一阵无语。

再说桓伊正站在马车旁边，就见一仆人过来。那人上前行礼道："小人是王徽之家仆。我家主人听闻您善吹笛，遣我前来请您去船上吹上一曲。"桓伊听到这话，想到王徽之乃是有名的狂士，满腹才情，给他吹笛一曲也无伤大雅，便欣然随仆人前往。

到了船上，桓伊什么话也没说，径直坐在了胡床之上。他拿出笛子，吹出了一个三弄梅花之调。那曲声高妙绝伦，犹如天籁，在场的船客们无不陶醉其中。

一曲完毕，桓伊把笛子一收，不言一语起身离开，而身为主人的王徽之也同样什么话都没有说。桓伊敦和又风雅，王徽之狂狷且博闻，二人相会虽不交一语，但又好似千言万语尽在不言中。

这一曲三弄梅花之调因此名噪一时，后来经过历代琴家的改编，演化成了古琴名曲《梅花三弄》。

《梅花三弄》以梅花在寒冷的冰雪天里，三度迎雪而绽放为主题，描绘梅花晶莹剔透与冰清玉洁的美感，借物咏怀，以赞扬梅花动人气韵以及英雄气概，来歌颂清高傲骨以及坚贞不屈的君子品格。《梅花三弄》，三奏梅花之调，一颂梅之孤傲高洁，二颂梅之坚贞不屈，三颂梅之浩然正气。它凭借着其独特意趣与艺术造诣，被视为君子文化中的不朽经典。

为什么要"在丛中笑"？

君子文化在长期的发展过程中，虽然不断会有人带来小清新，但也不断沾染一些封建气息，这也影响了君子文化自身的变革。例如，知识分子的倨傲。

我们来举个例子。

林逋是宋代著名的高洁之士。一次,林逋到了杭州西湖,一眼就相中了独立于湖中的一座低矮的山丘。这座山东面连接白堤,西侧与西泠桥相接,由于孤立湖中,显得孤峰耸峙,当地人就把它叫作孤山。

林逋在孤山隐居后,便开始遍植梅树,每当腊风初度,便有暗香浮动,疏影横斜,玉蕊怒放,情境高雅。而通常在这时候他便开始赏梅、饮酒、作词、吟诗,沉溺其中,怡然自得。

在他的家里,养了好几只白鹤。他常常把白鹤放出去,任它们在云霄间翻腾盘旋,林逋就坐在屋前仰头欣赏。白鹤飞累了,或饿了,就会再飞回来。天长日久,白鹤和林逋结下了深厚的感情。有时林逋出游,家里的童子将白鹤放出,白鹤在飞翔中看到林逋,就会到他的身边盘旋,久久不肯离去。

一天,林逋正在西湖中荡舟,家里来了两个客人。童子开门迎客,请客人略坐片刻,说:"我叫白鹤去叫主人回来。"说完,他唤来两只白鹤,说:"快去找主人,说有贵客到。"白鹤听了,振翅飞去。两个客人正将信将疑,林逋划着小船回来了,两只白鹤也不停地在他的船边盘旋。两个客人见了,称赞这两只白鹤是鹤仙。

林逋擅长诗文,他作诗的时候,不用多加思索,大笔一挥就写好了。可奇怪的是,每次刚一写好,他读完后便立即撕掉。有人问他:"为什么不抄下来留给后人呢?"林逋说道:"我现在隐居在山中,尚且都不想以诗出名,哪里还想过名扬后世呢?"现在我们能看到的诗,都是有心人偷偷记下来,流传出来的。

宋真宗听闻其名,赐他粮食衣物,并诏告地方照顾。许多人劝林逋出仕,都被他婉言谢绝。林逋说:"然吾志之所适,非室家也,非功名富贵也,只觉青山绿水与我情相宜。"他终生不仕不娶,无子,自谓"以梅为妻,以鹤为子",人称"梅妻鹤子"。林逋死后,仁宗赐谥"和靖先生",把他葬在孤山老屋边。

梅妻鹤子,也是中国传统绘画的常见题材之一。林逋甘守清贫,一心守卫着自己的精神家园。我们在赞颂他这种君子品格时,是不是也会感到扑面而来的倨傲呢?

再一个例子就是陆游。

陆游一生坎坷,但报国之志从未改变。

他出生于宣和七年(1125年),正值北宋摇摇欲坠、金人虎视眈眈之时。不久,金军南下,他随家人开始了动荡不安的逃亡生涯,这也在他幼小的心灵深处埋下了爱国的种子。

绍兴二十三年(1153年),陆游赴临安应进士考试,因其出色的才华被取为第一。但因秦桧的孙子被排在陆游之后,触怒了秦桧,第二年礼部考试时,他居然被黜免。秦桧黜免陆游的原因,一方面是挟私报复,一方面也是因其"喜论恢复",引起这一投降派首脑的嫉恨。直到秦桧死后,陆游方开始步入仕途。

然而这之后,陆游的仕途也并非一帆风顺。他曾到过抗金前线,身着戎装投身火热的战斗生活。从此,那壮怀激烈的战斗场面和收复失地的强烈愿望成为其诗歌中最为动听的主旋律。然而南宋小朝廷偏安一隅,对眼前的剩水残山颇为满足,并不真正想要恢复。即使有时不得不作出些姿态,也是掩人耳目,心不在焉。因此,陆游曾两次被罢官,力主用兵是最主要原因所在。

陆游写下了这样一首咏梅词:

驿外断桥边,寂寞开无主。已是黄昏独自愁,更著风和雨。　　无意苦争春,一任群芳妒。零落成泥碾作尘,只有香如故。

他借着咏梅表达自己怀才不遇的寂寞,本没有意愿去和百花争夺春天,却惹得百花对自己的嫉妒!即使如此,我还是会做一个真正的自己,哪怕零落凋谢化为尘泥,也要坚持去完成自己的理想与抱负。梅花身虽死,但是梅香如故,"梅魂"永存。

陆游笔下的梅花孤傲坚贞,是伟大的君子品格,但有着走投无路的孤寂,和浓浓的孤傲。那么,传统的君子文化怎样才会没有孤傲,催动新时代的、属于人民的君子成长呢?

20世纪60年代,毛泽东"反其意而用之",也做了一首《咏梅》:

风雨送春归,飞雪迎春到。已是悬崖百丈冰,犹有花枝俏。　　俏也不争春,只把春来报。待到山花烂漫时,她在丛中笑。

这首词的写作背景是这样的。1960年6月,在罗马尼亚首都布加勒斯特召开共产党和工人党代表会议,苏共代表团和中共代表团发生激烈争论。会后,苏联撤走在华的全部专家,撕毁几百个协定和合同,停止供应重要设备。当时,以美国为首的西方国家一直对华经济封锁。苏联的严重措施,实际上断绝了中国从国外获取先进技术装备的正常渠道。与此同时,中国自身正处在三年困难时期,正经历着前所未有的严峻考验。在严重困难面前,毛泽东始终保持着中华民族大无畏的气概顶住了大国沙文主义的压力。中国人民独立自主、自力更生的精神,赢得了普遍的赞誉。

1961年12月,毛泽东在广州,为即将召开的中共中央扩大的工作会议做准备。他读了陆游的《咏梅》,感到文辞好;但意志消沉,只可借其形,不可用其义,于是他再续一首与陆游的词风格不同的咏梅词,目的主要是鼓励大家蔑视困难,敢于战胜困难。

这首咏物词是运用逆向思维写作的典范。陆游词中的"梅"是一个孤独的爱国者形象,而毛泽东词中的"梅"是伟大的共产主义者,它是一个人,更代表了先进的无产阶级群体。陆游词中的"梅"生长在"驿外断桥边",在凄风苦雨中支撑,而毛泽东词中的"梅"与飞雪为伍,在"悬崖百丈冰"时,傲霜斗雪成长。陆游词中的"梅"寂寞无主地开放,在黄昏中独自发愁,颓唐哀伤，而毛泽东词中的"梅"在春天即将到来时绽放，自豪，乐观。陆游词中的"梅""无意苦争春"，与世无争，明哲保身，而毛泽东词中的"梅""只把春来报"，要把春光迎到人间，无私奉献。陆游词中的"梅""一任群芳妒"孤芳自赏，无可奈何，而毛泽东词中的"梅"在山花烂漫的花丛中欢笑，永远与百花在一起。陆游词中的"梅"最终结局是"零落成泥碾作尘"，被人遗忘，而毛泽东词中的"梅"迎来了百花盛开的春天，在春天里得到永生。

这样的梅，才是新时代的君子！

* * *

君子人格和君子文化是中华民族的精魂，是中华儿女的身份标识和遗传密码，是血脉之根，也是民族精神的脊梁。这是一种强大的文化人格，不管经历了多少血雨腥风，它依旧沉潜于中国人的血脉之中。做个君子，不但预示了人生的方向，而且确立了最具终极意义的人生价值追求。既是中华文化的普世价值，又是中华文化人格的品牌标识。

思考题

★ 孔子为何钟爱兰花？
★ 郑板桥为盆兰叫什么屈呢？
★ "兰菊丛生"有什么含义？
★《梅花三弄》为什么能成为君子文化的典型代表作？
★ 新时代的君子人格应该是怎样的？

第17讲

乌台诗案与古代士大夫的生活状态

> 【提要】 士大夫是封建社会特有的一个阶层,王安石、沈括、苏轼是其中的代表。他们将国家、民族的利益放在高于一切位置,推动中华文化接续发展。中华民族历尽劫难而始终没有灭亡,创造了人类文明史上的奇迹,有着士大夫的特有贡献。有学识、有德行、有操守、不营私、有抱负、有担当的士大夫精神,树立了中华民族的人格标杆。时至今日,"士"在中国人的内心深处,依然有其特殊地位。如何继承他们的伟大胸怀与格局,做无愧于时代的典范,是每个当代人都应该扪心自问、认真作答的人生大课题。

人的一生不容易,对活得有趣的人来说,生活是一道风景,是一个不断破茧而出的过程;对无趣的人来说,生活是一道道的壁垒,是满面愁绪的面容和背负着的沉重铧犁。苏轼是一个有旷达胸怀的人,一个有趣的人,无论是做官做事,还是吟诗作文,他都留给我们"心灵的快乐"。这种心灵的愉悦,是其人生有追求、生活有情趣、心灵有归宿。

苏轼之所以"有趣",是因为他是一位真正的"士",他的心灵充盈着士大夫精神。

为什么"从公已觉十年迟"?

我们来说说"士"。

在先秦时期,士是宗法分封制最低一级的贵族。天子、诸侯、卿大夫最后才到士。这些士人为王室或者诸侯服务,担任各类的官员要职。到了春秋战国时期,礼崩乐坏,阶级开始流动。各国之间为了富国强兵,重用有知识才能的士人,打击抑制奴隶主贵族,士人的阶级地位得到流动上升。加上私学兴起,贵族垄断的文化知识开始传播到民间,一个独立的知识分子群体逐步形成。

在《论语》里,子路问:"何如斯可谓之士矣?"孔子说:"切切偲偲,怡怡如也,可谓士矣。"认为"士",应该是互相帮助督促而又能和睦相处。后来他又说:"行己有耻,使于四方不辱君命,可谓士矣。"认为只要忠君爱国又严于律己的人,就能称为"士"。由此可见,至少在孔子时期,士人阶层就有了初步的道德标准和行为规范。

秦汉大一统后,士人从原来的贵族最末端,跃升到了"士农工商"四民的第一位。皇帝要依赖他们管理庞大的国家,这些掌握文字话语的群体,逐渐形成了一个极为特殊的阶层,并且被统治集团所吸纳。经过近400年的发展,封建社会最具传奇的阶层——士大夫阶层最终形成,一直活跃在中国的历史舞台。

士大夫阶层是一个内涵丰富的群体。他们崇尚知识,如果"朝闻道",那么"夕死可矣"。这体现着他们对真理的迫切追求,体现了士大夫崇尚知识的精神品格。士大夫群体维护道义,认为君子应当"谋道",而非"谋贪";士人应当"忧道",而非"忧贫"。他们有着独立的人格和坚强的意志,无论富贵、贫贱还是屈辱,都不能迫使他们屈服。士大夫群体还有着强烈的社会责任感,他们学以致用,将自己的学识和才能,用在国家治理和大道德行上。士大夫群体有着廉洁奉公的高尚情操,在当时的社会环境下,为大众树立了高尚的人格标杆。士大夫群体与时俱进,有远大的理想,有建功立业的宏大志向。他们将国家和民族的利益放在最高的位置,在国难当头之时,甘愿流血牺牲,激励民众,救亡图存。

在士大夫群体中,有一位不得不提及的人物,他就是苏轼。苏轼是一位通才,在诗、词、文、书、画等方面都是开派的人物。他的散文与欧阳修并称"欧苏";他的诗和黄庭坚并称"苏黄";他的词开了豪放一派,和辛弃疾并称"苏辛";工书画,为一代大师,与黄庭坚、米芾、蔡襄并称"宋四家",他的画开创了后世的湖州画派。

苏轼据传是初唐大臣苏味道之后。苏轼名"轼",原意为车前的扶手,取其默默无闻却扶危救困,不可或缺之意。苏轼果然成为中国文化史上不可或缺的重要人物。

他的父亲苏洵,就是《三字经》里提到的"二十七,始发奋"的"苏老泉"。苏洵年轻时比较散漫,27岁才开始发愤学习。他发奋虽晚,但是很用功。几年下来,就通六经、百家之说,下笔片刻数千言,后来他和两个儿子苏轼、苏辙都名列唐宋八大家之中。苏轼的随性、坚韧,就很像父亲。

母亲程氏对苏轼的影响也很大。

苏轼小时候很喜欢听故事。一次,母亲给他读《后汉书》中的《范滂传》。

范滂,刚直之士,为官清正,嫉恶如仇。他受"党锢之祸"牵连,被专权的宦官屈杀。临刑前,母亲来和他告别。范滂安慰母亲,让她不要为自己悲伤。母亲说:你今天能够名扬天下,受世人景仰,我还有什么好遗憾的呢?有了好名声,还要求长寿,怎么可能两样都得到呢?

程氏读完,喟然长叹。听完故事的苏轼问道:如果有一天我也像范滂那样,母亲赞成吗?程氏说:你要是能做范滂,我难道就不能做范滂的母亲吗?

这个故事影响了苏轼的一生,让中华文化史上出现了一颗光芒四射的巨星。

嘉祐二年(1057年),苏轼和父亲苏洵、弟弟苏辙出川赴京,参加朝廷的科举考试。当时的主考官是文坛领袖欧阳修,小试官是诗坛宿将梅尧臣。这两人正锐意诗文革新,苏轼那清新洒脱的文风,一下子把他们震动了。策论的题目是《刑赏忠厚之至论》,苏轼的论文得到了梅尧臣的青睐,并推荐给欧阳修。欧阳修亦十分赞赏,欲拔擢为第一,但又怕该文为自己的门生曾巩所作,为了避嫌,列为第二。结果试卷拆封后才发现,该文为苏轼所作。到了礼部复试时,苏轼再以《春秋对义》取为第一。

这中间还有一件趣事。

苏轼在文中写道:"皋陶为士,将杀人。皋陶曰杀之三,尧曰宥之三。"欧、梅二公既叹赏其文,却不知这几句话的出处。等到苏轼前来拜谢,就以此问他。苏轼回答:在《孔融传》里。

欧阳修翻查《三国志》后,却没有找到,就再次询问。苏轼说:曹操灭了袁绍,把对方的儿媳妇赐给了自己的儿子。孔融云:"即周武王伐纣以妲己赐周公"。曹操很惊讶,问是出自那本书的记载。孔融回答说:"以今度之,想当然耳。"这其实是讽刺曹操父子好色。

欧阳修听毕恍然大悟,不禁对苏轼的豪迈、敢于创新极为欣赏,而且预见了苏轼的将来:"此人可谓善读书,善用书,他日文章必独步天下。"不过,苏轼这样做,不免有些太随便。随性的这个特点,伴随他终生,也给他带来了许多麻烦。

在欧阳修的一再称赞下,苏轼声名大噪。他每有新作,立刻就会传遍京师。不久之后,震动朝野的王安石变法开始了。苏轼的许多师友,包括恩师欧阳修在内,因反对新法与新任宰相王安石政见不合,被迫离京。苏轼在政见上大体属于旧党,这个身份,还有名动天下的才名,使他成为王安石新党的重点打击对象。苏轼的人生,从此大起大落、跌宕起伏。

不过,人生的起伏并不影响他和王安石的相互仰慕。

元丰七年(1084年),苏轼奉命从黄州调任汝州。途径江宁(今江苏南京),想起隐居于此的王安石,于是趁此机会专程拜访。此时的王安石已不是那个意气风发的丞相,只是一个变法失败、痛失爱子的老人。他骑着驴子,穿着粗布服到江边去迎接。

苏轼穿着平常的衣服,也不戴帽子。他一揖到地,笑道:"轼今日以野服见大丞相。"王安石随之大笑,说道:"礼岂为我辈设哉!"两人在江边煮酒和诗,通宵达旦。

此后两人同游数日,畅谈甚欢。王安石甚至希望苏轼能够在南京买下一间宅子和他比邻而居,而苏轼也已经渐渐从民间感受到了新法实有裨益,惋惜道"从公已觉十年迟"。待到苏轼离去,王安石也不禁感慨"不知更几百年,方有如此人物"。

王安石去世后,苏轼有一次读到他的一首六言诗《题西太一宫壁》,这让苏轼抚今追昔,感慨良久,于是也写了二首次韵诗,以表达他对王安石的深切同情和怀念。后来,苏轼在读到王安石的词作《桂枝香·金陵怀古》后,更是由衷佩服,赞叹"此老,乃野狐精也"。

王安石与苏轼,于文学中的相互钦佩,于政治上的彼此宽容,使多年的官场恩怨最终烟消云散,成为中国历史上"文人相亲"的典范。

乌台诗案是怎么回事?

前半生顺风顺水的苏轼,他的人生转折是乌台诗案。

什么是"乌台"呢?乌台就是御史衙门的监狱,用来关押那些受指控的政府官员。在汉代,御史台遍植柏树,招来许多乌鸦筑巢栖息。所以后来也就有人就称御史台为"乌台",意思是这些御史们长着一张乌鸦嘴,这多少有一点蔑视的味道。正是这些长着乌鸦嘴的御史们,拿着苏轼的诗文集,制造了一起文字狱,这就是"乌台诗案"。

南宋初年的学者王铚,写过一本《元祐补录》,里面记载了这样一件事。熙宁六年(1073年),沈括奉命察访两浙。临走的时候,宋神宗对他说:"苏轼现在在杭州做通判,你要善待他。"沈括年长苏轼5岁,两人是同年的进士,后来又在崇文院共事多年,算是老相识;现在又有了神宗的交代,所以沈括到了杭州,就特地去见了苏轼。苏轼很高兴,设宴款待沈括。席间,两人谈古论今,相谈甚欢,于是沈括乘机向苏轼索取了一本近期的诗稿,名为《元丰续添苏子瞻学士钱塘集》。然而沈括回到京城后,翻开手稿,却断章取义,这一句是讽刺新法的,那一句是讽刺皇上的,捕风捉影,上纲上线,还用朱笔做了加注。

这个时候,朝中新、旧党之间的斗争日趋激烈。新党四处寻隙,正在到处寻找打败旧党的理由。作为新党核心成员之一的沈括,提供的这个材料正是恰逢其时。于是新党就决定通过指责苏轼的文字之过为突破口,一举将旧党人物从朝中清除。御史李定、舒亶等人打算用沈括提供的材料告苏轼的御状。当然,仅凭沈括提供的材料,还远远扳不倒苏轼。为了达到目的,新党成员们合力拼凑了苏轼的一百多首"问题诗"!

这些"问题诗"都有怎样的"问题"呢?我们举几个例子:

苏轼有一句:"赢得儿童语音好,一年强半在城中。"意思是说,新法推行,使得农民不得不一趟趟往城里跑,来应付越来越多的法令条例,不过好处却没得到多少,反倒是跟在大人身后的小孩儿学会了城里人的口音。这句诗倒也没有错怪苏轼,他后来也承认是讥讽新法的。他认为新法的推行,出现了扰民的现象;但是,他对负面现象进行了夸大。

另外一句,苏轼说:"读书万卷不读律,致君尧舜知无术。"本来苏轼是说自己没有把书读通,所以无法帮助皇帝成为像尧、舜那样的圣人,却被指责他是讽刺皇帝没能力教导、监督官吏。这就有点上纲上线了。

还有一句:"东海若知明主意,应教斥卤变桑田。"诗中的"斥卤",是荒滩、盐碱地的意思。杭州著名的钱塘江潮到来时,常常有人到江潮中浮游冲浪,甚至有人借此下赌获利。这种行为非常危险,神宗曾下令不准百姓冒险弄潮。这两句诗的字面意思是说,龙王如果明白皇上的用意,最好将东海化作桑田,那弄潮儿就老老实实去种田了。但是新党把这两句解释为:龙王如果知道皇上喜欢大兴水利工程,索性直接将东海改造成万亩桑田算了,——这显然是荒唐不可行的事情。所以这两句诗有可能在讥讽神宗推行农田水利法不可能成功。其实当时的苏轼自己在杭州也兴修水利,也希望沧海能变桑田,他又怎会认为神宗是错的呢?

有的是强拉硬扯。苏轼说:"岂是闻韶解忘味,尔来三月食无盐。"意思是说老百姓吃春笋没有味道,原因是三个月都没有吃盐了,埋怨官盐的价格太昂贵。北宋开国以来,朝廷实行官盐专卖,增加国库收入,造成盐价高涨,影响了老百姓的生活。苏轼这只是一般性地讥讽朝政,并不一定针对新法,更不至于讥讽皇帝,但也被新党列为罪证。

新党找到的材料,呈送到神宗面前。有的材料,连神宗也觉得有点过分。他说:"诗人之词,安可如此论?"不过,在推行新法的过程中,异议不断,这不免让宋神宗有了强烈的挫败感。他决定拿出皇帝的权威,以更为强硬的手段来推行新法,对于那些反对变法的保守派大臣,毫不留情地予以严惩,而苏轼刚好赶上了风口浪尖。于是,在神宗的默许下,朝廷派人抓捕苏轼。

钦差到了杭州。家人以为苏轼此去必死无疑,都哭了起来。苏轼强忍心中的酸楚,笑着给他们讲了一个故事。

他说,真宗的时候,他想在民间寻求大儒,有人向他推荐了杨朴。杨朴心中不愿,但还是来到汴梁,晋见真宗。皇帝问他:"我听说你会作诗?"杨朴想掩饰自己的才学,于是答道:"臣不会。"皇帝又问:"那朋友们送你时,有没有赠诗呀?"杨朴回答说:"也没有。不过拙荆倒是作了一首。"皇帝很感兴趣,问道:"是什么诗,可以说说吗?"于是杨朴把临行时夫人做的诗念了出来:"更休落魄贪酒杯,且末猖狂爱咏诗。今日捉将官里去,这回断送老头皮。"夫人埋怨老伴又贪酒又爱炫耀,结果招致灾祸。打油诗说得俏皮,逗得家人都笑了起来。

苏轼到了京城,进了大牢。在狱中,他可能并没有挨打,但是精神上的折磨却是很严重的。

在狱中,长子苏迈一直照顾他。在等待最后判决的时候,苏迈每天去监狱给苏轼送饭。由于父子不能见面,于是暗中约好:平时只送蔬菜和肉食,如果有死刑判决的坏消息,就改送鱼,以便苏轼有心理准备。有一天苏迈有事,不能去给父亲送饭,就托一个亲友代劳。但苏迈忘记告诉朋友这个约定,偏巧朋友就给苏轼送去了一条红烧鱼。苏轼一见大惊,以为自己难逃一死,便以极度悲伤之情,写了两首绝命诗。其中之一是:

> 柏台霜气夜凄凄,风动琅珰月向低。
> 梦绕云山心似鹿,魂飞汤火命如鸡。
> 眼中犀角真君子,身后牛衣愧老妻。
> 百岁神游定何处,桐乡知葬浙江西。

诗作完成后,狱吏不敢隐瞒,呈交给神宗。凄婉的诗篇触动了神宗,他认为挫挫苏轼的锐气,打击旧党的目的已经达到。于是下令对苏轼从轻发落,贬其为黄州(今湖北省黄冈)团练副使。苏轼终于保住一命。轰动一时的"乌台诗案"至此了结。

哪知苏轼出狱当天又写了两首诗,其中一首是:

> 平生文字为吾累,此去声名不厌低。
> 塞上纵归他日马,城东不斗少年鸡。

要是由御史台的人检查起来,他又犯了对帝王大不敬之罪。"少年鸡"指的是贾昌,贾昌年老时告诉人他在少年时曾因斗鸡而获得唐天子的宠爱,而任宫廷的弄臣和伶人,这一点可引申而指朝廷当政的小人是宫廷中的弄臣和优伶,又是诽谤!

沈括真是"始作俑者"吗?

就王铚的记载来看,沈括在乌台诗案中,确实起了不好的作用,他是乌台诗案的始作俑者!后来,余秋雨先生写了一篇《苏东坡突围》。他认为,沈括之所以这么做,大概与皇帝在沈括面前说过苏轼的好话有关,沈括心中产生了一种默默的对比,不想让苏轼的文化地位高于自己;另一种可能是他在新旧两党之争中,搞政治投机,站到王安石一边。所以,余先生得出结论:沈括就是一个小人。

那么,沈括真是乌台诗案的"始作俑者"吗?

要分析这个问题,我们就要先考证一下王铚的那本《元祐补录》。不过很可惜,这本书已经散佚了。关于沈括的这则记载,是和王铚同时代的历史学家李焘在写《续资治通鉴长编》

时引用的,后来又被很多人转引,以至于形成对沈括"有才无德"的定论。后世一大批苏轼的拥趸,对沈括的政治人品大加挞伐。不过,李焘对此事却颇有疑惑,他在引录《元佑补录》的同时又谨慎地补了一句话:"此事附注,当考详,恐年月先后差池不合。"既然年月先后存在差误,就不能排除有张冠李戴之嫌。也就是说,他对王铚的记载并不能确定其准确性,还有疑惑。

李焘有两点原因怀疑王铚的记载。

第一点,王铚的记载从情理上就说不通。沈括在离开京城时,他的老板(神宗)就说了:"你到杭州,要好好待苏轼。"这就给沈括一个明确的指示:我(神宗)是看好苏轼的,你(沈括)不能亏待他。这样,按照官场的规则,沈括有两个选择。其一,他回京以后,极力在神宗那儿吹捧苏轼,这样,既讨好了老板,又会让苏轼感激他。不过这样,他就得罪了王安石。所以沈括有第二种选择,回京后保持沉默。这样,他在神宗那儿也说得过去,也不得罪王安石。而他绝对不会去"构陷"苏轼,因为这样就违背了圣意。这个行为称为"大不敬",属"十恶不赦"的重罪,在专制主义时代,这可是任何一个官员都不敢去做的事情。

第二点,就是王铚的身份,他的父亲王萃是欧阳修的学生。也就是说,王铚的父亲是属于旧党的,王铚的记载,是旧党的一家之言。

有了这两点原因,李焘在引用王铚的记载时就产生了怀疑。

后来,苏轼给神宗的儿子哲宗写过一个奏折,回忆自己的入狱经过。他说,当时神宗很眷顾自己,结果引来新党的嫉恨。李定、舒亶等人捏造事实,要置他于死地,使得苏轼入了大牢。不过在奏折里,苏轼并没有提到沈括。照理说,作为受害者,对这样一个"乌台诗案"的始作俑者,一个差点让他命丧狱中的政敌,苏轼用得着替他隐晦吗?

所以,我们可以得出结论:王铚记载的,是一份假材料,是旧党诬陷属于新党中间分子的沈括的一个谣言。

乌台诗案是新党首先挑起的党争,其成员在斗争中的不道德行为,对苏轼的无端迫害,都深深触怒了旧党和苏轼的粉丝们。后来旧党掌权,对新党成员进行反击,也采取了一些不道德的手段。其中也包括对沈括这个新党核心成员的打击和迫害——既然新党可以无中生有,捏造事实,制造冤狱,差点害死苏轼;那么旧党为什么不可以污蔑一下新党的人呢?我们看到,北宋年间新党和旧党的人,在政治斗争中都是没有道德底线的,很缺少"费厄泼赖"精神的。

那么,在乌台诗案过程中,新党找出了100多首苏轼的诗,来"构陷"苏轼。其中,有没有一两首诗沈括找出来的呢?这倒真有可能。新旧两党的斗争,在当时已经处于白热化状态。苏轼自恃名高才重,"与朝廷争胜",比起那些没有名气的守旧派来说影响太大,所以新党不拿他开刀拿谁开刀？沈括是一个个性懦弱的人。他处在新旧两党斗争的漩涡中，很难洁身自好。在新党全面攻击苏轼的大势压力之下，沈括也不能不有所动作。以他的才华，要曲解苏轼的一两首诗，也不是什么难事。这是一个文人的悲哀，也是一个伟大科学家的悲哀。

也许，正是心中有愧，所以在《梦溪笔谈》中，我们找到了一则关于苏轼的记载。

沈括说，有一位品行高洁的朝廷官员，他叫刘廷式（又名刘庭式）。他本是农家子弟，和邻家的一位姑娘订了婚。后来刘廷式考中进士，回到家乡，那姑娘却因为生病瞎了双眼，家里也非常困难。刘廷式提出履行婚约，姑娘家人以为刘不过是做做样子，以博得一个好名声，就以姑娘眼瞎了为理由推辞。在封建礼法中，有"七出"的规定，妻子符合其中一种条件时，丈夫及其家族便可以要求休妻（即离婚）。"七出"中有一条叫"有恶疾"，指妻子患了严重的疾病丈夫就可以休妻。为什么呢？因为"不可共粢盛"，也就是指不能一起参与祭祀的意思。在古代，参与祖先祭祀是每个家族成员重要的职责，不能参加自然是一件很严重的事，也是夫家休妻的一个冠冕堂皇的理由。本来刘廷式完全可以顺水推舟，就此解除婚约，但是他却并不嫌弃姑娘瞽目家贫，而是一再坚持，终于和她成婚。婚后两人非常和睦，因为妻子眼睛不好，他就经常搀扶她行走，后来还有了好几个孩子。

刘廷式的高义获得了广泛的好评。有一次，他因为轻微的过失要遭贬斥，上级也考虑到他的品行，宽宥了他。沈括记载了刘廷式的事，还说苏轼也写了一篇文章来赞美刘，以此为证。

沈括说苏轼写的文章，篇名是《书刘庭式事》。苏轼在文中说，后来妻子死了，刘廷式一年多还沉浸在丧妻的悲痛中，也不肯再娶。苏轼问他："哀生于爱，爱生于色。子娶盲女，与之偕老，义也。爱从何生，哀从何出乎？"意思是，一般来说，悲哀生于爱，而爱生于美色。您娶一位盲女，并与之一起到老，这是坚守道义。但是你的爱又从何而来呢？你的悲哀又从何而来呢？刘回答说："我只知道失去了我的妻子而已，她有眼睛也是我的妻子，没有眼睛也是我的妻子。我如果是因为美色而生爱，因为爱而生悲哀，那么美色衰减爱也会废弃，我的悲哀也会忘掉。那么，那些扬袂倚市、目挑而心招的风尘女子，岂不是都可以做妻子了吗？"这份真挚的情感深深感动了苏轼，所以他特地写了一篇文章来赞颂刘廷式。

而我们再查找苏轼的文集，同样很少提及沈括。元祐元年（1086年），哲宗要重新启用一个叫沈起新党大臣，苏轼谏止。他说：先帝（神宗）时候，误用新党，以致有永乐城之败，数十万生灵涂炭，所以贬斥沈括这些大臣，并下诏永不叙用。现在皇上刚刚即位，不应该对先帝的诏书"轻就改易"。这是就永乐城兵败之事，就事论事而已。沈括是当时的奇才，也有很大的影响，很多事苏轼不可能不知道，而以他豪放磊落的性格，还可能随时加以评论。那苏轼为什么也不写沈括呢？是不是他对沈括也心怀芥蒂呢？

所以,在乌台诗案中,沈括虽然难洗清白,但最多只是一个摇旗呐喊的小角色,绝对不是"始作俑者"。

乌台诗案对苏轼有什么影响？

乌台诗案中苏轼被审讯长达40余天,苏轼的身心都遭受了巨大的痛苦。他曾在写给好友驸马王诜的诗中说"鞭笞环呻吟",这可能只是个夸张的说法,但审讯者经常对他进行通宵辱骂,给他施加精神上的压力却是真的。

苏轼出狱以后,每逢看到厨房有鸡鸭等活物,就一定要家人放生。理由呢？苏轼说:"当年我关在乌台,就像这些待宰的鸡鸭一样啊。我怎么能为了自己的口腹之欲,再伤害它们的性命呢？"虽然是推己及人,但是说明乌台狱中的阴影一直在他的心中。

在这样的压力下,苏轼不得不承认了新党强加给他的罪名。

苏轼究竟何去何从,宋神宗一时举棋不定,这时朝中的正义朝臣看准时机仗义相救。宰相吴充直言:"陛下,当初魏武帝曹操生性多疑,仍能容忍击鼓羞辱他的祢衡,而您如今却不能容忍苏轼吗？"身患重病的皇太后曹氏也出面干预:"当初仁宗很开心能够发现两个可以做宰相的人才,就是苏轼和苏辙,而你却要把苏轼杀掉吗？"就连一度罢相退居金陵的王安石也上书说:"安有圣世而杀才士乎？"在这些人的劝谏下,苏轼没有被判重罪,被贬去黄州当团练副使,相当于现在的县武装部副部长,是个没有实权的小官,而且未经允许不得擅自离开黄州,这算是变相的看管监视。而其他涉案人员,共39人,或轻或重都受到了处罚。

其中有三人处罚较重,一是驸马王诜,他曾经将朝廷缉拿的消息泄露给苏轼,且经常与他交往,还在调查时不及时交出苏轼的诗文,被削除一切官爵;其次是王巩,因为和苏轼往来密切,和苏轼的书信中有很多反对新法的诗词,被御史附带处置,发配西北,后来苏轼曾多次写信给王巩表达连累他的愧疚;第三个是苏辙,他曾奏请朝廷赦免兄长,自己愿意纳还一切官位为兄长赎罪。其实苏辙并没有收到什么严重的毁谤诗,但由于家庭连带关系,仍遭受降职处分,调到高安,任筠州酒监。至此,轰动一时的"乌台诗案"就此销结。

从一州之长,顷刻间成为一个犯官,苏轼根本没有时间去适应这种落差。这种令人无法忍受的跌宕起伏的人生,的确让苏轼感到苦闷,我们从他在黄州写出的诗句"拣尽寒枝不肯栖,寂寞沙洲冷"中便可得知他的心境,但他并没有一蹶不振,反而找到了一种更为悠然自得的生活方式。

黄州虽然是苏轼官场生涯的谷底,却是他人生之福地——苏轼最重要的作品几乎都出自黄州。更值得一提的是,在黄州他完成了从苏轼到苏东坡的蜕变。

苏轼在黄州的日子可以说并不好过,仕途失意,生活穷困,这在他的诗文中有多处体现,最为明显的是他的《寒食诗》。

在到达黄州的第三年,也就是元丰五年(公元1082年)的寒食节,苏轼做了两首寒食诗,这两首诗是苏轼在贬谪黄州三年所发出的人生之叹。这一年的苏轼,身陷囹圄,生活极为困苦,又逢寒食之日阴雨绵绵,触动久遭冷遇的苏轼,他不禁万千,写了两首寒食诗,其中一首为:

> 春江欲入户,雨势来不已。小屋如渔舟,蒙蒙水云里。
> 空庖煮寒菜,破灶烧湿苇。那知是寒食,但见乌衔纸。
> 君门深九重,坟墓在万里。也拟哭途穷,死灰吹不起。

这首诗主要讲述苏轼在黄州的生活:江水的水位因为下雨暴涨,差点冲进屋里,大雨势头很猛还总是下个不停,小茅屋就像一只小渔舟,被笼在茫茫的水雾里。厨房里几乎什么都没有了,只能煮点蔬菜,因为连日下雨,连烧火用的苇草都是湿的不好点燃。谁知今天正好是寒食节,却看见乌鸦衔来别人家烧剩的纸钱,想想自己家的祖先坟茔不知有没有人祭奠,可惜"我"远在万里之外,只想学着古人穷途痛哭,但心如死灰已经是哭都哭不出来了。

可以看出来,苏轼在黄州的生活是很贫苦的,他解嘲般地叹道:"先生年来穷到骨,向人乞米何曾得?"第二年苏轼又将自己去年写的这两首诗拿出来看,想到自己凄凉的处境,感慨万千,正好旁边有一张素笺,苏轼取过来,当即挥毫泼墨,将这两首寒食诗誊抄在素笺上,这就是后来被称为"天下第三行书"的《黄州寒食帖》。

《黄州寒食帖》是苏轼行书的代表作,通篇书法起伏跌宕,迅疾而稳健,一气呵成,光彩照人,气势奔放。不仅仅是书法,诗也写得苍凉多情,表达了苏轼惆怅孤独的心情。书法也正是在这种心情和境况下,有感而出的。苏轼将诗句情感的变化,寓于点画线条的变化中,或正锋,或侧锋,转换多变,顺手断联,浑然天成。其结字亦奇,或大或小,或疏或密,有轻有重,有宽有窄,参差错落,变化万千。

但是仅仅是诗词、书法,无法解决苏轼贫困的局面。在元丰四年(公元1081年)苏轼居然开始务农了,他托朋友找了一块地,当上了农民,自己种地。因为这块地在城东的一个坡地上,苏轼便自称为"东坡居士"。最初这块地上面全部都是茨棘瓦砾,又恰逢大旱,所以极难耕种,苏轼每天也是累得气喘吁吁,但来年丰收,苏轼才"忽忘其劳焉"。在城东坡菜地的下面,有一个房子(据说是苏轼自己建造的,或者他参与建造的),就是著名的雪堂。宋朝有名的山水画家米芾就是在雪堂与苏东坡相识的。

在黄州期间，苏东坡的生活非常接地气。他不仅喜欢和朋友聚在一起大口喝酒，大块吃肉，还经常半夜爬城墙，并且和当地的老百姓打成一片。作为历史著名的吃货，苏东坡还亲自下厨，发明了很多美食，诸如坡肉、东坡肘子，他还为东坡肉写了一首词：《猪肉颂》。有吃有喝，却没人管，苏东坡在黄州的生活可谓悠然自得。但简单质朴的生活与内心的雄心壮志依然相互摩擦，使苏东坡产生了极其复杂的内心活动和思考。

来黄州的第三年，即宋神宗元丰五年（1082年），苏东坡迎来了他创作的巅峰之年。

有一天，苏东坡和友人一起走在路上，忽然下起了大雨。同行的人都去躲雨了，唯独苏轼一人，披着一袭蓑衣，任凭漫天风雨毅然泰然行走在旅途上。天晴后，他写下了《定风波·莫听穿林打叶声》，"一蓑烟雨任平生"成为千古流传的名句。

苏轼在黄州留下了753篇艺术作品，包括以《黄州寒食帖》为代表的书法作品，以两篇《赤壁赋》为代表的诗词和以《承天寺夜游》为代表的小品文。后来66岁的苏轼从儋州返回中原的时候，看到龙头寺墙壁上挂的自己的一幅画像，发出了"问汝平生功业，黄州惠州儋州"的感慨。在黄州的日子，是苏轼一生的财富。

《苏沈良方》是怎么回事？

苏轼是党争的受害者，沈括也是受害者。有趣的是，这两位受害者在千年以后，却携手出现在我们面前，这是怎么回事呢？

沈括是医学大家，对中医学的发展作出了许多贡献。他把自己搜集的许多药方整理出来，汇集成册，叫作《沈存中良方》。而苏轼呢？他也通达中医，他也搜集药方，他也写了一本书，叫《苏学士方》。到了北宋末年（一说为南宋），有人就把这两本书合在一起，还在他们的著作中摘取了其他一些片段，称为《苏沈良方》。

不过，《苏沈良方》中记载的一则药方，却让苏轼背上了一个大大的黑锅。

苏轼谪居黄州的时候，黄州及邻近州郡大疫流行，死人无数。苏轼勤练气功，身体很好，但是百姓疾苦还是记在心上。苏轼打听到同乡人巢谷有一个秘方，治愈时疫，"百不失一"。他前去求取，但是巢谷囿于祖训，很珍视这个方子，连儿子也不传，说什么也不拿出来。苏轼不死心，再三央求，不断晓之以理、动之以情，终于打动了巢谷。但是他要求苏轼答应永不传人。苏轼指江水为誓，这才得到奇方。

苏轼回到黄州，命人按照药方配方抓药，熬药济民。凡是前来的取药人，无论男女，症状轻的服用，额头微微见汗，马上就好了；而"状至危笃"，马上快不行的人，连服数剂，也会出汗通气，精神恢复，再服几剂，也就康复了。奇方救了许多百姓的性命，时疫得到了有效的控制。

不过,奇方的奇效让苏轼陷入了一个道德困境。如果要让奇方发挥更大效用,拯救更多人的生命,就应该把它公布出来;可是自己答应了巢谷,并且指江水为誓,保证永不外传。怎么办呢?经过反复权衡,心有大爱的苏轼决定违背自己的诺言,将药方公之于众。他把药方取了个名,叫"圣散子方"。冠之以"圣"字,表现了他对药方的推崇。

苏轼将药方传给了名医庞安常,庞安常以此济世救人,在其著作《伤寒总病论》中附了此方,并有《圣散子方》一卷流传,以后被收入《苏沈良方》中。苏轼专门为《圣散子方》一书作序,记述了该方在瘟疫流行时的效用。说,此药方"用药节度,不近人情,至于救急,其验特异。乃知神物效灵,不拘常制,至理开惑,智不能知",甚至"平居无事,空腹一服,则饮食快美,百疾不生,真济世卫家之宝也"。大意是说,这"圣散子"有神效,有病治病没病预防,有事没事都可以喝。

后来,苏轼任杭州知府。元祐五年(1090年)杭州爆发大瘟疫,医生束手无策,苏轼拿出了"圣散子方"。为了更有效地救治众多的病人,苏轼还发动民间捐款支援抗灾,自己以身作则,从并不富裕的私囊中捐出黄金50两,还从公款里拨出2000缗钱,作为基金,设立了治病坊,名为"安乐坊",专门收治穷苦病人,这是我国历史上第一家官民合办的医院,也是一家传染病医院。他还安排人员在杭城大街上广施药剂,杭城之民众"得此药全活者不可胜数"。加上药方中的药物皆是中下品药,按照当时市价,一剂药只要一钱,极为便宜。这就使得"圣散子方"之名天下皆知,甚至有人把药方刻在石头上,以求流传后世。"圣散子方"因此天下通行。

不过事情后来就出现了偏差。苏轼去世后20年,京师大疫,人们争相使用"圣散子方",不想却事与愿违,此方"杀人无数"。官府不得不下令禁用"圣散子方"。但是人们并没有总结经验,到了南宋末年,元军攻破临安。此时的临安经过元军数月的围困,城内一片混乱,乌烟瘴气。闰三月时,天气稍有点炎热,疫病大作,"城中疫气薰蒸,人之病死者不可以数计"。亡国灭家的人们再次想到了"圣散子方",结果却是"被害者不可胜数"。影响一直延续到明孝宗弘治六年(1493年)。吴中大疫,当地县令是苏轼的铁杆粉丝,他从苏轼的文集中抄录下"圣散子方",让地方上的医生们配好药,沿街派送给百姓,还并将此方张榜公布。结果"病者服之,十无一生"。

昔日"活人无数"的济世良方,摇身一变成了"杀人无数"的刽子手,原因何在?

从表面上看,苏轼的确是难逃干系的。然而,无数生命的沉重压力是不能、也没有理由让苏轼一人承担的。据后世医家分析,"圣散子方"主治的是寒疫,而且确有奇效。苏轼在实践中取得了成效,并且竭力推广,惠泽百姓,也是值得称道的。但是,苏轼一时兴奋,随性的毛病又犯了,就背离了中医"辨证施治"的基本原则,对"圣散子方"大加吹捧,把它说成是百用百灵的"神药"。疫病复杂，种类较多，"圣散子方"可能对苏轼在黄州、杭州时遇到的疫病有效，而后世的疫病与之有异，药不对路。苏轼有着崇高的个人威望，"天下以子瞻文章而信其言"，后世对他迷信，也不加辨别，结果反而戕害了无数生灵，酿成千古憾事。苏轼泉下有知，不知作何感想！究医药之毒，实因于医，而非因于方药本身。

从总的来说，《苏沈良方》所取得的医学成就还是很高的。清朝的纪昀等人在编纂《四库全书》的时候，就收录了《苏沈良方》。他们评价说"其所征引，于病证治验，皆详著其状，确凿可据"，还说其中的很多医方"已为世所常用，至今神效"。

怎么个"神效"呢？

当时，有一个参与《四库全书》校订的翰林，叫蔡葛山。蔡葛山有一个小孙子，不小心吞下了一枚铁钉。医生尝试了各种方法，都不能把铁钉弄出来，小孩日渐羸弱。后来，蔡葛山校对《苏沈良方》，看到一个治鲠的法子。"鲠"就是鱼刺卡在喉咙里的意思。爱孙心切的蔡葛山就按照《苏沈良方》的记载，把木炭的皮研为细末，搅拌在稀饭里，让孩子吃下，孩子果然把铁钉排了出来。

蔡葛山很高兴，就把这件事告诉了纪昀。纪昀听后，叹息说："乃知杂书亦有用也！"

有了前面对乌台诗案的介绍，我们现在看《苏沈良方》不知有何感受。沈括和苏轼被后人以这种方式黏合到一起，不知他们泉下有知会作何感想。

* * *

宋代是一个盛产巨人的时代，是中国文化史上的丰碑。王安石、沈括、苏轼，他们是有幸的，因为他们并称于同一个时代，共同托起了民族文化的丰碑。对个人而言，他们也是不幸的，因为政治的风波导致他们彼此敌对、人生跌宕。应该说，这几位集文学底蕴、科学见解与政治卓见于一身的风流人物，从未成为真正的敌人。政见上不可调和的矛盾，仅仅在于各自看问题的角度不同，而他们的初衷，都是为国为民，绝不存在对错之分、忠奸之别。这就是士大夫精神。

对于他们的结局，我们想起了鲁迅先生的一句诗："度尽劫波兄弟在，相逢一笑泯恩仇。"当政治斗争的风云散去，苏轼、王安石、沈括这几位文化巨人，生前无论有着怎样的恩恩怨怨，但是都劫波度尽，一笑释怀了。

 思考题

- ★ 古代的"士大夫精神"是什么？
- ★ "乌台诗案"为什么会发生？
- ★ 沈括到底有没有给苏轼"告黑状"？
- ★ 为什么说"乌台诗案""毁了一个苏轼,却造就了一个苏东坡"？
- ★ 《苏沈良方》是怎样一本书？

第 18 讲

璀璨的珠玉玛瑙

> **【提要】** 古人利用大自然的馈赠，慧心巧思，制作出数不清的、巧夺天工的奇珍异宝。其中展露出来的独到的设计、精湛的技术为中华文明添上了浓墨重彩的一笔，不仅装点了美好的生活，还形成了灿烂的珠玉文化。在宋应星看来，大自然钟灵毓秀，美感天成，人们要合理地开发矿物，依照珠玉本身的美妙特性，结合工艺技法雕琢装饰，二者相辅相成才能成为物华天宝。人们只有尊重天工，学习天工，才能巧夺天工。

我们从一个在中国很有名的艺术形象说起。

她叫王熙凤，是小说《红楼梦》里的一个人物，有名的"凤辣子"。在书中，她一出场就艳冠群芳："头戴着金丝八宝攒珠髻，绾着朝阳五凤挂珠钗；项上戴着赤金盘螭璎珞圈；裙边系着豆绿宫绦，双衡比目玫瑰佩；身上穿着缕金百蝶穿花大红洋缎窄裉袄，外罩五彩刻丝石青银鼠褂；下着翡翠撒花洋绉裙……"真是珠光宝气，满身锦绣呀！

那个时候，富贵人家的女眷都会这么穿戴，向世人炫耀着家境的殷实。这也很好地衬托出荣国府在全盛时期那是"白玉为堂金作马"，多么得气派显赫！自然，它的衰败也就不免让人叹惋不已了。

那么，这些富贵人家穿戴打扮为什么要配饰珠宝？这些珠宝又是怎么来的呢？

珍珠是怎么来的呢？

我们来说一个"珍珠奇遇记"。

明代有一本《初刻拍案惊奇》，说了这样一个故事。

苏州有一个叫文实的人，做生意屡屡失败。不得已之下，跟人坐船到海外去碰碰运气。

回国的时候，船只遇上海浪，停靠在一个不知名的小岛边。闲着无事，文实就上岛游玩。只见远远草丛中有一物凸起，他上前一看，原来是一个像床一样大的龟壳。文实非常吃惊，自言自语说道："不信天下有如此大龟！世上人那里曾看见？说也不信的。我自到海外一番，不曾置得一件海外物事，今我带了此物去，也是一件稀罕的东西。"于是，他用绳索穿在龟壳中间，打个扣儿，拖了便走。

回到船上，同行的众人见他拿个破龟壳当宝贝，都笑话他。文实也不以为意。

海船靠岸，一个波斯商人上船收货，一眼就看到了那个大龟壳。他吃了一惊，赶忙问道："这是那一位客人的宝货？众人笑道："此敝友文兄的宝货。"波斯商人走上前来，请求文实将龟壳转卖给他。文实很是惊讶，一番讨价还价之后，以5万两银子的价格卖了这个龟壳。

那这个龟壳究竟是何宝物？

波斯商人给出了答案，原来这是一只鼍壳。传说龙生九子，其中一种便是鼍龙，它的皮可以制作成幔鼓，声音震耳欲聋，响彻百里。鼍龙寿命很长，可以活到一万岁，这时候它便能蜕下鼍壳变成龙了。而它蜕下的鼍壳里面，满是珍珠，都是无价之宝！

这文实本已破落，结果捡了一个龟壳，居然时来运转，后来成了一个富商。

——原来珍珠是这么来的！

不过，在更古老的传说里，珍珠不是这样生成的，而是由鲛人的眼泪化成的。

鲛人，就是民间传说中的美人鱼。一提起美人鱼，我们最先会想到什么形象呢？对！就是《安徒生童话》里面那位善良可爱的小美人鱼。为了自己的爱，她最终化成了大海中的泡沫，让我们泫然泣下。如今，这个小美人鱼的雕像矗立在海边，成为丹麦的国家象征。那中国的"鲛人"是不是就是这样的美人鱼呢？

西晋时候的张华，写了一本《博物志》，讲述了许多奇闻逸事。在书中，他记载了这样一件事："南海外有鲛人，水居如鱼，不废织绩，其眼能泣珠。从水出，寓人家，积日卖绡。将去，从主人索一器，泣而成珠满盘，以与主人。"传说在南海有一种奇怪的生物，她的头和手脚长得像人，背上长满了鳞甲，身后拖着一条尾巴，像鱼一样生活在水里。这就是中国的"美人鱼"，绝对不是《安徒生童话》里的那种样貌。

但是鲛人和我们的先民一样，都是勤劳善良的。她特别善于纺纱，据说比一般的女子还要心灵手巧，织成的绢薄如蝉翼，非常精美。鲛人在水中住久了，也会想到陆地来生活，便会到临海人家借居，主人家非常殷勤地招待她。出于感激，鲛人就会坐在织布机边帮忙织布。鲛人织的布那可不一样，主人拿到市集上去卖，往往一售而罄。

很久之后，鲛人要走了，主人盈盈相送。鲛人非常淳朴，也很容易动感情。这个时候，她的眼泪会止不住地流下来。主人拿一个盘子接住眼泪，不一会儿便是满盘的珍珠。鲛人用这个送给主人，自己则转身跃入大海，消失在茫茫的海浪之中。

眼泪可以化为珍珠，多么神奇！成语"鲛人泣珠"就由此而来。后人还用"鲛人泣珠"比喻慷慨馈赠。

不过这个故事多少有点凄怆的味道。后来，大诗人杜甫借用这种意境，写了一首诗：

> 客从南溟来，遗我泉客珠。
> 珠中有隐字，欲辨不成书。
> 缄之箧笥久，以俟公家须。
> 开视化为血，哀今征敛无！

诗中的"泉客"，指的就是鲛人，她泪如泉涌，化成了珍珠。诗中说，有一个从南方来的客人，把珍珠送给了"我"。"我"把珍珠藏在竹箱里，以被不时之需。很久之后，打开箱子，却发现珍珠都化成了血水。可是这个时候，"我"已经没有什么可以应付官家征敛的了。

安史之乱后，唐帝国四分五裂，社会动乱不安，官府加重了对劳动人民的盘剥。杜甫借用了"鲛人泣珠"典故的意境，控诉了封建统治的黑暗。

在西方，也有类似的传说。文艺复兴时期，意大利人桑德罗·波提切利画了这样一幅画作：维纳斯女神随着一扇徐徐张开的巨贝慢慢浮出海面，身上流下无数水滴，水滴顷刻变成粒粒洁白的珍珠。这幅"维纳斯的诞生"描绘了珍珠形成的神话故事，栩栩如生，给人以美的感受。

那么，珍珠究竟是怎么来的呢？

宋应星在《天工开物》里指出："其云蛇蝮、龙颔、鲛皮有珠者，妄也。"现代科学技术也向我们揭示了珍珠的生成机制，它不是龙生的，也不是鲛人的眼泪化成的。是有些贝或蚌的外套膜受到异物刺激后，表皮细胞分裂形成珍珠囊，珍珠囊不断分泌珍珠质，层层包裹起来后形成的。其实这一点，宋应星就有过明确的认识，他在《天工开物》里说："蚌则环包坚甲，无隙可投，即吞腹，囹圄不能消化，故独得百年千年，成就无价之宝也。"这种认识，基本是科学的。

中国是世界上较早利用珍珠的国家之一，采珠历史可追溯到4000年前的夏禹时代。《尚书》中记载："淮夷宾珠。"意思是说，当时淮河流域的夷族，就把珍珠作为贡品。到了周文王的时候，据说人们开始用珍珠装饰发髻。秦汉以后，珍珠饰用日渐普遍，成为达官贵人的奢侈品。

据史料记载，东汉桂阳太守文砮曾向皇帝"献珠求媚"。当时桂阳郡（今湖南郴州）产珠，民间采集了一枚很大的珍珠。此时顺帝刚刚即位，太守文砮觉得这是祥瑞，就向朝廷进献。

他满以为皇帝会嘉许他,不料顺帝下诏说,国家灾异不断,正是朝廷修政之时,责备文砻不思尽忠国事,反而献珠求媚。命令将大珠封还。

这则史料说明,官府将珍珠作为贡品由来已久。它稀有珍贵,成为官员们谄媚皇权的上品。由于朝廷的看重,民间也逐渐流行起来,官宦人家甚至黎民百姓,也纷纷佩戴起珍珠来,把它作为尊贵的象征。《红楼梦》里王熙凤佩戴珠饰,就是这个意思。

这种尊贵的东西自然有了"尊贵"的用途。据《独异志》记载:唐武宗在位时,宰相李德裕以珠宝粉、雄黄、朱砂煎汁为羹,过三煎则弃其渣。这是干什么呢?当时流行炼丹术,人们认为珍珠粉等物,经过提炼后服用可长生不老。李德裕为求长生,可是花费了巨资,据说他每食一杯,约耗钱三万。可惜巨资没有换来长寿,他只活了63岁就死了。

但是珍珠确实有药用价值。李时珍经过研究,在《本草纲目》中写道:"珍珠味咸甘寒无毒,镇心点目;珍珠涂面,令人润泽好颜色","涂手足,去皮肤逆胪;坠痰,除面斑,止泻;解痘疗毒,除小儿惊热,安魂魄",是一味良药。我们现代人经常使用的"珍珠明目液",配方里就有珍珠。

那么,一颗珍珠究竟能保存多少年呢?

据现代科学研究,每颗珍珠含4%左右的水分。也就是靠了这仅有的一点水分,珍珠才可能熠熠生辉。但是时间长了,水分挥发,珍珠就会变成黄色。成语"人老珠黄"由此而来。因此,再璀璨夺目的珍珠,它的光华大约也只有100年的时间。

和氏璧有着怎样的命运?

通常,人们所说的"珠宝","珠"指的是珍珠,"宝"指的是玉器。当然这是狭义的说法,在广义上,人们把具有一定价值的首饰、工艺品或其他珍藏统称为珠宝。

中国人采玉、用玉的历史,可能比采集珍珠还要久远。据出土玉器考证,早在7000年前,河姆渡文化的先民们就在选石制器的过程中,有意识地把拣到的美石制成装饰品,打扮自己,美化生活,从而揭开了中国玉文化的序幕。因此,我国是世界上最早采玉、用玉的国家,享有"玉石之国"的美誉。

《说文解字》中说:"石之美者,玉也。"这说明中国人早先认为的玉,其实是取材于各地的各种美石。到了商代以后,采玉的地点才相对固定,主要取新疆和田河上游墨玉河、白玉河所产的"昆山之玉"。宋应星在《天工开物》里说:"凡玉入中国,贵重用者尽出于阗、葱岭。"就是这个意思。令人惊奇的是,墨玉河所出均为墨玉,白玉河所产大多为白玉,尤其是玉中圣品羊脂玉。其他著名的玉石,还有辽宁岫岩的"岫玉"、河南南阳的"独山玉",以及湖北郧县等地的"绿松石"等。

采来的玉石,叫作籽玉,也叫璞玉,要经过匠人们的精雕细琢,才能成为可以使用的玉器。在中国历史上,有很多有名的玉器,其中影响最大的,可能就是和氏璧了。

单就玉石被发现,就是一段传奇。

相传春秋时期,楚国有一个叫卞和的人。一天出门,他看到有只凤凰栖落在青石上,非常惊异。因为人们常说"凤凰不落无宝之地",也就是说凤凰栖息的地方,必定是有宝物的,他断定山中必有宝物。

经过仔细寻找,卞和发现了一块璞玉,并将它献给了楚厉王。厉王命玉工辨识,玉工说这只不过是一块普通的石头。厉王大怒,命人砍下了卞和的左脚。厉王死后,武王继位,卞和再去献宝。武王又命玉工辨识,玉工仍然说那只是一块石头。于是,卞和又因为欺君之罪而失去了右脚。

武王死后,文王继位。卞和抱着璞玉痛哭,一直哭得泪水流尽、眼中滴血。文王听说此事后,感到很奇怪,便派人去问他:"天下受刑被砍掉脚的人很多,你为什么如此悲伤?"卞和答道:"我悲伤的不是被砍掉了双脚,而是美玉被当成石头、忠贞之士被当成了骗子。"

文王听后,便命玉工剖开璞玉,里面果真是一块稀世宝玉。这块玉到底有多大呢?宋应星在《天工开物》里说:"璞中之玉有纵横尺余无瑕玷者,古者帝王取以为玺。所谓连城之璧,亦不易得。"明代的一尺合今31.1厘米。所以这块玉长宽大概都有30厘米以上,应该是一块很大的玉。

玉工仔细打磨雕刻,将这块大玉制成了一块玉璧。为纪念卞和的胆识和忠贞,文王就将这块玉璧取名为"和氏璧"。

从此以后,和氏璧名扬天下,成为"天下所共传之宝"。

一开始的时候,和氏璧在楚国,是楚国王室的重器。不过楚文王的后代不太争气,把和氏璧给弄丢了。后来几经辗转,和氏璧被赵王得到了。

秦王听说此事,便派人前往赵国,声称自己愿意用15座城池来换取和氏璧。这就是成语"价值连城"一词的由来。当时秦强赵弱,赵王不敢不答应,但是又担心秦王食言,拿了璧又不给城池。有人向他推荐了有胆有识的蔺相如,赵王于是任命蔺相如为使者,带着和氏璧前去秦国。

蔺相如到了秦国,献上玉璧,发现秦王果然是企图强行霸占。于是,他假意说和氏璧上有一点瑕疵,要指给王公贵族们看,这才伺机夺回和氏璧。而后,他以自己的性命相威胁,说是要与玉璧同归于尽,秦王这才作罢。回到驿馆,蔺相如派人从小路把和氏璧送回了赵国。这也就是"完璧归赵"的典故。

公元前228年,秦灭赵国。秦军将缴获的和氏璧献与秦王嬴政。嬴政拿着玉璧,得意洋洋地说:"这是先王想用15座城池交换的呀!"不过玉璧仅仅只能把玩,不免有些可惜。有人建议:"不如把它雕刻成一样东西,想必就更价值不菲了。"

嬴政很是高兴,决定用和氏璧做一枚大印。他下令玉工把玉璧再次制作,雕饰五龙图案,并在上面刻上"受命于天,继世永昌"八个大字。伴随嬴政称帝,这枚大印就成为中国的第一枚玉玺。

这枚玉玺玲珑剔透、巧夺天工,嬴政爱不释手,视为神物。据说它还有更神奇之处。前一天晚上,把四两红印泥摆在玉玺旁边,第二天早上一看,印泥都会被玉玺吸进去。这样,玉玺可以连盖一千道圣旨,无须再用印泥。这可真是"夜食印泥四两,日盖纸头千张"啊!

那么这枚"受命于天"的玉玺,真的能"继世永昌",代代相传吗?令秦始皇没想到的是,秦朝到了二世就亡了国。刘邦打进咸阳城,秦人将传国玉玺拱手相让。想必刘邦在拿到玉玺的时候,也跟当年的秦始皇一样,志得意满、踌躇满志吧。就这样,"秦传国玺"成了"汉传国玺",玉玺一直在西汉王朝的宫廷,印证着皇帝的权威。

这时候的玉玺还是完整的。不过到了西汉末年,王莽篡权,胁迫皇太后交出玉玺。太后一怒之下,将玉玺取出摔在地上,玉玺被摔掉一角。王莽见玉玺受损,连声叹息,忙招来能工巧匠修补。那匠人倒也聪明,想出了用黄金镶上缺角的奇招,修补后的玉玺竟愈加光彩耀目,遂美其名曰"金镶玉玺"。

由此,中国产生了"金镶玉"的独特工艺。这种工艺被传承下来,由宫廷走向民间,达官贵人家中出现了各种金镶玉饰物,甚至有金镶玉筷子。2008年北京奥运会的奖牌,就是用"金镶玉"工艺制作的。由于"金镶玉"工艺精良,与包金的玉石等材料完美结合,很难辨认,于是民间就有"有眼不识金镶玉"一说。

而那枚"金镶玉玺"依旧是命运多舛,大概到了三国时期就不知所踪了。后来的皇帝只有用别的玉来雕刻玉玺,取而代之了。

但是这枚玉玺实在太有名,它所背负的"受命于天"的政治意义对封建统治者来说,又实在过于重大,因此后世有关发现玉玺的记载不绝于书。

比较典型的是北宋绍圣三年(1096年)的时候,咸阳一个百姓在挖地基盖房时,竟挖出一枚玉印,于是上交朝廷。宋哲宗就召集了学士院、御史台、礼部等官员进行鉴定。那玉玺质地上佳,通体呈正绿色。众大臣经过仔细勘验,一致认为这是"真秦制传国玺",也就是那枚用和氏璧制成的玉玺。哲宗大喜,于是举行大朝会,受传国宝,还改年号为"元符",也就是"大的祥瑞"的意思。

吊诡的是,这么重大的事情,很多在朝官员居然都不知道。据史料分析,这应该是刻意为之。想来玉玺的真假,哲宗心里大概也没多少底吧。

籽玉经过雕琢成为玉器,中国人赋予玉石新的价值和魅力,而玉石也同时深刻地影响了中国人的精神世界。著名科技史家李约瑟说:"对玉的爱好,可以说是中国文化的特色之一。三千多年以来,玉的质地、形状和颜色一直启发着雕刻家、画家和诗人们的灵感。"中国人把玉看成是天地精气的结晶,还把玉石的一些自然特性比附于人的道德品质,作为君子应当具有的德行而加以崇尚和歌颂,成为独具特色的玉文化。

应当说,中国玉文化延续时间之长,内容之丰富,范围之广泛,影响之深远,是许多其他文化难以比拟的,其成就远远超过了丝绸文化、茶文化、瓷文化和酒文化,值得当代人继承和发扬。

随侯珠是怎么来的呢?

在春秋时期,有一件与和氏璧齐名的珍宝——随侯珠。

这枚"珠"是怎么来的呢?

传说随国的君主随侯在一次出游时,看见一条受伤的大蛇在路旁痛苦挣扎。随侯就发了善心,让侍者给大蛇敷上药,而后放归草丛。一年之后,大蛇衔了一枚明珠来报答随侯。据说,这枚明珠"珠盈径寸,纯白,而夜有光明,如月之照,可以烛室"。不仅大,而且会自行发光,可谓稀世之宝,谓之"随侯珠"。后人就用"随珠和璧"来形容珍宝中的极品。

这枚随珠如和氏璧一样,在当时可是大大有名;不过它也如和氏璧一样,生不逢时、时乖命蹇。

公元前706年,那位砍掉了卞和右脚的楚武王开始伐随。随国经过几次顽强抵抗最终失败,不得不乞降,到了战国时期被楚国吞并。随侯珠就成为战利品落入了楚王之手,与和氏璧一起成为楚国的国之重器。

又过了几百年,楚宣王即位。这位楚王内休兵息民,保持实力,外攻城略地,开拓疆域,使楚国出现了强盛的局面。自然,各种珠宝珍奇也就源源不断流入楚国,成为宣王的收藏。

秦王非常仰慕,于公元前350年左右派使者来观看楚国的宝器。宣王怕珍宝引起秦国的觊觎,就问令尹(宰相):"秦欲观楚之宝器,吾和氏之璧、随侯之珠,可以示诸?"大概因为楚国强盛,也不怕秦国来抢,于是决定将这两件宝器向世人展示,随珠和璧遂名扬天下。

后来秦国倒是没来抢夺,和氏璧却给弄丢了,辗转到了赵国,而随侯珠则一直保存在楚国王室。

公元前223年,楚国被灭,随侯珠来到了咸阳,与和氏璧一起成为嬴政的珍宝。刘邦打进咸阳城后,缴获了已被制成玉玺的和氏璧,但是随侯珠却不知所踪。

随侯珠到底去哪儿了呢?有人考证说,可能是作为随葬品,被带入始皇陵,永远陪伴嬴政去了。由于随侯珠可以发光,它很可能被用作陵墓的照明了。

这枚赫赫有名的珠子到底是什么呢?是珍珠吗?答案是否定的。因为珍珠难以保存百年以上。

那它是什么呢?

1978年,著名的曾侯乙墓被发掘,出土了大量的文物,其中有173颗琉璃佩珠。佩珠上布满了眼睛状的圆圈纹,考古学家称之为"蜻蜓眼"。

琉璃就是先民们烧制的玻璃。琉璃制品色彩流云漓彩、美轮美奂,品质晶莹剔透、光彩夺目,不过因为工艺复杂,民间很难得到,所以人们甚至把琉璃看得比玉器还要珍贵。

随国也叫曾国,所以曾侯乙其实就是随国的一位国君。当时的随国是著名的琉璃产地,所以有专家推测,那枚随侯珠可能就是一枚硕大的琉璃珠。以当时的工艺水平,能烧出那样一颗大珠当然是举世罕见的。至于随珠能够有光照四壁的夜明效果,则可能是后世以讹传讹了。

经过现代技术检测,考古学家还有一个令人惊异的发现:从曾侯乙墓出土的琉璃佩珠,居然还有外国血统。

由于原料不同,中国古代的琉璃大都属于铅钡玻璃,而"蜻蜓眼"则是钠钙玻璃,这种玻璃的配方来自于遥远的埃及等地中海地区。专家认为,中西方文明交流存在着一条早于"丝绸之路"的"玻璃之路","蜻蜓眼"的配方就是通过玻璃之路辗转来到中国的。中国的工匠根据"蜻蜓眼"的配方,烧制出本土的琉璃珠,而传说中的随侯珠,或许便是其中最耀眼、最美丽的一颗。因此可以说,古代中国的琉璃技术,是融合了东西方文明的成果。在这一点上,宋应星也明确指出:"凡琉璃石,与中国水精、占城火齐其类相同,同一精光明透之义。然不产中国,产于西域。"

不过在古代的技术条件下,琉璃烧制不易,因此琉璃制品异常珍贵。

还有一个例子。

《西游记》里的沙僧,原本是天庭里的卷帘大将,他在蟠桃会上,失手打碎了一只琉璃盏。不过就是一只玻璃酒杯,而且沙僧还是"失手"打碎,没有主观故意,但玉帝还是勃然大怒,要将他处斩。得亏赤脚大仙求情,玉帝才饶恕沙僧,将他打了八百大板,贬到流沙河。但是玉帝还是很愤怒,又下令每隔七天,用飞剑穿刺沙僧胸胁下百余次,教他痛苦难耐,生不如死。

做神仙做到沙僧这个份上,也是够倒霉的。所以《西游记》里每逢介绍沙僧的容貌,总会说他长着一张"晦气色"脸。

无论怎样的一部文学作品,总会折射出它所处的时代背景。《西游记》成书于明代中晚期,那时候近代的玻璃技术还没有传入中国,所以玻璃制品还是很珍贵的。打碎了珍贵的琉璃盏就是极大的过失,不可饶恕,由此也反映出琉璃在人们心中的重要地位。在古代,琉璃被列为金银、玉翠、琉璃、陶瓷、青铜等五大名器之首,就连佛教也把琉璃列为"七宝"之一。

由是,琉璃也就成为诗人吟咏的对象。

唐朝诗人李贺写过这样一首诗:

> 琉璃钟,琥珀浓,小槽酒滴真珠红。
> 烹龙炮凤玉脂泣,罗帏绣幕围香风。
> 吹龙笛,击鼍鼓;皓齿歌,细腰舞。
> 况是青春日将暮,桃花乱落如红雨。
> 劝君终日酩酊醉,酒不到刘伶坟上土!

诗人描写了一场华贵的筵宴。罗帏绣幕之中,乐工奏乐,舞姬歌舞。饮宴者手端琉璃钟,喝的是琥珀浓、真珠红,吃的是"龙凤玉脂",端的是意气风发。然而人生苦短,这样的快乐又能持续多久呢?怕是琉璃钟仍在,人已化作一抔黄土了吧!作者手擎酒杯,表达了对生命深深的眷念。

由于琉璃非常珍贵,所以在古代它和杏黄色、龙纹一样,属王族专用。最早只有王族才能使用琉璃制品,而琉璃的制造工艺也为王室工匠所垄断。

不过在古代社会,倒是有一种"琉璃制品"很常见,那就是琉璃瓦。

据考证,中国在西汉时期就开始烧造用于建筑的琉璃制品,并逐渐应用到了皇家宫殿和庙宇建筑当中。到了明清时期,琉璃制品已经得到广泛应用。紫禁城在建造之初,屋顶就使用了以黄色为主的各色琉璃瓦。如今,我们去故宫游览,还能看到流光溢彩的壮观景象。

琉璃瓦是怎么烧出来的呢?它是用黏土为主要原料,经过成型干燥,在高温下第一次烧制,然后在其表面施加釉料,并进行第二次烧制。由于釉料含有铁、铜、锰、钴等金属氧化物,在烧制过程中产生化学反应,从而呈现出丰富多彩的颜色。

由此看来,琉璃瓦其实根本不是玻璃制品,只是普通的陶瓦上附着了釉层。大概是因为它和琉璃一样色彩绚烂,所以才让人们产生了误解。宋应星在《天工开物》里也说:"中华人艳之,遂竭人巧以肖之,于是烧瓴甋转釉成黄绿色者曰琉璃瓦。"

不过,人们使用琉璃瓦可不仅仅是因为它好看,具有装饰美。琉璃瓦与普通陶瓦不同,不存在风化的问题,能够长久保持完好;它还不易吸水,所以雨雪过后不会增加屋顶的重量,从而保护了建筑的安全。此外,它还具有其他一些物理特性,使其成为良好的建筑材料。

所以,把琉璃瓦误作琉璃只是一场误会,但谁又能说这不是一场美丽的误会呢!

兽首玛瑙杯是怎么被发掘的？

我们再来说说另一种珠宝玛瑙，它和琉璃一样，都有丰富多彩的颜色，被佛家列为"七宝"之一。

关于玛瑙的由来，西方有一个美丽的传说。爱和美的女神阿弗洛狄忒，他的儿子是爱神厄洛斯，就是那个一个手拿弓箭，光着小脚丫，长有一对小翅膀的淘气小男孩。阿弗洛狄忒的手指甲闪闪发光，很是好看，小男孩很喜欢。于是有一次，淘气的男孩趁母亲熟睡时，偷偷地把她的指甲剪了下来，欢天喜地上了天空。飞到空中的厄洛斯，一不小心把指甲给弄掉了，而掉落到地上的指甲变成了石头，就成了玛瑙。

现代科学技术为我们揭示了玛瑙的生成机制，大约在一亿年前，地下岩浆由于地壳运动而大量喷出，熔岩冷却时，其中裹挟的气体形成许多洞孔。含有不同杂质的二氧化硅胶体溶液浸入洞孔，最后结晶，形成了玛瑙。它和琉璃不同，琉璃是人工烧制的，玛瑙却是天然形成的，是世界上颜色最丰富艳丽的宝石。

这种宝石可以制成精美的器物。

1970年，在陕西西安南郊何家村的一个基建工地上，出土了三个大瓮，里面有各种文物1000多件，其中有一件国宝级的文物镶金兽首玛瑙杯。

这件兽首玛瑙杯，选用极为罕见的红色玛瑙。以深红色、淡红色为主调的红玛瑙，中间夹有一道淡白，神奇自然的变化，鲜润可爱的色泽，使这块红玛瑙成为世间稀有的俏色玉材。

玉工依料取题，因材施艺，对玛瑙进行了巧妙的雕琢。玛瑙杯上口近圆形，下部为兽首形，兽头圆瞪着大眼，目视前方，似乎在寻找和窥探着什么，兽头上有两只弯曲的羚羊角，而面部却似牛，看上去安详典雅。兽首的口鼻部有类似笼嘴状的金冒，能够卸下。

这件玛瑙杯不仅是唐代传世玉器中做工最精湛的一件，而且也是至今所见唐代惟一的一件俏色玉雕，早已被列入国家《首批禁止出国（境）展览文物目录》名单里。现在，它静静地躺在陕西省历史博物馆中，向游客述说着它的前世今生。

玛瑙杯的材质和造型引起了专家的注意。

宋应星在《天工开物》里说："凡玛瑙非石非玉，中国产处颇多，种类以十余计。"中国是盛产玛瑙的国家，所以玛瑙并不稀奇。但中国产的玛瑙以黄、白居多，红色的玛瑙极为罕见。所以这件玛瑙杯用的红色玛瑙，似不产于中国，而应产于中亚、西亚等地区。

再则，动物形的玉器在中国极为普通，但类似这件兽首杯的造型还从未出现过。专家指出，这种造型称为"来通"，源自西方。"来通"是希腊语的译音，有流出的意思，大多做成兽角形。一般在杯的底部有孔，液体可以从孔中流出，功能如同漏斗。酒注入来通，再从来通注入其他酒杯,人们相信通过这种方式可以防止中毒。来通后来就成为一种礼器,常用于礼仪和祭祀活动,人们举起来通将酒一饮而尽,向神致敬。

所以,这件兽首玛瑙杯其实是有着外国血统的。

那这件"外国货"是怎么来到中国的呢?

专家查阅资料,认为何家村遗宝和一个叫刘震的租庸使有关。

大历十四年(779年),唐德宗李适即位。李适14岁的时候,爆发了安史之乱,他饱尝了家国之痛,所以决意消除藩镇割据的局面。

建中四年(783年),他调泾原镇五千士卒到长安参与平叛。泾原远在甘肃,生活清苦,接到朝廷诏令,士卒携带子弟,冒着苦寒而来。他们满以为能够得到丰厚的赏赐。但是朝廷很是刻薄,只有粗茶淡饭相待。士卒们大失所望,叫嚷道:"我们离开父母妻儿,要与敌人死战,但是却连饭都吃不饱,怎能去对抗强敌!朝廷的府库里宝货堆积如山,不如自己去取!"

领军将领急忙上奏。德宗听到后大惊,急忙命令赏赐布帛20车,并派王公大臣前往安抚。但是已经来不及了,哗变的士兵冲入长安,大肆掳掠。当天,德宗就仓皇出逃。

据史料记载,就在皇帝出逃的时候,保管朝廷财物的租庸使刘震进行了紧急处置。他先是派人带走"金银罗锦二十驼",然后指挥下属找地方掩埋了部分物品,随后携带一些精心挑选的宫廷珍宝,赶上德宗。

万幸的是,刘震让人掩埋的财物虽历尽沧桑,却无人发现,在一千年后重见天日。这批宝藏向世人昭示了大唐盛世曾经的辉煌。

这件兽首玛瑙杯便是一个明证。据《旧唐书》等史料记载,西域诸国经常向朝廷进贡玛瑙杯、玛瑙瓶等器物。兽首玛瑙杯的造型在中国虽然没有,但在当时的中亚、西亚,特别是波斯(今伊朗),却很常见,是一件具有阿拉伯风格的艺术佳作。这件国之重宝,很可能是西域某国进奉唐朝的国礼,意义非同一般!

可惜这种东西方文明的频繁交往很快就中断了。

安史之乱后,唐王朝迅速衰落,德宗想削平藩镇,却导致了泾原兵变。皇帝出逃,哗变的士兵居然推举一个赋闲在家的大臣做了皇帝,建立了一个大秦国。"秦"皇帝带兵围攻唐皇帝,虽然打了一个多月没打下来,最终被唐军所灭,但是让大唐天子的威严扫地。唐朝中央权力进一步削弱,对待藩镇割据已经有心无力,至于对外交往,则只能搁置一边了。

那么,玛瑙这个名称是怎么来的呢?

古人看到玛瑙的颜色和美丽的花纹很像马的脑子,就以为它是由马脑变成的石头,所以称它为"马脑"。三国时期的魏文帝曹丕写过一篇《马脑勒赋》,在文中说到:"马脑,玉属也,出西域。文理交错,有似马脑,故其方人因以名之。"说明他是赞同这个说法的。曹丕说的

"西域",是一个广义概念。古代中国人把新疆到地中海一带的区域都称为西域。至于"玛瑙"一词,则是翻译家们的功劳。佛教传入中国后,佛经译者就碰到了个难题。因为玛瑙佛家七宝之一,必须得翻译。只是如果译成"马脑",还说它是佛家珍宝,未免有些血淋淋的,有违佛家慈悲之意。后来,他们考虑到马脑属玉石类,于是将其译成"玛瑙"。这个新造词非常贴切,后来逐渐被人们认可、使用。

不过曹丕犯了点常识性的错误,就是玛瑙并非西域特产,在我国很多地方都有出产。宋应星在《天工开物》里就指出了各地出产玛瑙的情况:"今京师货者多是大同、蔚州九空山、宣府四角山所产,有夹胎玛瑙、截子玛瑙、锦红玛瑙,是不一类。而神木、府谷出浆水玛瑙、锦缠玛瑙,随方货鬻,此其大端云。"由此可见玛瑙在中国各地的物产情况。其实这一点,在《马脑勒赋》里就能看出来。

东汉末年,中原大乱,今冀东、辽宁一带的乌桓族趁机崛起。单于蹋顿统一乌桓各部,称雄北方,成为曹操的心腹大患。建安十二年(207年),曹操挥军北上,在白狼山与乌桓决战。曹军以少胜多,大破乌桓,斩杀蹋顿。经此一战,曹操基本上统一了北方,乌桓部落自此臣服。

曹操死后,曹丕即位魏王。乌桓部落为表示臣服之心,自然是岁岁朝贡,其中就有一枚玛瑙勒(装饰品)。那玛瑙勒质地上乘,做工精美,曹丕非常喜爱。于是,他大笔一挥,写下了一篇传世之作。不过,这块玛瑙,应该不是产自西域,而是出自咱们辽宁省一代了。

* * *

从古至今,人类利用大自然的馈赠,慧心巧思,制作出数不清巧夺天工的奇珍异宝。如今,这些瑰宝在历史的长河里,从幽深的远古投来目光,召唤着我们继续去追求、去创造更加璀璨的珍宝,更加美好的生活。

思考题

★ 珍珠到底是怎么来的?
★ 《说文解字》是如何定义玉的?
★ "玉"在中国文化中扮演怎样的角色?
★ 随侯珠是怎样一种珠宝?
★ 兽首玛瑙杯是如何昭示大唐盛世的?

第 19 讲

一静一动：围棋和太极拳

> **【提要】** 有着数千年历史的中国古代体育，不但以其丰富的运动形式、独特的东方文明精神内涵以及多样的文化特质，为中华民族发展注入了青春活力，而且作为东方体育文化的主体，对世界体育文化的发展产生了深远的影响。许多传统体育活动，已然成为世界人民喜爱的中国式健身、养心运动。它们正作为一种"中国符号"，成为促进东方文化与西方文化交流的桥梁和纽带。

中国古代并没有词意同今的"体育"一词，它是由日本引入的，出现在中国人的生活中仅有100多年的历史。不过，在古人的运动中，蕴含体育之意的实践活动却早已有之。古代体育，是随着社会政治、经济、科学和文化的发展而逐渐传承、丰富起来的，并被注入中国特有的哲学观念，最终在历史的进程中形成了一套完整的身心运动体系。

那么，古代中国人究竟都从事过哪些体育活动呢？

围棋是怎么发明的呢？

我们从世界上最复杂的棋——围棋说起。

关于围棋的起源，众说纷纭。有一种比较流行说法是，尧造围棋。

尧是上古五帝之一。相传，他在承续帝位后，悉心治理，于是天下太平兴旺。但有一件事情却让他很忧虑，儿子丹朱虽已长大成人，却不务正业，游手好闲，经常招惹祸端。尧心想，要使丹朱归善，必先稳其性，娱其心志，教他学会几样本领才行。

起初，尧教习儿子学习打猎的本领，丹朱却不喜欢。尧叹口气说："你不愿学打猎，就学行兵征战的石子棋吧,石子棋学会了,用处也大着哩。"说着,他用箭头在一块平坦的山石上用力刻画了纵横十几道方格子,又捡来一大堆石子,分给丹朱一半,将自己在率领部落征战过程中的作战谋略讲解给丹朱听,手把着手地教他下棋。丹朱倒也听得进去,显得很有耐心。

此后一段时日,丹朱学棋很专心,也不到外边游逛。帝尧对妻子散宜氏说:"石子棋包含着很深的治理百姓、军队和山河的道理,丹朱如果真的回心转意,明白了这些道理,接替我的帝位,那是很自然的事情啊。"

孰料,丹朱棋还没学深学透,却听信一帮狐朋狗友的坏话,觉得下棋太束缚人,一点自由也没有,还得费脑子,就犯以前的老毛病,到处闯祸,甚至计划要夺取父帝的帝位。母亲散宜氏痛心异常,大病一场而逝。尧十分伤心,把丹朱迁送到南方,再也不想看到他,还把帝位禅让给了舜。

后来舜觉得这个方法很好,也学着尧的样子,用石子棋教授儿子商均。所以古书上就记载:"尧造围棋,以教子丹朱。"又说:"舜以子商均愚,故作围棋以教之。"

"尧造围棋"的说法在中国流传甚广,也传到了国外。1964年版的《大英百科全书》就采纳了这种说法,甚至将围棋发明的确切年代定在公元前2356年。这样说来,围棋在中国出现,至少有4000年的历史了。

其实,围棋应该不是哪个人的发明,它应该是中华民族在发展过程中,逐步积累,不断创新,最后定型的。

关于这一点,我们从围棋棋子、棋盘的发展过程就可以证明。

秦汉时期,围棋的棋子是由木头做成的,这就是所谓的"断木为棋"。后来人们觉得木质棋子很轻,落子欠稳,于是改用小石子,故棋又写作"碁"。这种写法被日本沿用,一直到现在。古代围棋的棋子是方形的,现代围棋棋子却是圆形的、分黑白两色,这是到唐宋时期才逐渐定型的。

古代围棋的棋盘也经历了由小到大、由简到繁的过程。大致说来,西汉以前曾有过11道、13道、15道棋盘。唐宋以后才逐渐定型为19道。现代围棋盘是19×19的方形盘,共有361个交叉点。

围棋在发展过程中,人们又从不同的角度,给围棋起了很多别称。

我们来看一首诗:

木野狐登玉楸枰,乌鹭黑白竞输赢。

烂柯岁月刀兵见,方圆世界泪皆凝。

河洛千条待整治,吴图万里需修容。

何必手谈国家事,忘忧坐隐到天明。

这首诗是明代才子解缙写的,如果不了解围棋,不知道围棋的别称,是看不懂的。

那诗里都用了围棋的哪些"别称"呢?

古时的围棋,棋盘多用楸木,故以"楸枰"指代棋盘,或以"楸枰"、"玉楸枰"指代围棋。棋盘上线条纵横交错,有似河网、地图,故围棋又有"河洛、吴图"之称。立足于棋子的色彩和形状,围棋有"黑白"和"方圆"之称。由黑白推演,围棋又名"乌鹭",这里的"乌鹭"是黑色的乌鸦、白色的鹭鸟这两种鸟。

下棋时,两人对坐,专心致志,乐以忘忧。据此特点,围棋又名"忘忧""手谈""坐隐"。而围棋变幻多端、令人痴迷,有如妖魅灵狐一般,故又称"木野狐"。

至于"烂柯",则来源于这样一则神话故事。

有个名叫王质的樵夫,以打柴维持生计。有一次,他带着斧头上山砍柴,无意之中发现了一座石屋,便好奇地走了进去,只见几个小孩正在那里下棋。生性喜爱棋术的王质,顿时被深深吸引,便站在孩子们身边专注地看了起来。一个孩子递给他一粒枣,他毫无拘束地接过吃了,接着看棋。

不知站了多久,他并不觉得饿,也不感到累,看得入了神,似乎忘记了一切。一个正在下棋的小孩忽然抬头问他:"你来这里已经很长时间了,打算永远就待在这里吗?"王质如梦初醒,这才想起打柴的事。一看扔在脚边的斧头,斧柄(斧柯)已经腐烂,斧身也锈迹斑斑了。他无比惊诧,急匆匆地赶回家,却发现亲人们早已去世,村里再没有一个认识的人了——原来他离开家已有几百年了。

这是围棋史上一则很有名的故事,流传甚广,围棋因此又名"烂柯"。

那解缙怎么想起写这样一首诗呢?

原来明成祖朱棣非常喜欢下围棋,为此甚至荒疏国事。据说有一天,他和几位臣僚一边宴筵,一边弈棋。到了半夜,朱棣忽然"雅兴"大发,命人将解缙找来赋诗助兴。朱棣要解缙以《观弈棋》为题赋诗,并要求他把围棋所有的别名都嵌在诗中。

解缙被人从睡梦中找来,又见是这般情况,心里便老大不乐意。他不假思索,一挥而就。不过,诗中虽有些牢骚,但是满含劝谏之意。

看到解缙的《观弈棋》诗,正在兴头上的朱棣老大不高兴。不过,沉湎弈棋,不理国政,确实也是自己不对,所以他并未加罪于解缙。但是几个月后,朱棣找了个理由,将解缙贬去广西了。

怎样看待围棋的胜负呢?

围棋由于特殊的游戏规则,所以和局极为罕见,绝大多数情况之下,总是有胜有负的。

既然有胜负之分,那究竟该怎么去看待呢?

对此,王安石曾经写过这样一首诗:"莫将戏事扰真情,且可随缘道我赢。战罢两奁分白黑,一枰何处有亏成?"诗中把围棋当作一种戏事,认为赢未必成,输亦无亏,皆应不以为意。但是,棋是人下的,任何事情只要有人的因素的干扰,就未必会按照游戏规则进行。所以围棋的胜负,未必是小事,有时候甚至是攸关生死的大事情。

北宋时期有个叫贾玄的,善下围棋,被朝廷任命为待诏,专门应对棋事,但主要任务是陪伴宋太宗赵光义下棋。在别人看来,这似乎是个美差,多悠闲,多风光!其实不然。自古道"伴君如伴虎",更何况是作为与皇帝对弈的敌手呢?顺应皇帝心意,自然平安无事;但若稍有差误,"咔嚓"一声,脑袋就可能搬家。

因此他与赵光义下棋时,既不敢赢皇帝,又不敢让皇帝赢得太多,能看出自己故意输棋,落个欺君之罪。于是他每盘棋只输一二子,好讨皇帝高兴。赵光义棋下得虽然不错,但他也自知比不上贾玄。不过既然贾玄甘愿故意输棋,也不点破,乐得收下这个顺水人情。但是时间一长,赢得太多了,赵光义便觉得没什么意思了。

一天,赵光义又与贾玄对弈,他为显示帝王的棋技和度量,炫耀君子不与常人计较的风度,竟让贾玄多走了三子,还对贾玄说:"我听人说你的棋天下第一,从没有负过任何人,而你为什么又盘盘负于我?可见其中有诈。现在再下几盘,如果你又输给我,我让人打你五十大板。"贾玄听了,顿时汗流浃背,连忙说道:"陛下棋艺高超,取胜不足为奇。这盘愚臣将全力以赴,争取不再输棋。"果然,这盘棋下完后,贾玄没有输棋,但却是一局和棋。

赵光义哭笑不得,但又毫无办法。于是又下了一盘,谁知这盘棋下来下去到终盘时,出现了一个"三劫循环",双方都不能退让,按规矩应该又判为和棋。只得重开第三局。

第三局开始的时候,赵光义故意恶狠狠地说道:"这局棋如果你要是赢了,就赐与你绯衣,若你还是输了,就抛入河中喂鱼!"在北宋,绯衣就像清朝皇帝赐的黄马褂一样,穿上了是一种极大的荣耀,但是贾玄如何敢赢呢?就这样等棋下完了,一数子,又是和棋。

赵光义真的生气了,他指着贾玄喝道:"我饶你三子,让你先走,可还是平局,这就是你输了!"说完,即令左右把贾玄拖出去,欲投往水中。贾玄挣扎着大声喊道:"且慢,且慢,臣手中还握着一颗子还没算呢!"说着,摊开手掌让皇帝看。

赵光义一看,贾玄手中果然还攥着一子,不禁又好气又好笑,可是他也真知道了贾玄的棋艺确实比自己高得太多。赵光义心里明白,自己棋艺虽然不太高明,但也有一定的水平,可贾玄能够想输一二子就输一二子,想下成和棋就下成和棋,而想赢一子就赢一子,当真已达到了随心所欲的地步。赵光义对贾玄的棋艺打心眼里佩服,于是马上赐宴招待贾玄,还当真赐给了他一件绯衣。

贾玄经过这一番折腾,想必也是折寿不少,但是在那样一个年代,他又能怎么办呢？不过,也有不惧皇权,敢于犯颜的人。

刘璟是明朝开国功臣刘伯温的儿子,他和燕王朱棣对弈,屡战连胜。朱棣十分难堪,用近乎乞求的口吻说:"你就不能稍稍让我一点吗？"刘璟正色说道:"可让处则让,不可让处璟不敢让也。"

后来,朱棣讨伐侄儿建文帝,在南京登上了皇位,他就是明成祖。朱棣诏令刘璟进宫,刘璟力拒不从。朱棣就派人将他拘拿到皇宫,但刘璟仍称朱棣为"殿下"而不言"陛下",并放胆直言:"殿下百世后,逃不得一'篡'字。"朱棣新仇旧恨一起涌上心头,遂将刘璟下狱。后来,刘璟在狱中自缢而死。

下棋的时候,往往会有人旁观。俗话说,旁观者清,从超然的角度,往往会比对弈双方更能够把握局势。这时候,如果旁观者忍不住插了一句话,指点了一下,往往能左右胜负,但有时也会惹出麻烦。

南朝宋文帝年间,有位大臣叫谢弘微,非常喜欢下棋。这一年,他刚过42岁生日,便被谢灵运等人相邀去郊游。这个谢灵运是著名的诗人,中国山水诗派的始祖。除了写诗之外,他最大的爱好就是下棋。

郊游途中,谢灵运兴致大发,便与谢弘微开枰交锋。

谢灵运下棋以稳健著称,谢弘微则多计善谋。双方来往数个回合,谢灵运棋局的西南角就出现了危机。一位旁观者忍不住提示道:"西南风急,倍加小心。"谢灵运顿时醒悟,经过思考,他终于找到一步"飞"出的解着,救活了西南角一大片棋子,局势转危为安。

眼看自己的精心设计被打破,谢弘微十分怨忿,当即一怒而起,摔棋于地,然后扬长而去。不久,谢弘微神情萎靡,郁闷而死。谢灵运为此很是后悔,他闷闷不乐,也与同年病故,时年49岁。

有人说,谢弘微与谢灵运对弈,只因旁观者插了一句嘴,竟损了二人的寿岁,实乃一件憾事！无论事情的因果、真相怎样,人们都应从中吸取棋界的一句名训——观棋不语真君子。

围棋是中华民族的宝贵遗产,是一张中国名片。如今,它已广为流传,成为全世界人民共同的财富。著名武侠小说家金庸先生曾经说过:"围棋是一种公平之极的游戏,只要有半分不诚实,立刻就会被发觉,每一局棋都是在不知不觉地进行一次道德训练。"这种发源于中国,体现了中华民族的智慧、节操、伦理观念和行为准则的棋类游戏,将会给人类身心带来新的滋养,给人类发展作出新的贡献。

张三丰是怎么创出太极拳的？

我们再来说说另一种广为人知的传统体育项目——太极拳。

当然，我们首先碰到的一个问题就是：太极拳是怎么发源的。然而由于史料匮乏，专家们到现在也没给出一个确切的答案。

在民间，流传着这样一种说法：

有一次，中华始祖轩辕黄帝偶然看到一条蛇和一只灰雀在生死相搏。他见蛇缠鹊跃，灵动异常，由此触发灵感，发明了太极拳术。后来，天帝在梦中将太极拳传给了张三丰。张三丰由此实力大涨，第二天就单枪匹马杀死了100多个贼人。

据考证，这个张三丰实有其人。他是元明之际一位有名的道人，曾入主武当山，受到过明朝廷的征召，还被明英宗封赠为"通微显化真人"。武当山自明初开始香火鼎盛，仰赖张三丰之功。

在武当山附近还流传着许多武术流派和拳术套路，其中就有"武当太极拳"。可能是因为张三丰的贡献很大，所以就有"张三丰创太极"之说。

那么，张三丰究竟是怎么发明太极拳的呢？

著名武侠小说家金庸先生在《倚天屠龙记》里，讲了这样一个故事。

侠士张无忌原是武当弟子，后来闯荡江湖，历经磨难后成为明教教主。元朝廷要剿灭武当派，张无忌得知消息，率领明教教众前往营救。

为探明情况，张无忌乔装改扮成一个小道童，混进武当派。恰巧看到朝廷鹰犬假扮少林派僧人来偷袭张三丰。此时张三丰已年逾百岁，不查之下，受了重伤。他对身边弟子说道："生死胜负，无足介怀，武当派的绝学却不可因此中断。我坐关18月，得悟武学精要太极拳，此刻便传了你罢。"

只见张三丰缓缓站起身来，双手下垂，手背向外，手指微舒，两足分开平行，接着两臂慢慢提起至胸前，左臂半环，掌与面对成阴掌，右掌翻过成阳掌，说道："这是太极拳的起手式。"跟着一招一式地演了下去。

在一旁的张无忌立即省悟到："这是以慢打快、以静制动的上乘武学，想不到世间竟会有如此高明的功夫。"他目不转睛地凝神观看，但见张三丰双手圆转，每一招都含着太极式的阴阳变化，精微奥妙，实是开辟了武学中从所未有的新天地。

很快，朝廷大队人马闯入武当派，明教高手也陆续赶到。眼见偷袭不成，朝廷方面派出武林高手，向张三丰挑战。按照江湖规矩，武当派要么应战，要么认输。

张无忌代受伤的张三丰接受挑战，对阵高手阿三。张无忌道："我新学的这套拳术，乃我太师父张真人多年心血所创，叫作'太极拳'。晚辈初学乍练，未必即能领悟拳法中的精要，三十招之内，恐怕不能将你击倒。但那是我学艺未精，并非这套拳术不行，这一节你须得明白。"阿三不怒反笑，踏上一步，呼的一拳，便往张无忌胸口打到。这一招神速如电，拳到中途，左手拳更加迅捷地抢上，后发先至，撞击张无忌面门，招术之诡异，实是罕见。

　　张无忌眼见阿三左拳击到，当即使出太极拳中一招"揽雀尾"，右脚实，左脚虚，运起"挤"字诀，粘连粘随，右掌已搭住他左腕，横劲发出。阿三身不由主地向前一冲，跨出两步，方始站定。旁观众人见此情景，齐声惊噫。这一招"揽雀尾"，乃天地间自有太极拳以来首次和人过招动手。阿三给他这么一挤，自己这一拳中千百斤的力气犹似打入了汪洋大海，无影无踪，无声无息，身子却被自己的拳力带得斜移两步。他一惊之下，怒气填膺，快拳连攻，臂影晃动，便似有数十条手臂、数十个拳头同时击出一般。众人见了他这等狂风骤雨般的攻势，尽皆心惊。

　　张无忌招招都使张三丰所创太极拳的拳招。待使到一招"手挥琵琶"时，这一招使得犹如行云流水，潇洒无比。阿三只觉上盘各路已全处在他双掌的笼罩之下，无可闪避，无可抵御，只得运劲于背，硬接他这一掌，同时右拳猛挥，只盼两人各受一招，成个两败俱伤之局。不料张无忌双手一圈，如抱太极，一股雄浑无比的力道组成了一个旋涡，只带得他在原地急转七八下，如转陀螺，如旋纺锤，好容易使出"千斤坠"之力定住身形，却已满脸涨得通红，狼狈万状。明教教众大声喝彩。

　　阿三只气得脸色自红转青，怒吼一声，纵身扑上，左手或拳或掌，变幻莫测，右手却纯是手指的功夫，拿抓点戳、勾挖抓挑，五根手指如判官笔，如点穴橛，如刀如剑，如枪如戟，攻势凌厉之极。张无忌太极拳拳招未熟，登时手忙脚乱，应付不来，突然间嗤的一声，衣袖被撕下了一截，只得展开轻功，急奔闪避，暂且避让这从所未见的五指功夫。

　　一旁张三丰叫道："孩子，你过来！"张无忌道："是！太师父。"走到他身前。张三丰道："用意不用力，太极圆转，无使断绝。当得机得势，令对手其根自断。一招一式，务须节节贯串，如长江大河，滔滔不绝。"张无忌听了张三丰这几句话，登时便有领悟，心中虚想着那太极图圆转不断、阴阳变化之意。

　　场中的阿三冷笑道："临阵学武，未免迟了罢？"张无忌双眉上扬，说道："刚来得及，正好叫阁下试招。"说着转过身来，右手圆转向前，朝阿三面门挥去，正是太极拳中一招"高探马"。阿三右手五指并拢，成刀形斩落，张无忌"双风贯耳"，连消带打，双手成圆形击出，这一下变招，果然体会了太师父所教"圆转不断"四字的精义，随即左圈右圈，一个圆圈跟着一个圆圈，大圈、小圈、平圈、立圈、正圈、斜圈，一个个太极圆圈发出，登时便套得阿三跌跌撞撞，身不由主的立足不稳，犹如中酒昏迷。一声闷哼，已然摔倒。

这个比武故事是金庸先生根据民间传说敷衍而成。他形象地勾勒出太极拳临阵对敌的方式方法,也就是所谓的"拳意",非常传神,也非常精彩。但是张三丰坐关18月,究竟是怎样悟出太极拳的呢,金庸先生也没有说明白。

太极拳蕴含着哪些传统文化内涵?

20世纪90年代的一部电影《太极张三丰》,用艺术化的手法表现了张三丰悟创太极拳的过程。

电影讲述了这样一个故事:

在少林寺里,有一对自幼长大的师兄弟张君宝和董天宝,张君宝忠厚善良,董天宝则向往权势。他们的师父虽然为人很好,但是在寺中的地位不高,两人因此时常会受到其他和尚的欺负。

日子在平淡中一天天过去,两人都习得一身好武艺。

后来,在争夺进入达摩院修行资格的时候,别的和尚又来欺负他们。董天宝愤而出手,张君宝也从旁协助。两人打伤了几个欺负他们的和尚,甚至打败了过来拉偏架的师伯,因此被逐出少林。临行前,师父送给他们一部"养心静气"的气功心法。

两个天不怕地不怕的年轻人一心想闯出一番事业,但很快两人就出现分歧。董天宝为了出人头地投了官军,成了官府的爪牙;张君宝则与义军站在一边,帮助老百姓与强权对抗。

当时宦官弄权。由皇帝特派驻守地方的太监刘公公重权在握,暴虐人民,弄得民不聊生,但是义军的反抗却让他头痛不已。董天宝发现了机会,他找到义军,说是可以帮助他们除掉刘公公。张君宝以为董天宝是真心帮忙,憨厚善良的他也从旁劝说。义士们相信张君宝,也相信了董天宝,一起去偷袭刘公公。

谁料这是董天宝和刘公公精心设计好的一个圈套。等到义军杀到,伏兵四出,把他们围在中央。一番惨烈搏杀,义军大部分战死,只逃出张君宝和几位义士。董天宝因此得到刘公公的重用,升为头目,他为了献媚,变本加厉地残害百姓。

而张君宝被兄弟出卖,又被义军战友指责,因而对人生和自己信心尽失,变得疯疯癫癫。他的疯病早中晚要发作三次,被人戏称为"张三疯"。极度沮丧之余,他翻阅师父送给他们的那部气功心法,竟然大彻大悟,还根据以静制动的拳理,自创太极拳,练就了绝世神功。

为了为民除害,张君宝找到董天宝,将其搏杀。后来,他改名张三丰,来到武当山静修,最终成为一代武学宗师。

这部电影用艺术化的手法,展现了张三丰悟创太极拳的全过程。而著名影星李连杰的表演,则让这个过程展现得潇洒飘逸,充溢着东方文化的神韵。

什么样的神韵呢？

这部电影主题曲的歌词这样写道：

> 刀光剑影不是我门派，
> 天空海阔自有我风采，
> 双手一推，非黑也非白，
> 不好也不坏，
> 没有胜又何来败。
> 没有去，哪有来，
> 手中无剑，心中无尘，才是我胸怀。
> 随缘而去，乘风而来，才是我胸怀。

> 唇枪舌剑不合我姿态，
> 天空海阔才是我风采，
> 双手一推，非虚也非实，
> 不慢也不快，
> 没有胜又何来败。
> 没有动，哪有静，
> 手中无剑，心中无尘，才是我胸怀。
> 随缘而去，乘风而来，才是我胸怀。

太极拳在中国人眼里，并不只是一种拳术，它还蕴含了黑白相容、虚实相间的哲学认识，无胜无败、缄默自守的人生态度，和天空海阔、随缘而去的博大胸襟，以及"侠之大者，为国为民"的伟大精神。

电影里的张君宝代表了一类人。他们更重视生命，不会为了获得更多的权势而扭曲自己。他们看似较弱，却能用智慧和领悟，得到四两拨千斤的能力，并战胜看似强大的敌手。

张君宝心存仁慈，但在发现不得不去做的时候，也能奋勇锄奸。这就是中国的武术精神，练武是为了精进卓越，防卫健身，维护正义。当然，在格杀昔日的朋友董天宝时，看得出张君宝还是有些不忍。这也是中国人的态度，有爱心而又能超越狭隘的私人爱憎。

那么，太极拳为什么名之曰"太极"呢？

这得从《易经》说起。

《易经》是一部"经"。在我国古代，被称为"经"的经典可不多，因为"经"是最神圣的典籍,也是一切真理的泉源。它仰观天文,俯察地理,中通万物之情;究天人之际,探索宇宙、人生必变,和所变、不变的大原理。而《易经》是我国最古老的一部经典,自古以来就被推崇备至,被尊为"万经之首"。

《易经》的宇宙演化论是这样的:由阴阳未分,天地浑沌的无极,转化到宇宙万物创始的"太极",这叫"无极而太极"。太极阴阳分离,形成天地,称作"两仪"。由两仪产生"四象"。由四象产生象征天、地、水、火、风、雷、山、泽的"八卦"涵盖宇宙万物。这样一来,"太极"被认为是天地未判之前一团在抱、混然唯一的状态,因而历来被认为是宇宙之始、万物之母。

所以,以"太极"作为拳名,代表着对自然运行之道的认识。这种认识超越了拳术的技术层面,上升到了哲学的高度。

那么,张三丰究竟是不是太极拳的创始人呢?

我们依据民间传说和一些资料,可以进行推测。

说太极拳始于轩辕黄帝,系因道家崇尚黄老,而太极拳传人多受道家思想的影响之故。这里的轩辕黄帝应该理解为是不知其年代及姓名的古人的代称。而古人观蛇鹊之战,悟化出一种原始拳术,这绝非迷信,是符合唯物主义观点的。这种原始的拳术后来就成了张三丰进一步创造的蓝本,他在前人的基础上进行再创造,从而创造出武当太极拳。

所以,张三丰是太极拳的中兴者,或者说是集大成者,而非太极拳的创始人。

那么,人们常说"天下太极出陈沟",这又是怎么回事呢?

太极拳是怎么流传出来的?

元末战乱之后,朱元璋统一了天下。此时明朝的江山却是遍地疮痍,布满了战争的创伤,山东、河南、河北一带多是无人之地。为了恢复农业生产、发展经济,巩固王朝的统治,洪武年间,朱元璋采取了移民政策,按"四家之口留一、六家之口留二、八家之口留三"的比例迁移。

当时人口较多的山西一带的居民,在洪洞县的大槐树处办理完手续,领取"凭照川资"后,向全国广大地区移民。其中就有一个会武术的人,他叫陈卜。

陈卜带着家人,来到河南的常阳村。时间长了,陈氏人丁繁衍,又以家传武术出名,村中又有一条南北向大沟,所以常阳村便逐渐易名为陈家沟。

传到第九世时,陈家出了一个了不起的人物陈王廷。他自幼天资聪慧,勤奋好学,不但深得家传武功的精髓,而且熟读诸子百家,涉猎经史子集,学识渊博,以致被誉为"文事武略,皆卓越于时"。陈王廷集百家之长,创出了著名的陈式太极拳。

那么,这种陈式太极拳究竟有多厉害呢?

陈王廷创编太极拳后，收了一个弟子。这位弟子当时已经年过半百，颇有些江湖阅历。他武功底子好，进步很快。

时间长了，弟子就想跟陈王廷学几手绝招，几次要求，陈王廷总是笑而不语。于是，弟子心生一计。

一天夜晚，两人正在切磋太极拳。弟子忽然纵身一跳，在旁边兵器架上抽出一口单刀，然后劈头照手无寸铁的陈王廷砍来。

陈王廷不等刀砍到，唰地一下子从院子中间纵到墙脚下。弟子跟近一步，又是一刀。说时迟，那时快，只见陈王廷随身向上一纵。只听"嗖"的一声，他身子像被磁铁吸住的铁块一样，一下子贴在一丈多高的墙上，就像被钉住了似的，一动也不动。

这就是太极拳中"贴墙挂画"的绝技。很可惜的是，目前这种太极绝艺已经失传了。

陈式太极的第四代传人有个叫陈敬柏的，拳艺出神入化。

年轻的时候，他跑到山东，投到巡抚门下。

当时有个大盗叫年十八，有一次他溜进巡抚衙门，盗走了一匹骡子。捕快们很快找到了年十八的落脚点，但是知道他武艺高强，不敢造次捉拿。巡抚就命陈敬柏出手。陈敬柏冲进屋子，年十八一刀扎来，直刺陈敬柏的脖子。陈敬柏一侧身，那刀子就扎空了。这时候，陈敬柏居然一口咬住刀身，然后顺势一甩，就把年十八摔出门外。

门外的捕快们都看呆了。那年十八爬了起来，当即认输，表示愿意随陈敬柏归案。陈敬柏见此人性情耿直，又武艺高强，是个可造之才，于是从中周旋，向巡抚保其立功赎罪，随营听用。后来，年十八果然弃恶从善。陈敬柏因此声名大振，人称"盖山东"。

晚年，陈敬柏归耕故里。

这年的正月初八，正逢温县东关火神庙庙会。当时陈敬柏患病新愈，前往庙会游玩。谁知一个身躯魁伟的汉子，抱了一块石碑堵塞在火神庙庙门前。他大声说道："在下王定国，山东人，绰号'盖盖山东'，今日来访陈敬柏。趁庙会人多，好与他决一高低，请大家看着证明。请莫惊扰。"

众人听了都很惊异，忙腾出一片空场地，好看热闹。

陈敬柏闻听后，当即上前招呼，邀王定国到家里说话。王定国怎肯放弃这个扬名立万的好机会，坚执要比试。陈敬柏再三谦让，王定国更加得意，连连邀战。无奈之下，陈敬柏只好应战。

双方拉开架势，王定国拳脚交加向陈敬柏逼去。陈敬柏避让了三招，王定国仍旧不依不饶。陈敬柏忍无可忍，觑得他的一个破绽，躲过来拳，一个太极拳里的"迎门靠"，撞在王定国的前胸上。王定国飞跌出去丈余，一头撞在那块石碑上，顿时鲜血直流，一命呜呼。

当时陈敬柏已年逾八旬,又病体初愈,回到家就又病倒了,几天后便撒手西去。至今陈家沟仍流传着"打死山东客,累死陈敬柏"的故事。

其实,太极拳不仅能够用于搏击,强身健体的效果也非常好。

嘉庆元年(1796年)正月,为庆太平盛世,昌扬敬老之风,已经退位做太上皇的乾隆在皇宫举办了"千叟宴"。官府延请民间70岁以上的老人参加,仅陈家沟就去了两位,他们是第四代传人85岁的陈善和第五代传人88岁的陈毓英。——这也从侧面说明陈式太极拳延年益寿的作用相当好。那位陈敬柏如果不是这场比武,应该可以活得更长久些。

陈式太极拳自创编以来,一直在陈氏族人内部传承。当地流传的谚语"喝了陈沟水,都会跷跷腿",形象地反映出陈氏族人们习练太极拳的情形。那陈式太极拳是怎么走出陈家沟并广泛传播的呢?

将太极武术发扬光大的人是杨露禅。

杨露禅是河北永年县人,自幼灵慧好武。因为家贫,迫于生计,他到一家"太和堂"药铺做活。这家药铺的东家是陈家沟人,叫陈德瑚。他见杨露禅为人勤谨,忠实可靠,又聪明能干,便派他到陈家沟自己家中做工打杂。

适逢陈氏太极第六代传人陈长兴正借陈德瑚家授徒。杨露禅心中十分羡慕,有心拜师学艺,又怕陈长兴不允。于是,他便在陈氏师徒练拳时在一旁观看,用心记下某些招式,无人时便私下练习。久而久之,竟有所得。

但若照江湖规矩,这已经算是"偷拳",犯了大忌。谁知陈长兴在发现之后,这位心胸豁达的武术家,惊叹对方是天赋异禀的武学奇才,不但没有怪罪杨露禅,反而摒弃门户之见和江湖禁忌,准许他学习太极拳。就这样,杨露禅得以正式拜陈长兴为师,并最终卓然自成一家。

至于杨露禅是否能"偷拳",很值得怀疑。因为如果武术真的只要在旁边偷看就能会能精,那么我们只需到公园去看别人打拳,就能学得盖世武功了。不过这个故事口口相传,现在已经很难厘清真相了。

杨露禅艺成之时已年届四旬。为了生活,他先是回到家乡,仍寓居"太和堂"药铺,以授拳为生,后来被人推荐去北京授徒。

在北京授拳时,杨露禅见弟子多为王公贵族,生活奢侈而体弱多病,又不耐艰苦,考虑到这些人的身体素质和保健需要,他就将自己所学太极拳中的一些高难度招式简化,使姿势较为简单,动作柔和易练,既适合穿长衫、留辫子的人练习,又有益于健身。这就是"杨氏太极拳"。

此拳一出,在北京、天津一带影响很大,学者日众。而这时,陈式太极拳却仍只在陈姓内部传递。所以当时就有"谁料豫北陈家拳,却赖冀南杨家传"的句子。现代太极拳的流行,实是得益于杨露禅将拳术的练习方法简化之功!

太极拳是中国传统辩证的理论思维与武术、艺术、导引术、中医等的完美结合,它以中国传统哲学中的太极、阴阳辩证理念为核心思想,集颐养性情、强身健体、技击对抗等多种功能为一体。作为一种饱含东方包容理念的运动形式,其习练者针对意、气、形、神的锻炼,非常符合人体生理和心理的要求,对人类个体身心健康以及人类群体的和谐共处,有着极为重要的促进作用。

* * *

据研究,在古代不同时期流行的体育活动形式达到了200余项,至于细分种类则不可胜数。古代体育发展、演进与体系化的历程,始终与人类社会生活中的军事、舞蹈、杂技、教育乃至宗教等保持着不可分割的联系,这就使得古代体育既受到中华传统文化的浸润,也同时嵌入了德、艺相兼的东方传统文化烙印。传统体育活动值得我们创造性转化、创新性发展,去创造新时代的、具有中国文化特色的新的体育项目。

思考题

★ 传说是谁造出的围棋?
★ 如何理解围棋诸多别称所蕴含的文化?
★ "胜负"被围棋赋予了怎样的中国智慧?
★ 《易经》中是如何描述"太极"的?
★ 太极拳是怎么流行于世的?

第20讲

纸的发明和纸文化

> **【提要】** 造纸术是中国古代四大发明之一,对于人类文明发展起到了重要的推动作用。在纸发明之前,人们主要使用甲骨、金属、简牍、绢帛等来记录,这些介质有的成本太高,有的携带不便,严重制约了文化的传播。105年,宦官蔡伦改良了造纸工艺,这被公认为造纸元年。纸的出现,极大地促进了知识的传播和文化的发展。在中国,纸不仅仅是书写和印刷的载体,还被用于各种艺术创作,如剪纸、纸扇、纸灯笼等,深刻影响了中国人的日常生活。

我们先来猜个谜语吧。这个谜语的谜面是:"正看一大片,侧看一条线,遇火能燃烧,遇水容易烂。"请问,它是什么呢?

对了,是纸!

纸是我们常见的一种事物。能把花色繁多的纸造出来的技术,叫作"造纸术"。它和火药、指南针、印刷术一起,合称"四大发明"。四大发明是古代中国人对世界的伟大贡献,是我们的骄傲。

那么,纸究竟有什么了不起呢?

为了回答这个问题,让我们先来回顾一下造纸术发明的历史。

古人在什么材料上写字呢?

要是没有纸,那可就麻烦了。用什么来记事呢?人们找来找去,最后将目光落在绳子上,他们有办法了——结绳记事。

于是,古人为了记住一件事,就在绳子上打一个结。以后看到这个结,他就会想起那件事。如果要记住两件事,他就打两个结;记三件事,他就打三个结;如此等等。但是,如果他在绳子上打的结多了,就容易弄混了,他想记的事情也就记不住了。所以,这个办法虽然简单却很不靠谱。

不过,打绳结这事给后人留下了很深的印象。在汉语中,许多具有向心性、聚合性的事几乎都要用到"结"字,比如:结义、结拜、结盟、团结等等。对于男女之间的婚姻大事,要用"结"字来表达,如:结亲、结发、结合、结婚等等。"结"是事物的开始,有始就有终,于是便有了结果、结局、结束。

后来,古人就在金属器皿上刻字,这些在金属上刻的字就被称为金文。

中国科学技术大学所处的合肥市,有一位历史文化名人刘铭传,他是淮军的著名将领。我们去他的老家刘老圩参观,一进博物馆的大门,就会看到大厅正中摆放着一件像澡盆一样的青铜器,叫虢季子白盘。你可不要小瞧这个"盘",它可是国家一级文物呢。盘的底部,刻着一百多个汉字,这就是金文。

刘老圩怎么会有国家文物呢?

有一次,刘铭传率军进驻常州。

一天夜里,万籁俱寂,刘铭传正在秉烛读书,忽然听到院中有金属撞击的声音,他立刻命令亲兵搜索。

众人里里外外搜了一遍,没有发现任何异状,再仔细听听,原来声音是从马厩里传出来的。大家循声搜去,才知是马笼头上的铁环撞击马槽发出的叮当之声。

马槽应是木料所制,怎么会有清脆的金属声音?刘铭传心生疑惑,让亲兵用灯笼照看。但是灯光微弱,模糊不清。刘铭传就伸手去摸,只觉得浸凉异常,仔细分辨才知道是一件金属物体。

第二天一早,刘铭传走到马厩中,叫亲兵把马槽洗刷一番,这才看清楚是一个铜盘。盆底铸有铭文,面幅工整,结字优美。刘铭传暗想,此物年代久远,必是国宝,忙叫人"三熏三沐",洗涤干净,然后派人运回老家肥西。

后来,刘铭传在刘老圩盖了一座盘亭,还写了一篇《盘亭小记》来记叙此事。

那么,这件虢季子白盘是怎么来的呢?

原来,周宣王时期,虢国的三王子(季子)白奉命讨伐周边民族,取得胜利。宣王很高兴,为他设宴庆功。季子白因此铸盘纪念,还把事情的前因后果写下来,刻在盘的底部。

我们可以想象一下:奉命讨伐、作战取胜、周王庆功,这个过程很复杂,要用很多的字来记述,但是盘底就那么大的面积,不可能刻写很多的字,所以季子白不得不一减再减,最后剩下一百多个字。因此,在金属器皿上刻字是可以的,但是金文是保留不了多少古代信息的。

再说,金属器皿很贵重,哪有那么多给你刻字呢?

那么,古人能不能用比较便宜的材料来刻字呢?

可以。就在刘铭传得到虢季子白盘的30年以后,一位名叫王懿荣的学者无意中发现了一个惊天大秘密。

当时王懿荣在北京任国子监祭酒,这个官职大致相当于现在的教育部部长。据说在光绪二十五年(1899年)的夏天,这位部长先生得了疟疾,家人就给他抓药治病。

王懿荣是位多才多艺的人,他精通古文字学,也精擅医道,所以在煎药前都要把药材检视一番。一次,他看到在一味名为"龙骨"的中药材上,似乎有刻画的痕迹,不禁感到惊讶。再仔细一看,这些刻画的符号,类似金文。王懿荣很激动,立马让家人去药堂,把那些刻画文字的龙骨全部给买了下来,进行研究。

王懿荣拿起这些被敲得零零碎碎的"龙骨",用放大镜逐块逐字地端详,对照古籍文献的记载,对一个又一个象形的、怪异的、抽象的、单调的文字符号深研细究。最后,他庄重地宣布:这些龙骨上镌刻的"画纹符号"是文字,是商代中后期文字。这就是震惊当时学术界的大发现——甲骨文。

甲骨文是刻写在龟甲或兽骨上的文字。商朝人比较迷信,做事情喜欢先通过占卜,求问天神的指点。在占卜前,巫师先将兽骨龟甲锯磨加工,直至表面洁白平滑,然后在骨甲背面凿钻一道凹槽和一个枣大的圆穴。巫师将这槽穴用火烧灼,使薄细的骨甲正面形成裂痕,根据裂痕趋向辨解天神的意愿,并在骨甲上用刀具刻写下来。这些刻写天神"旨意"的骨甲,被当作档案资料储藏于地下的坑穴中。由于深埋地下,一直不为人知。

三千多年后,当地的农民在耕作时无意发现了一些骨甲。有人试着将其磨碎成粉,敷在伤口上,发现可以起到止血愈合的作用,便转售药铺。药铺老板将骨甲捣碎,就成了一种名为"龙骨"的药材。最终,被王懿荣在偶然中发现了其中的惊天秘密。

不过,王懿荣这位"甲骨文之父"虽然发现了甲骨文,却没有太多的时间来研究。这时,八国联军逼近北京城,他被任命为京师团练大臣,负责保卫首都。光绪二十六年(1900年)7月,侵略军兵临城下,慈禧太后带领皇室人员仓皇出逃。王懿荣坚持抵抗,但清军不久便溃不成军。绝望之下,王懿荣投井自杀。而他钟情的这些骨甲,随着侵略者的入侵,很多都散落到国外。

王懿荣发现的甲骨文,是中国已知最早的成体系的文字,具有重要的价值。2017年11月24日,甲骨文顺利通过联合国教科文组织世界记忆工程国际咨询委员会的评审,成功入选《世界记忆名录》,成为全人类的宝贵遗产。

不过,甲骨文是刻写在龟甲或兽骨上的,为了写字,杀戮了那么多的动物,这个代价实在太大了。那么,有没有更廉价的书写材料呢?

"韦编三绝"是怎么回事呢?

人们将目光转向了田野山冈,那里有漫山遍野的树木、苍翠欲滴的林海,这些材料能不能用呢?于是,有人把竹子、木头劈成狭长的小片,再将表面刮削平滑,然后在这些竹木片上写字,这就是在中国沿用了长达千余年的简牍(也称"简")。其中,比较狭长的竹片或木条叫作竹简或木简,较宽的竹片或木板叫作竹牍或木牍。

这种沿用千年的书写材料给我们留下了深刻的文化记忆。

竹简的制作并不简单。首先要选择上等的青竹,将其削成一条条长方形的竹片,再用火烘烤。这样做,一方面是为了便于书写,另一方面也是为了干燥防虫。烘烤的时候,本来新鲜湿润的青竹片,被烤得冒出了水珠,像出汗一样。所以,这道烘烤青竹的工序就叫作"汗青"。后来,原意是青竹出汗的"汗青"工序,渐渐成了竹简的代名词。再到后来,人们又将其代称竹简所记载的"史册"了。

大家都知道这样一句诗:"人生自古谁无死,留取丹心照汗青。"这是文天祥《过零丁洋》中的名句。南宋末年,文天祥起兵抗元,但是由于宋人内部不团结,所以在强大的元军面前屡遭失败。困顿沉郁之中,他写下了这首诗,表现出自己慷慨激昂的爱国热情和视死如归的高风亮节。

后来,文天祥兵败被俘,押至元大都囚禁三年。三年中,元朝廷威逼利诱,百般劝降,但文天祥誓死不从。元人终于起了杀心。临刑时,文天祥对狱卒说:"我的事已经完成了。"在向南方跪拜后,他从容就义。据说几天后,妻子来收尸时,发现他的面色如同生者一般。文天祥以自己的实际行动,展现出对故国的无限忠诚;他的所作所为,也留在"汗青"之上,激励和感召无数志士仁人为正义事业英勇献身。

人们在简上写字,一般只写一面,而且只写一行。一枚简上,少的仅有几个字,多时可写一百多字,这就比金属器皿或者龟甲兽骨实用多了。字数再多一点的话,可以写在几枚简上,然后用绳子把简编连在一起,以便翻阅,这称之为"册"。如果遇上长篇大论,那就一枚一枚地写,一册一册地编,最后连缀在一起,称为"篇"。

写完编完后,以最后一枚竹简为轴心,将有字的一面向里,卷成捆状,把首简卷在最外面,这称为一"卷"。一卷里,包含了一篇或数篇的文字。书要放在用布帛做的套子里。书套在古代称"帙",也叫"书衣"。后来,"卷帙"自然就泛指各种书籍了。

我们重点说一说"编"。大家看书的时候,会看到书有时会分为"上编""下编",意思是书的内容分为上、下两个部分。这个"编",来源于编连简的绳子——古人可是用绳子来"编"简的。编简的绳子,比较普通的是用麻绳,也有高级一点的,如用丝,这叫丝编,还有用熟牛皮绳的,这叫韦编。

有一则韦编三绝的典故,说的是孔子读《易经》,把编简的熟牛皮绳都弄断了三次。

孔子为什么要读《易经》呢?

《易经》是一部古老的经典,是中华文明的源头所在,号称"万经之首"。它阐述了天地世间万物变化的基本道理,广大精微,包罗万象,兼之语言艰深,一般人很难读懂。孔子也是到了晚年时期才开始研读。

孔子日读夜读,下了很深的工夫,才看完一遍,也只是初步了解了《易经》的内容。接着,他又读了第二遍,才掌握了《易经》的基本要点。后来,他又读了第三遍,这才对其中的精神实质有了较为透彻的理解。这以后,他不知把《易经》翻阅了多少遍,书卷来卷去,串联竹简的牛皮绳都被磨断了三次,只好换上新的再读。即便读到了这种地步,孔子还谦逊地说:"如果能再多活几年,我就可以把《易经》理解得更清楚了。"于是留下了"韦编三绝"的勤学典故。

需要说明的是,在竹木片上写字,是中国文化的一个传统。即便后来简牍被纸所取代,人们开始在纸上写字,竹木片仍然没有退出历史舞台。

在古装影视剧里,大臣们上朝,手里都会拿着一块狭长的板。这是什么呢?这叫"笏"。笏有玉和象牙的,但主要还是竹木制成的。它除了表征礼仪,主要的功用是做记事本。大臣们上朝,可以把要对皇帝启奏的事记在笏板上,以免遗忘;皇帝在朝堂之上安排任务,或者颁布法律,这些内容往往比较多,大臣们就会把要点记在笏板之上,回去以后再进行整理。笏虽然只是一块简单的竹木板,在朝廷政务方面发挥的作用可不小。

那这竹木板还有什么用呢?可能让你大跌眼镜的是,它居然可以用来揍人!

唐德宗年间,发生了泾原兵变。叛军攻入长安,皇帝仓皇出逃,司农卿段秀实等大臣被困城内。叛军拥立太尉朱泚为主,还怂恿他称帝。

朱泚这个人心里面早就有小九九,现在叛军又拥戴他,自然乐得顺坡下驴。不过,称帝可是大事,朱泚很需要一些得力的官员来帮助他。因为段秀实威望很高,于是就派兵"请"他和一些大臣进宫商议登基之事。

哪知朱泚刚一开口,段秀实就勃然大怒。他夺过身旁大臣手上的笏板,跑到朱泚面前,恨恨地向朱泚脸上吐了一口口水,破口大骂道:"你这个不知天高地厚的逆贼!我恨不得将你碎尸万段,怎么可能与你谋反!"说罢,他扬起手中的笏板,向对方头上狠狠砸去。

朱泚被打中额头,鲜血顿时涌了出来,在护卫的帮助下,才得以脱身。段秀实眼看击杀朱泚已不可能,决心以死明志。他指着朱泚的党羽说:"我不与你们同流合污,你们不想杀我吗?"那些人反应过来,争先恐后地杀向段秀实。

一旁的朱泚一手捂住额头,一边摇手阻止众人:"段公是义士,不要杀他。"但为时已晚,段秀实被乱刀砍倒在地,当场身亡。这位唐王室的忠臣,不惜生命,拼死击贼,留下了一段可歌可泣的英勇事迹。而那个僭位称帝的朱泚,最终也被唐军击败。朱泚在逃跑时,居然掉进一口地窖里,被随行的党羽斩杀。

我们不禁要问,既然简牍这么"有文化",那为什么还会被纸取代呢?

纸是怎么造出来的呢?

简牍被纸取代,是因为简牍作为书写材料还很不方便,它太"重"了。

有这样两个例子。

一个是号称"千古一帝"的秦始皇嬴政。他一统六国,建立起了一个中央集权的统一的多民族国家。嬴政认为自己"德兼三皇,功过五帝",就采用三皇之"皇"、五帝之"帝"构成"皇帝"的称号。他是历史上第一个使用"皇帝"称号的君主,所以自称"始皇帝"。

但是新统一的国家实在太大了,各种问题很多,这位始皇帝又很勤政,所以每天都要批阅大量的简牍文书。他是怎么看文书的呢?古书上说,他竟"以衡石量书",也就是论斤来称,每天要批阅重达120斤的奏章。看简牍成了一个体力活,这可真是又费力又劳神。

另一个例子是东方朔。

建元元年(前140年),汉武帝征召天下有才能的人,各地的读书人纷纷上书应聘,其中就有东方朔。东方朔是一个很有才能、也富有幽默感的人。别人给皇帝上书都是低三下四,自惭形秽,东方朔却不一样。他先是写了一份自荐信,把自己大大地夸奖一番,然后就治国理政提出自己的见解和主张,洋洋洒洒地一共写了3000多根竹简。

这些竹简要两个人才能勉强抬起来。不过,东方朔的文章用词艳丽华美,造句新颖别致,非常滑稽有趣,看了叫人捧腹。汉武帝虽然国事繁忙,但还是在晚上让几个太监抱来竹简,掌灯夜读。这样,皇帝前后花了两个月时间,才总算看完东方朔的奏章。细细算来,就算每根竹简能写30个字,东方朔的奏章最多也就10万字,放到现在,几天也就看完了;但是在古代,阅读可是一个大工程。

总而言之,简牍虽然可以卷成一卷放在架上,堆在书桌上,但是阅读和携带都很不方便。随着社会的发展,人们迫切需要一种既轻巧又易得的东西来用作书写材料。这就为纸的出现埋下了伏笔。

接下来,我们来说说"纸"字。

"纸"字可能在西汉就出现了。学者许慎把纸字收入了《说文解字》,还进行了解释。他说,"纸"字的左边是"纟"旁,右边是"氏"字。古时候,"氏"字是妇女的代称。这也就说明,最原始的"纸"实际上是属于丝一类的絮，是妇女在缫丝的过程中得到的。

古人养蚕，蚕长大后吐丝结茧。人们把蚕茧浸泡进热水里，然后抽取蚕丝，这叫"缫丝"。缫丝以后，水面上会漂浮一层薄薄的絮状物，人们用竹筛把它捞取出来，反复多次后，就会形成"絮纸"。当然，"絮纸"是不能拿来写字的，但是它轻薄柔软，可以用来包裹物体。

这个发现给了人们很大的启发。他们把一些富含纤维的植物切断、蒸煮、舂捣，然后用竹筛在水中捞取，竟然也弄出了柔软的"纸"。1957年5月8日，位于西安东郊的灞桥砖瓦厂在取土时，发现了一座墓葬。考古工作者在墓中的一枚青铜镜上，剥下来一些附着其上的麻类纤维纸的残片，大大小小有80多片。经鉴定，这些"灞桥纸"的主要成分是大麻纤维，还有少许苎麻。这是当时所见世界上最早的纸片，在世界文化史上具有重大意义。

不过，灞桥纸只能用来包裹铜镜，还不能用来写字。真正解决问题的是东汉时期的蔡伦，那他是怎么造出纸来的呢？

据史料记载，蔡伦大概13岁就入宫做了太监。由于忠心耿耿，才华出众，到汉和帝即位时，被升迁为出入朝廷、侍从天子的中常侍，成了传达诏令、掌理文书、参与朝政的高等宦官。

过了几年，皇帝命蔡伦兼任尚方令，掌管尚方，这无疑是中国历史上格外恰当的任命之一。所谓尚方，是皇家的手工工场，专门制作御用器物。我们在戏剧、小说中经常看到的"尚方宝剑"，就是这个工场制作，供皇帝专用的。皇帝把尚方宝剑赐给某位大臣，就赋予了他皇家的特权，据说就可以"先斩后奏"了。

尚方拥有显赫的权势和雄厚的财力，这就给蔡伦提供了许多便利，他注意到了造纸。据推测，当时人们可能已经用纸来写字了，这是比简牍更加方便的书写材料。但是，当时的纸主要是麻纸，不仅产量低，纸的质地也比较差，并不太适合书写。

蔡伦决定对造纸术加以改进。他召集来工场的能工巧匠们，反复试验，先是革新原材料，用上了树皮、破布、破渔网等材料。工匠们把这些原材料剪断切碎，放在一个大水池中浸泡。过了一段时间后，其中的杂物烂掉了，而纤维不易腐烂，就保留了下来。蔡伦让工匠们把浸泡过的原料捞起，放入石臼中，不停搅拌舂捣，直到它们成为浆状物，然后再用竹筛把这黏乎乎的东西捞起来，等干燥后揭下来就变成了纸。

纸终于被造了出来！永元十七年（105年），蔡伦将造纸的方法、过程写成奏章，连同造出来的纸张呈献给皇帝。汉和帝试用了纸之后，大加赞赏，诏令朝廷内外使用并推广。这一年于是就成为造纸术的发明年。人们在拿到了纸之后，都赞叹连连，认为这是奇迹。九年后，蔡伦被封为龙亭侯，人们便把蔡伦造出来的这种纸称为"蔡侯纸"。

蔡伦造出来的纸，质地轻薄，又有一定的强度，很适合书写，受到了人们的欢迎；再加上造纸的原料来源广泛，价钱便宜，有些还是废物利用，因此纸得以大量生产，造纸术也由此逐渐传播开来。到了晋朝末年，官府下令废弃简牍，改用纸张。纸于是成为中国人的主要书写材料，一直到今天。

历史上有哪些名纸呢？

在蔡伦之后近两千年的历史上，人们按照他的技术路线，不断创新，造出了各种各样的纸。在古代，纸张的名目繁多：有因原料得名的，如麻纸、藤纸、苔纸、皮纸、竹纸等；有因加工得名的，如金泥纸、鱼子笺、流沙纸、绫纹纸、金花纸等；有因颜色得名的，如红纸、青纸、绿纸、深红纸、勾碧纸等；有因用途得名的，如笺纸、印纸、敕纸、窗纸、法纸等；有因地得名的，如蜀纸、越纸、剡纸、宣纸、澄心堂纸等；还有因人得名的，如薛涛笺、谢公笺、五云笺等。

我们来说说几种名纸。

首先是"薛涛笺"。

四川成都有一条浣花溪，溪水潺潺，清澈见底。溪旁建有一座亭楼，名叫望江楼。唐朝时，著名的女诗人薛涛曾经住在这里。

薛涛不仅诗写得好，写文章也很棒，后来就进了节度使府，参与一些案牍工作。这些事对于薛涛来说，不过是小菜一碟。她写起公文来不但富于文采，而且细致认真，很少出错。节度使很欣赏薛涛。据说有一天，节度使突发奇想，他向朝廷打报告，奏请授予薛涛秘书省校书郎的官衔。"校书郎"的主要工作是公文撰写和典校藏书，官阶仅为从九品，这在唐代是最低一级的官职。不过，这个官职的门槛条件却很高，按规定，只有进士出身的人才有资格担当此职。大诗人白居易、王昌龄、李商隐、杜牧等都是从这个职位上做起的，但历史上还从来没有哪一个女子担任过校书郎。后来因为没有先例，这件事没做成，但人们从此就称薛涛为"女校书"。

薛校书写诗的时候，对纸很讲究。她认为白纸不吉利，黄纸又太普通，就想自制一种有色的笺纸。我国从晋朝起，就采用浸渍染色法来制作有色纸。但是这种把纸浸泡在染槽里的方法耗费染料较多，并且操作也较繁琐，个人难以胜任。据说，薛涛就改用毛笔或毛刷把红染料涂在纸上，自然阴干，制得了一种桃红色的笺纸。

薛涛的创意不仅有特色，而且易刷易干，自制自用，十分方便，于是成为"爆款"，许多人争相模仿，并美称为"薛涛笺"。多年以后，诗人李商隐还回忆说："浣花笺纸桃花色，好好题诗咏玉钩。"

薛涛还有一种文创产品。她把小花瓣撒在纸上，再用毛刷"撒红"，得到一种"松花笺"，据说也很受欢迎。不过这种产品并不像薛涛笺那样，是薛校书的原创，而是来自当时的金花纸工艺。

我们来说说金花纸。

顾名思义，"金花纸"的纸面上是有"金花"的，也就是金粉。它是用黄金碾成薄片后，再砸成粉状。制作金花纸的时候，并不是像撒稻种那样把金粉洒在纸上，而是用一种专门槌子敲敲打打，使金粉飘散出来，洒在涂有胶料或颜色的纸面上。然后，把纸悬挂起来，在室内晾干。薛涛也正是用了这样的技术路线，改金粉为花瓣，作出了松花笺。

那人们是怎么想到做金花纸的呢？这是受到建筑、服饰上描金（或撒金）的启发。魏晋南北朝时期，佛教大盛，僧人们用黄金装裱佛品，这使得寺院更加金碧辉煌，佛像更加庄严肃穆，更好地满足了信众的精神需求。到了唐朝，皇室开始在宫廷服饰上绣金，雍容华贵、光彩夺目的华夏服饰引来周边少数民族的纷纷效仿。也就在这一时期，金花纸出现了。人们用黄金点缀纸面，用来显示富裕和高贵。

在唐代，金花纸的使用是比较普遍的，诗人们常用这种纸来题诗。

据说，某年的中秋节，唐玄宗正和杨贵妃观赏牡丹，歌手李龟年领着乐队奏乐歌唱。听了一会儿，玄宗就对李龟年说："赏名花，对艳妃，你们怎么还演唱那些老旧词呢？快快召李白来填写新词。"李龟年于是带人遍寻长安，最后在一家酒楼里找到了李白。这时李白正和几个文人畅饮，已经喝得酩酊大醉了。李龟年只好叫随从把李白抬回宫里。玄宗见李白烂醉如泥，便叫太监将他搀到玉床上休息，还吩咐端来醒酒汤。忙乱一阵子之后，李白方才从醉梦中惊醒，玄宗便叫他赶快做诗助兴。李白微微一笑，接过太监捧来的金花纸，拿起笔来，唰唰唰，便写成了三首新诗。其中一首是这样写的：

> 云想衣裳花想容，春风拂槛露华浓。
> 若非群玉山头见，会向瑶台月下逢。

玄宗一看大喜，就命令李龟年即刻演唱。优美的歌词，悠扬的曲调，让皇帝和贵妃娘娘听得如醉如痴。从此，金花纸声名大噪。

这个故事在历史上很有名。后来，人们在故事里又添加了一点细节。据说，杨贵妃为了早点得到李白的新词，亲自为他奉上了醒酒汤。李白醒来之后，把脚一伸，让太监头子高力士为他脱靴，又让当朝宰相杨国忠为他磨墨，这才蘸墨挥笔，写下新诗。这就是有名的贵妃捧汤、力士脱靴和国忠研墨的典故，给我们勾勒出李白蔑视权贵、潇洒飘逸的"诗仙"形象。

金花纸是中国历史上很有名的一种再加工纸，极具艺术价值。它装饰效果和谐，色彩对比鲜丽，豪放兼容精细，秀美又显严谨，因此受到了社会各界的广泛欢迎。明清两代，金花纸风靡一时，或作官府公文专用，或作书法绘画用纸，或作高级滋补品的包装，赢得许多人的喜爱。

不过,这用"金花"装饰的纸实在是太贵了,即便是官府也只是在特定场合才会使用,普通人根本用不起。那人们写字作画会用什么纸呢?

好一点的,用宣纸。

宣纸是怎么来的呢?

我们从"澄心堂纸"说起。

五代十国时期,江南有一个南唐政权。南唐的末代君主李煜,他精书法、工绘画、通音律,诗文均有相当造诣,是中国历史上有名的才子皇帝。

这位才子试用过市面上的各种纸,但都不满意,于是决心自己造一种纸。南唐是十国当中版图较大的国家,经济比较繁荣。皇帝一声令下,工匠一时云集京城。

李煜专门腾出一个大殿,供工匠们造纸。工匠们每天忙忙碌碌,他也不闲着,一有空就到大殿视察。每制成一批纸,李煜就亲自试写,体察优劣,然后和匠人们反复琢磨,以求改进,直到满意为止。经过几年的时间,终于造出一种新纸。李煜非常高兴,特辟自己爷爷用过的府邸澄心堂来贮藏,因此这种新纸就叫作"澄心堂纸"。澄心堂纸就成为南唐宫廷御用纸,李煜更是"非澄心堂纸不书"。

又过了几年,南唐被北宋所灭,大量的澄心堂纸被搬到了宋朝宫中。不过,北宋朝廷可能觉得,用已经被灭国的这种南唐御用纸不太吉利,就转而研发其他纸张。澄心堂纸被束之高阁,造纸技术很快失传了。后来,陆续有澄心堂纸从宫中流传出来,被许多文人雅士收藏。

北宋有一个文人派对,成员有欧阳修、刘敞和梅尧臣。这三人志趣相投,彼此之间非常友爱。有一次,刘敞得到了100张澄心堂纸。他摩挲着这些纸张,惊叹不已。这么好的东西,他舍不得独享,于是分赠给欧阳修10张。欧阳修得到纸后,更是惊叹,连连说道:"虽然有澄心堂纸了,但是谁舍得在这上面下笔书写呢?"欧阳修也舍不得独享,又送了2张给梅尧臣。梅尧臣得到赠纸,一方面埋怨刘敞偏心,一方面也是欢喜不已。

这种"滑如春冰密如茧"的纸就成了梅尧臣的心魔,他想多弄一点。但是他也不好意思再到欧阳修、刘敞那儿去要,而市面上的澄心堂纸十分罕见,价格也极高,想来想去,他想到了做仿品。当时已经有人开始仿制澄心堂纸,有位叫潘古的,据说仿制得很成功。梅尧臣找到了他,一次就要了300张。可是拿到仿品后,梅尧臣和手上的正品相比较,还是没有原来的光滑厚实。这在梅尧臣的心中留下了无尽的遗憾。

不过,潘古的仿品虽不如正版的澄心堂纸,但仍被当时的文人所珍视。后来,历代都不断有人仿制。到了清代,甚至连乾隆皇帝也加入到了仿制的行列。

乾隆本身对书画非常爱好,也喜欢收集各种名贵纸张。他对前人称颂的澄心堂纸非常向往，于是令人复制这种纸张，并且仿制了出来。乾隆的仿品是很成功的。这种仿品现在如果拿出来拍卖，每一张能拍三万元左右。

这就是澄心堂纸的传奇故事。

那么澄心堂纸究竟是什么纸呢？它其实就是一种宣纸，一种高端的宣纸。

那么宣纸是怎么来的呢？

据说蔡伦有个徒弟叫孔丹，在皖南以造纸为业。这个徒弟对师傅崇拜得五体投地，认为蔡伦就是一尊神。既然是神，那就得画像供奉起来呀。不过，他用师傅的方法制成的蔡侯纸，这种纸的润墨性还是差了一些，勾勒不出蔡伦的神韵。孔丹就想制造一种特别理想的纸，但经过许多次的实验都不能如愿以偿。

一次，孔丹进山寻找造纸原料。他看到有些青檀树倒在山涧旁边，因年深日久，被水浸蚀得腐烂发白。这些青檀树皮能不能造纸呢？他就弄回去做实验，终于获得成功，造出了满意的新纸。这就是后来的宣纸。

这当然是一则传说，蔡伦是不会有孔丹这位徒弟的。不过，这个传说也反映出人们对"纸神"蔡伦的敬仰和感恩之心，甚至把宣纸的发明也和他扯上了关系。

宣纸大概出现在唐代。皖南的土壤、水质条件好，大量生长着一种榆科植物——青檀，这是中国的特产。造纸工匠们使用青檀树皮，抄造出的纸张质量优异，再经过数百年的工艺改进，终于受到人们的承认和欢迎，成为名纸。这就是宣纸。

宣纸以纸质柔韧、洁白平滑、细腻匀整、色泽耐久而著称。它最独特的地方，首先是原料。因为青檀树皮纤维长宽比例佳、规整度好，是制造纸的绝佳材料。澄心堂纸也就是使用了这种原料，才成为纸中珍品。

宣纸在明朝以前全是用青檀皮抄造的。但是随着宣纸产量的提高，原材料的需求越来越大，许多青檀树都被砍光了。到了清朝，人们不得不改变用料比例，有"全皮、半皮、七皮三草"之别。这里的"皮"指的是青檀树皮，"草"指的是沙田草等原料。"全皮"的意思是不用草；"半皮"是用50%的草；"七皮三草"是用70%的青檀树皮、30%的草。这其实就是减少树皮的使用。但是原料俭省了，质量不能下来呀。为了保证宣纸的质量，人们在生产工艺上下足功夫。经过多年的积累，形成了前后18道工序，上百道操作，费时约300多天的完整工艺流程，保证了宣纸的质量。

我们现在练书法、学中国画，主要用的是宣纸。为什么呢？因为宣纸的润墨性特别突出，这是其他纸张望尘莫及的。所谓润墨性，是说在宣纸上一挥毫就可以判别纸质的优劣，能够体现特殊的墨色的妙处：泼墨处，豪放淋漓；浓墨处，发亮鲜艳；淡墨处，层次分明；积墨处，浑厚深沉。能够体现出中国字、中国画的独特韵味。宣纸是我们民族的瑰宝。

大家都知道"文房四宝"这个词。不过,文房四宝在历史上并非同时出现的。古人用墨,可以追溯到史前时期。先民在研磨颜料使用了早期的砚,距今已有5000多年。而最早的毛笔,大约出现在2000年之前。文房四宝中,纸是最晚出现的,却是有决定意义的。在纸的产量、质量和品种都有了极大丰富以后,才有了所谓的"文房四宝",它们对民族文化的发展和进步作出了卓越贡献。

※ ※ ※

纸的发明还有着世界意义。虽然其他国家和地区并不用我们的笔、墨和砚,却需要我们的纸。纸的发明和传播,引起了中国乃至全世界范围内的书写材料的变革,这是人类文化史上的一件大事,对全人类社会历史的记载与保存,文化思想与学术技艺的传播与交流,都发挥着无比的重要作用。中国造纸术对世界文明发展中所起的伟大作用是不可磨灭的。

 思考题

- ★ 人们为什么要结绳记事?
- ★ 书写材料的不断更新说明了什么?
- ★ 蔡伦是造纸术的发明者吗?
- ★ 中国古代有哪些名纸?
- ★ 纸的出现对中国和世界有怎样的意义?

参 考 文 献

古代典籍

［1］ 尚书译注[M]. 王世舜,译注. 成都:四川人民出版社,1982.

［2］ 王先谦. 荀子集解[M]. 北京:中华书局,1954.

［3］ 班固. 汉书[M]. 北京:中华书局,1975.

［4］ 许慎. 说文解字[M]. 北京:中华书局. 2012.

［5］ 司马迁. 史记[M]. 北京:中华书局,1959.

［6］ 班固. 汉书[M]. 北京:中华书局,1962.

［7］ 干宝. 搜神记[M]. 南昌:二十一世纪出版社,2015.

［8］ 萧吉. 五行大义[M]. 南京:江苏古籍出版社,1988.

［9］ 杜浩. 怀素自述贴[M]. 成都:四川美术出版社,2019.

［10］ 徐子平. 渊海子平[M]. 海口:海南出版社,2001.

［11］ 朱熹. 四书章句集注[M]. 北京:中华书局,1983.

［12］ 周易正义[M]. 王弼,韩康伯,注. 孔颖达,疏. 北京:中华书局,2009.

［13］ 佚名. 重编东坡先生外集[M]. 北京:燕山出版社,2019.

［14］ 沈括. 梦溪笔谈[M]. 北京:中华书局,2017.

［15］ 孟元老. 东京梦华录[M]. 王永宽,译注. 郑州:中州古籍出版社,2017.

［16］ 王夫之. 张子正蒙注[M]. 北京:中华书局,1975.

［17］ 张介宾. 类经[M]. 北京:中国中医药出版社,1997.

［18］ 冯梦龙. 警世通言[M]. 北京:华夏出版社,2013.

［19］ 罗贯中. 三国演义[M]. 北京:华夏出版社:2013.

［20］ 宋应星. 天工开物[M]. 周游,译注. 南昌:二十一世纪出版社,2016.

［21］ 吴承恩. 西游记[M]. 天津:天津人民出版社,2018.

［22］ 曹雪芹. 红楼梦[M]. 北京:华夏出版社,2013.

［23］ 徐松. 增订唐两京城坊考[M]. 李健超,增订. 西安:三秦出版社,2006.

[24] 四库全书存目丛书编纂委员会.四库全书存目丛书:集部:第11册[M].济南:齐鲁书社,1997.

[25] 蒲松龄.聊斋志异[M].北京:华夏出版社,2013.

[26] 陈立.白虎通疏证[M].北京:中华书局,1994.

[27] 孙诒让.周礼正义[M].北京:中华书局,1987.

[28] 俞正燮.癸巳类稿[M].北京:商务印书馆,1957.

[29] 费尔巴哈.费尔巴哈哲学著作选集[M].北京:商务印书馆,1984.

[30] 马克思,恩格斯.马克思恩格斯全集[M].中共中央马克思恩格斯列宁斯大林著作编译局,编译.北京:人民出版社,1972.

研究著作

[1] 刘师培.中国古代教育史资料[M].北京:人民教育出版社,1961.

[2] 刘节.《洪范》疏证:《古史辨》第五册[M].上海:上海古籍出版社,1982.

[3] 王原祁,等.佩文斋书画谱.[M].北京:中国书店,1984.

[4] 朋九万.东坡乌台诗案[M].北京:中华书局,1985.

[5] 刘林.宋应星和《天工开物》[M].北京:科学普及出版社,1987.

[6] 潘吉星.天工开物导读[M].成都:巴蜀书社,1988.

[7] 陈平原.千古文人侠客梦[M].北京:人民文学出版社,1992.

[8] 陈来.古代宗教与伦理:儒家思想的根源[M].上海:三联书店,1996.

[9] 刘向.新序详注[M].赵仲邑,注.北京:中华书局,1997.

[10] 邝芷人.阴阳五行及其体系[M].台北:文津出版社,1998.

[11] 冯志强.太极拳全书[M].北京:学苑出版社,2000.

[12] 中央美术学院.中国美术简史[M].北京:中国青年出版社,2001.

[13] 金秋.古丝绸之路乐舞文化交流史[M].上海:上海音乐出版社,2002.

[14] 王明皓.台湾巡抚刘铭传[M].上海:上海文艺出版社,2002.

[15] 资华筠.影响世界的中国乐舞[M].北京:文化艺术出版社,2003.

[16] 安作璋.论语辞典[M].上海:上海古籍出版社,2004.

[17] 王克文.宋元青绿山水与米氏云山[M].济南:山东美术出版社,2004.

[18] 许俊.从传统走来·当代国画名家解析历代国画大师:许俊解析王希孟[M].天津:天津人民美术出版社,2004.

[19] 李淞,顾森,陈绶祥,等.中国绘画断代史[M].北京:人民美术出版社,2004.

[20] 竺可桢.竺可桢全集[M].上海:上海科技教育出版社,2004.

[21] 曾庆国.中国太极养生[M].广州:暨南大学出版社,2005.

[22] 王立.武侠文学通论[M].北京:人民出版社,2005.

[23] 江宏.中国山水画通鉴·千里江山[M].上海:上海图画出版社,2006.

[24] 陈祖源.围棋规则演变史[M].上海:高等教育出版社,2007.

[25] 刘善承.中国围棋史[M],成都:成都时代出版社,2007.

[26] 陈墨.文化金庸[M].台北:云龙出版社,2008.

[27] 王晓龙.宋代提点刑狱司制度研究[M].北京:人民出版社,2008.

[28] 黄瑞亭,陈新山.洗冤集录今释[M].北京:军事医学科学出版社,2008.

[29] 李惠新.灵玉探赜[M].天津:百花文艺出版社,2009.

[30] 郑福臻,杨彩虹.中国太极拳发源地河南温县[M].郑州:大象出版社,2009.

[31] 王彬彬.文坛三户:金庸·王朔·余秋雨[M].南京:南京大学出版社,2009.

[32] 章鸿钊.石雅[M].天津:百花文艺出版社,2010.

[33] 宋会群,苗雪兰.中国博弈文化史[M].北京:社会科学文献出版社,2010.

[34] 朱立元.艺术美学辞典[M],上海:上海辞书出版社,2012.

[35] 周仲强.文化的传承与变革:跨文化语境中金庸小说的艺术转[M].杭州:浙江大学出版社,2013.

[36] 冯文慈.中外音乐交流史[M].北京:人民音乐出版社,2013.

[37] 李英杰,陈晓琦.太极拳[M].北京:中国国家摄影出版社,2013.

[38] 阮延俊.苏轼的人生境界及其文化底蕴[M].北京:世界图书出版公司,2014.

[39] 周丽娟.中国琵琶经典名曲演奏指导[M].上海:上海音乐出版社,2014.

[40] 严铭.《水浒传》新探[M].成都:四川大学出版社,2015.

[41] 李汉秋,井玉贵,叶楚炎.《儒林外史》与中华文化[M].南昌:百花洲文艺出版社,2015.

[42] 王宏甲.宋慈大传[M].北京:中国对外翻译出版公司,2016.

[43] 吴世新,山西晋之源壁画艺术博物馆.中国宣纸史[M].太原:山西经济出版社,2016.

[44] 黎高,常立,朱丁.中国民间故事[M].上海:复旦大学出版社,2018.

[45] 肖又尺.新三国文化[M].成都:西南交通大学出版社,2018.

[46] 刘忠.纸文化[M].北京:经济日报出版社,2018.

[47] 张华.博物志[M].北京:华文出版社,2018.

[48] 宁宗一.说不尽的《金瓶梅》[M].哈尔滨:北方文艺出版社,2018.

[49] 王进驹,杜治伟.取经故事的演化与《西游记》成书研究[M].南京:江苏凤凰出版社,2019.

[50] 荷加斯.美的分析:荷加斯论美[M].杨成寅,译.上海:上海人民美术出版社,2019.

[51] 李汉秋.吴敬梓诗传[M].南昌:百花洲文艺出版社,2019.

[52] 王进驹,杜治伟.取经故事的演化与《西游记》成书研究[M].南京:江苏凤凰出版社,2019.

[53] 郭浩,李健明.中国传统色:故宫里的色彩美学[M].北京:中信出版集团,2020.

[54] 王宪昭,王京.中华创世神话选注[M].上海:上海人民出版社,2020.

[55] 寇丹.颜真卿大传[M].郑州:河南文艺出版社,2020.

[56] 杜浩.颜真卿书法评价研究[M].北京:中华书局,2020.

[57] 黄杰.宋画中的信仰民俗研究[M].杭州:浙江大学出版社,2020.

[58] 翁昌寿.文化创业 移动互联网时代的文化生产与创新[M].北京:中国人民大学出版社,2020.

[59] 靳希.《史记》人物故事的戏剧重构[M].北京:中华书局,2020.

[60] 蔡仁坚,蔡果荃.天工开物 科技的百科全书[M].北京:九州出版社,2021.

[61] 袁灿兴.大唐之变 安史之乱与盛唐的崩裂[M].长沙:岳麓书社,2022.

[62] 张文杰,杨迎春,孙扬.四大发明的古往今来:造纸术[M].上海:上海交通大学出版社,2022.

期刊文献

[1] 李达祥.中国第一部法医学:"洗冤录"内容简介[J].中医杂志,1955(5):49-51.

[2] 仲许.我国法医学名著:宋元检验三录考[J].中医杂志,1958(7):497,501.

[3] 诸葛计.宋慈及其《洗冤集录》[J].历史研究,1979(4):87-94.

[4] 李之勤.从沈括《梦溪笔谈》关于陕北石油的记载谈:如何科学地对待科学史资料[J].延安大学学报(社会科学版),1983(4):79-80.

[5] 王仰之.沈括对石油事业的贡献[J].中国石油大学学报(社会科学版),1988(30):66-69.

[6] 章俊弟.中国戏剧中人神恋神话原型研究[J].文艺研究,1993(5):102-110.

[7] 郭宝发,李秀珍.和氏之璧与秦汉传国玉玺[J].文博,1993(2):47-52.

[8] 王玉良.略谈我国古代文字的载体及书籍的起源[J].中国图书馆学报,1993(2):76-80,96.

[9] 冷崇总.瞒天过海隐真制胜[J].企业研究,1994(11):23.

[10] 张克伟.从《洗冤集录》谈宋慈对古代法医学的贡献[J].贵州师大学报,1994(3):5.

[11] 谢丹,师马司.精湛巧妙称妙语最荒唐处不荒唐:简评《妙语丛书》与《神鬼妖狐全书》[J].社会科学辑刊,1995(3):157.

[12] 李琼英.《晋书·谢安传》辨误二则[J].文献,1996(4):57.

[13] 张琳.宋应星和《天工开物》[J].历史教学,1996(8):46-47.

[14] 郑宝华.唐代音乐中和的审美观念意蕴[J].中国音乐,1996(2):63-64.

[15] 钟赣生.《洗冤集录》考辨[J].北京中医药大学学报,1997(1):20-21.

[16] 施丁.陈下之战与垓下之战[J].中国社会科学院研究生院学报,1998(6):30-37.

[17] 何光沪."全球伦理":宗教良知的国际表现[J].中国宗教,1999(1):40-43.

[18] 魏哲铭.试论造纸术的发明[J].西北大学学报(哲学社会科学版),1999(2):163-167.

[19] 王洪岳.试论中国人的审丑意识[J].济南大学学报,2000(6):66-70.

[20] 陈四海.从《秦王破阵乐》谈音乐的传播与传承[J].中国音乐,2000(3):29-30.

[21] 杨宪益.秦王《破阵乐》的来源[J].寻根,2000(1):74-77.

[22] 周怡.人妖之恋的文化渊源及其心理分析:关于《聊斋志异》的两个话题[J].明清小说研究,2001(3):

52-61.

[23] 李立新.《天工开物》传统造物的历史镜像[J]. 艺术探索,2002(3):158-164.

[24] 马腾. 哲学思维方式总体演变初析[J]. 涪陵师范学院学报,2002(4):83-84.

[25] 柳青. 金庸武侠小说的审美内涵[J]. 湖北大学学报(哲学社会科学版),2003,2:63-66.

[26] 刘振林,戴思兰. 菊花的品格[J]. 中国花卉园艺,2003(23):46-47.

[27] 王承植. 琵琶曲《霸王卸甲》的流变[J]. 中国音乐,2004(3):41-44,48.

[28] 曹月.《十面埋伏》与《霸王卸甲》风格之比较[J]. 艺术百家,2004(6):101-102,128.

[29] 高兴. 劳伦斯·毕铿及其唐代音乐研究[J]. 中国音乐学,2005(2):32-38.

[30] 刘媛媛. 论唐破阵乐[J]. 武汉音乐学院学报,2006(1):45-49.

[31] 洪树华,宁稼雨. 近五十年来中国古代文学"人神之恋"研究的回顾与展望[J]. 山东大学学报(哲学社会科学版),2006(4):89-94.

[32] 张磊. 花中"四君子"的象征意义[J]. 语文知识,2006(9):9.

[33] 王泽民.《三十六计》的管理价值[J]. 西北民族大学学报(哲学社会科学版),2006(1):70-74,136.

[34] 张敬梅. 强弱柔刚之辨:对《老子》"柔弱胜刚强"的解析[J]. 济南大学学报(社会科学版),2007(5):70-73,93.

[35] 周飞. 民间艺术大俗大雅[J]. 曲艺,2008(12):18-19.

[36] 周宝荣. 乌台诗案与苏轼"以诗托讽"[J]. 史学月刊,2008(10):35-40.

[37] 白琨. 浅谈中国画的留白及其渊源[J]. 齐鲁艺苑,2008,100(1):19-21.

[38] 张翅.《洗冤录详义》对古代法医学的总结与贡献[J]. 史学月刊,2008(9):130-132.

[39] 萧凤. 颜真卿书法篆籀气考略[J]. 美术观察,2008(6):101-104.

[40] 彭鹏. 中国山水画中骑驴形象解读[J]. 艺术探索,2009,23(4):15-17,143.

[41] 庄琳. 法医鼻祖宋慈及其《洗冤集录》[J]. 兰台世界,2009(23):31-32.

[42] 宋力,全涵琦."丹青"概念探析[J]. 山东理工大学学报(社会科学版),2009,25(4):108-110.

[43] 赵根成. 梅、兰、竹、菊绘画的人文情怀[J]. 学术交流,2009(2):191-192.

[44] 刘仁庆. 论中国手工纸与传统文化[J]. 中华纸业,2009,30(18):106-108.

[45] 赵涛. 咫尺有千里之趣:解析宋代王希孟青绿巨作《千里江山图》及其影响[J]. 名作欣赏,2010,335(27):143-144.

[46] 刘学惟. 北宋画院与王希孟《千里江山图》[J]. 文艺争鸣,2010,191(24):61-62.

[47] 程碧英.《论语》"君子"词义辨析[J]. 中华文化论坛,2010(1):70-74.

[48] 王晓霞. 唐代乐舞诗研究[J]. 内蒙古财经学院学报(综合版),2010,8(3):74-78.

[49] 晨明,高正国. 宋慈墓[J]. 中医药文化,2010,5(6):57.

[50] 王洪岳. 论中国古代艺术的审丑精神[J]. 贵州社会科学,2011,255(3):9-13.

[51] 张宜喆."乌台诗案"的文书运行过程及相关文本属性考辨[J]. 复旦学报(社会科学版),2011,3(2):

92-101,123.

[52] 张国忠.儒家的"君子之道"与当代文化标准的价值取向[J].社会科学战线,2012,(8):18-21.

[53] 李以建.金庸小说研究的前沿进展与体系构建[J].西南大学学报(社会科学版)2012,38(2):88-93.

[54] 刘仁庆.论古纸与纸文化[J].纸和造纸,2012,31(10):66-70.

[55] 刘金成.《天工开物》再现华林利用竹木造纸[J].农业考古,2012(3):280-282.

[56] 姚蓉.论清代文士的塾师生活与底层写作:以蒲松龄为例[J].上海大学学报(社会科学版),2012,29(2):110-120.

[57] 阎盛国.从《孙子兵法》审视项羽巨鹿之战的致胜因素[J].史学月刊,2012(7):125-127.

[58] 杜若鸿.北宋重要诗案与诗歌发展的转向[J].浙江大学学报(人文社会科学版),2012,42(3):168-177.

[59] 李炜光.乌台诗案始末[J].读书,2012(3):69-78.

[60] 赵伟柯.试论魏晋南北朝时期围棋的兴盛及其原因[J].兰台世界,2012,386(36):97-98.

[61] 崔新民.淝水之战时与谢安围棋者"玄"为张玄而非谢玄[J].安徽史学,2013(4):126.

[62] 鲜永红.梁武帝萧衍对中国围棋发展与普及的几点贡献[J].兰台世界,2013,411(25):73-74.

[63] 谢青.悲壮挽歌:浅析《霸王卸甲》刘德海演奏谱[J].中国音乐,2013(3):181-184.

[64] 徐燕.《隋史遗文》《麒麟阁》《说唐全传》渊源新论:以小说戏曲文化生态共生为视角[J].安徽大学学报(哲学社会科学版),2013,37(6):54-59.

[65] 黄涛.以整体性思维方式,寻求人与自然发展的契合点:"天人合一"思想对可持续发展的意义[J].中国科教创新导刊,2013(8):130.

[66] 胡宁.论"杂佩":先秦时期小件玉石饰品的赠予行为及其象征意义[J].中国典籍与文化,2014(1):118-124.

[67] 周春辉.苏轼贬谪后的"自我"维度[J].兰台世界,2014(18):78-79.

[68] 王菲.宋慈《洗冤集录》与宋朝司法鉴定渊源探析[J].兰台世界,2014(5):154-155.

[69] 李莺歌.围棋文化分析[J].体育文化导刊,2014,141(3):157-160.

[70] 刘良政.明清徽派围棋兴盛原因探析[J].体育文化导刊,2014,150(12):146-150.

[71] 颜下里,龙海霞,颜绍泸."围棋起源于西汉说"辩正[J].成都体育学院学报,2015,41(6):38-42.

[72] 余辉.张择端《清明上河图》卷跋文考释:兼考图文之遗缺[J].故宫博物院院刊,2015(5):51-70,158.

[73] 余辉.张择端生平考略[J].中国书法,2016(10):191.

[74] 杜金存.用大俗大雅的新闻语言讲好中国故事[J].青年记者,2016(32):1.

[75] 贺世宇.《天工开物》的技术观及其职教意义[J].职教论坛,2016(28):87-90.

[76] 刘锡荣."士大夫"探微:走近士大夫与他们的生活[J].中国集体经济,2016(17):20-27.

[77] 黄瑞亭.宋慈《洗冤集录》产生的历史文化条件:纪念宋慈诞辰830周年[J].中国法医学杂志,2016,31(4):429-432.

[78] 于涛.围棋中的道法[J].中国宗教,2017,208(3):72-73.

[79] 梅铮铮.两汉三国两晋南北朝时期围棋文化论[J].中华文化论坛,2017,137(9):23-30,11.

[80] 王庆.中国古代"四大发明"说法的形成及其他[J].自然辩证法研究,2017,33(8):72-77.

[81] 钱念孙.君子文化在传统文化中的地位和影响[J].学术界,2017(1):118-124,324-325.

[82] 何明.中国的梅花文化探微[J].广西社会科学,2017(12):180-183.

[83] 叶舒宪.中外玉石神话比较研究:文明起源期"疯狂的石头"[J].贵州社会科学,2017(1):11-19.

[84] 余辉.细究王希孟及其《千里江山图》[J].故宫博物院院刊,2017,193(5):6-34,158.

[85] 曲辉.艺术中的"审丑"现象[J].学术交流,2017,278(5):183-188.

[86] 黄丽云.略论宋慈法治思想及当代价值[J].东南学术,2017(4):170-174.

[87] 曹晓阳.《天工开物》创作后记[J].新美术,2018,39(4):91-97.

[88] 李辞.宋慈证据裁判观及其当代价值[J].中共福建省委党校学报,2018(11):115-120.

[89] 李爱琴,王迎春.从创世神话看中西传统思维方式差异及其根源[J].佳木斯职业学院学报,2018(4):73-74.

[90] 王金龙.颜真卿《祭侄文稿》形式与情感刍议[J].中国书法,2018,326(6):130-132.

[91] 柏红秀.《破阵乐》在唐代宫廷的兴衰及其音乐史价值[J].艺术百家,2018,34(1):122-126,131.

[92] 朱刚."乌台诗案"的审与判:从审刑院本《乌台诗案》说起[J].北京大学学报(哲学社会科学版),2018,55(6):87-95.

[93] 戴建国."东坡乌台诗案"诸问题再考析[J].福建师范大学学报(哲学社会科学版),2019(3):143-155.

[94] 邱才桢."中正之笔"的倾斜:评倪雅梅《中正之笔:颜真卿书法与宋代文人政治》[J].中国书法,2019,360(16):4-18.

[95] 何元国.中西文明的差异和互鉴:从语言文字到思维方式[J].人民论坛,2019(33):132-133.

[96] 倪富静.也谈孔子"知者乐水,仁者乐山"的生态文明观及其现实意义:从"绿水青山就是金山银山"说起[J].平顶山学院学报,2019,34(1):62-69

[97] 李丹丹.明清小说从欲到情的动态演变:从《金瓶梅》到《红楼梦》[J].红楼梦学刊,2019(4):246-271.

[98] 张鹏程,王伟.王熙凤权力观扭曲的表现与根源之探[J].领导科学,2019(19):102-105.

[99] 汤哲声.金庸小说的文化解读与文化人格的建构[J].上海文化,2019,175(8):31-39,156.

[100] 蔡茂,周晓莉.从《贞观政要》看下属谏言时机的把握[J].领导科学,2019(1):105-107.

[103] 李洪峰.越千年的辉煌与感动:颜真卿的当代启示[J].中国书法,2019(11):144-154.

[104] 彭彦华.君子人格的诠释及其现实价值[J].孔子研究,2019(3):53-65.

[105] 张国龙,凌丽君.君子文化与君子人格[J].人民论坛,2019(14):126-128.

[106] 林梢青,富田淳.策展人富田淳:一直都认为《祭侄文稿》是不一样的作品[J].中国书法,2019(7):

120-125.

[107] 杨毳.事物呈现与事物意义的双重演绎:对《老子》"柔弱胜刚强"的解析[J].大众文艺,2020(5):166-167.

[108] 张楠楠.《论语》中生态思想的阐释及当代启示[J].今古文创,2020,21(21):32-33.

[109] 王天孜.传统色彩之美[J].中国图书评论,2020(12):121.

[110] 叶晓兰.梅花三弄·云[J].文艺研究,2020(5):184.

[111] 孟宪实.张骞的"不得要领"与丝绸之路的开通[J].西域研究,2020,120(4):1-10,167.

[112] 彭兆荣.何以独具匠心:中华传统知识与工艺的合与离[J].学术界,2020(2):115-121.

[113] 张淦.千古传奇汉苏武[J].前线,2020,480(9):86-88.

[114] 单国霖.张择端、仇英《清明上河图》释惑解读[J].文物,2020(12):90.

[115] 马东瑶.图像视域下的帝都书写:以北宋张择端(款)《金明池争标图》为中心[J].北京师范大学学报(社会科学版),2020(6):46-58.

[116] 张春燕.消弭中华文化海外传播中思维方式冲突之途径[J].北京社会科学,2020(8):12-19.

[117] 王进驹,杜治伟.《金瓶梅》时空叙事的创新及其小说史意义[J].文艺理论研究,2020,40(3):107-116.

[118] 雷勇,蔡美云.明代隋唐历史题材小说的文体探索[J].明清小说研究,2021(1):107-122.

[119] 程征.从大俗走向大雅:论鲍家虎的水墨画[J].民艺,2021(5):37-38.

[120] 刘建军.思维方式差异与中西文化的不同特性[J].上海交通大学学报(哲学社会科学版),2021,29(2):117-128.

[121] 刘靠山.试析中西思维方式差异的本体论渊源[J].商业文化,2021(9):22-24.

[122] 满运璋.轴心时代中西思维方式的差异研究[J].北京印刷学院学报,2021,29(5):65-67.

[123] 岳超龙,宋国定.淅川申明铺遗址仰韶文化玉石礼器的科技分析[J].南方文物,2021(5):236-247.

[124] 孙虎城.千古独步:读王希孟《千里江山图》[J].荣宝斋,2021,198(5):6-35.

[125] 王文涛,张申.关于钜鹿之战的几个问题[J].河北学刊,2021,41(6):51-58.

[126] 黄杰.象必有意:现存六件宋徽宗款画作所体现的政治宣谕及其赋形之源[J].浙江大学学报(人文社会科学版),2021,51(6):53-66.

[127] 杨帆.正名与重构:中国人情感的文化生态偏好诠释:评《中国人的情感:文化心理学阐释》[J].心理研究,2021,14(6):574-576.

[128] 许虹,鲁小俊.举业成功:《聊斋志异》科举书写的另一面[J].哈尔滨工业大学学报(社会科学版),2022,24(4):98-105.

[129] 许宁.《论语》君子人格的文化意象[J].东岳论丛,2022,43(9):146-151.

[130] 乔文艳,林祥磊.沈括石油墨考述[J].自然辩证法通讯,2022,44(7):69-75.

[131] 代维,张世均.边缘区域国家认同建构:以诸葛亮边疆治理为中心的考察[J].西南民族大学学报(人

文社会科学版),2022,43(6):66-73.

[132] 邵龙宝.中西思维模式、人文精神和实践品质之比较[J].兰州学刊,2022(4):5-16.

[133] 杨晓红."全景视角"下的《清明上河图》[J].今古文创,2022(6):89-91.

[134] 马灵.探析《天工开物》版本的文化遗产意义[J].南方文物,2022,127(1):279-281.

[135] 乔文艳,林祥磊.沈括石油墨考述[J].自然辩证法通讯,2022,44(7):69-75.

[136] 萨日娜,梁铭心.海上丝路与中国农业技术的日本传播及影响[J].自然辩证法研究,2023,39(4):109-116.

[137] 伊崇喆,杨绪容.冯梦龙改评明传奇的理论创新与独特的教化观念[J].艺术探索,2023,37(5):121-128.

[138] 高有鹏.中国传统神话的文化价值与当代表达[J].人民论坛,2023(9):107-109.

[139] 温庆新.中国古代通俗小说阅读史研究的思路及意义[J].湖南师范大学社会科学学报,2023,52(3):60-66.

[140] 贾艳艳,侯小丽.金圣叹对其《水浒传》评本的经营与推行[J].明清小说研究,2023(4):179-191.

[141] 傅承洲.假如凤姐是男人:论王熙凤形象的官吏特征[J].红楼梦学刊,2023(4):58-72.

[142] 陈红艳,石麟.三国故事在元末明初杂剧小说中的平行发展:兼说《三国志通俗演义》的成书时间[J].学术交流,2023(9):182-192.

[143] 黄文虎.论"武松杀嫂案"中的复仇书写[J].湘潭大学学报(哲学社会科学版),2023,47(1):162-168.

[144] 王昕.《聊斋志异》中的个体孤独与神怪叙事[J].社会科学辑刊,2023(4):218-227.

[145] 朱天曙.碑学视野下的颜真卿[J].读书,2023(12):54-60.

[146] 韦宾.《清明上河图》作于仁宗时新证[J].美术研究,2023(5):46-59.

[147] 王春林.以宣纸为聚焦的一次中国文化长旅:关于赵焰《宣纸之美》[J].中国图书评论,2023(8):51-60.

[148] 原博.手工造纸技艺的当代价值转化路径探究[J].装饰,2023(7):12-20.

[149] 李桂奎.《金瓶梅》中的"戏事"叙述及其"拟剧"通解[J].烟台大学学报(哲学社会科学版),2024,37(1):109-119,128.